감정 연습

Ask and It Is Given

원서 'Ask and It Is Given'의 Part Ⅰ은 『유쾌한 창조자』라는
책명으로 출간되었으며, 『감정연습』은 Part Ⅱ에 해당된다.

감정을 이용해 원하는 삶으로 옮겨가는 22가지 방법

감정 연습

제리&에스더 힉스 지음 ㅣ박행국 · 조한근 옮김

나비랑북스

이 책에 쏟아진 찬사

참으로 탁월한 책입니다! 아내와 나는 지난 수년에 걸쳐서, 정말 심오하면서도 지극히 실제적인 아브라함의 메시지를 실천해 가고 있습니다. 당신도 이 책을 통해서 많은 도움을 얻을 것이란 점을 의심하지 않습니다. 나의 모든 친구에게 이 책을 추천합니다!

존 그레이 《화성에서 온 남자 금성에서 온 여자》 저자

믿기지 않을 정도로 심오하지만, 단순하면서도 실용적인 아브라함의 가르침은 당신이 다시 자기 내면의 안내를 신뢰할 수 있도록 도와 줄 것입니다. 그리고 당신이 상상할 수 있는 가장 즐겁고 신나는 삶의 모험에 나설 수 있도록 적절한 연습 과정을 제공할 것입니다. 이 책은 당신의 의식을 고양시키고 기쁨에 넘치는 삶을 누리는 데 있어 놀라운 지도가 되어줄 것입니다.

잭 캔필드 《영혼을 위한 닭고기 수프》 저자

이 책에서 제시하는 구체적이고 실용적인 22가지 연습은 우리가 현재 어떤 상황에 처해 있든 우리의 삶을 개선시켜 줄 것입니다. 그리고 우리를 기쁨에 넘치는 삶으로 안내할 것입니다.

루이즈 헤이 《치유》 저자

출판 역사상 새로운 이정표가 될 책입니다! 이 책을 읽는 독자들은 근원 에너지와 영구적으로 연결된 존재의 생각을 접하는 행운을 누리게 될 것입니다. 게다가 이 존재는 우리가 쉽게 이해할 수 있는 언어로 말하고 있어서 이 메시지들을 일상생활 속에서 즉시 활용할 수 있습니다. 이 메시지들은 여러분이 자신의 삶을 이해하고 소망을 실현하는 데 도움이 되는 하나의 청사진 역할을 할 것입니다.

웨인 다이어 박사 《행복한 이기주의자》 저자

아브라함-힉스의 가르침은 삶에 대한 명료한 관점과 확신, 그리고 삶의 목적과 열정을 원대한 새로운 수준에 이르도록 나를 고무시켰습니다. 나는 이 가르침을 계속해서 탐구하고 있으며, 내가 아는 모든 사람들에게 추천하고 있습니다. 그것은 내가 이제껏 접해오면서 삶을 변형시켰던 가장 강력한 가르침이었다고 단언할 수 있습니다. 삶 속에서 이 메시지를 실천해보세요. 그러면 삶이 새로워지고 눈부시게 행복해질 것입니다.

앨런 코헨 《내 것이 아니면 모두 버려라》 저자

간단히 말씀드린다면, 이 책은 이제껏 내가 읽어본 책 중에서 가장 강력한 책입니다. 이 책 속에 담긴 에너지는 이 책을 접하는 이들의 삶 전체를 변화시킬 것입니다. 절대적인 사랑 속에서 세상에 전해진 책! 이 책은 삶의 보물 그 자체라 할 수 있을 거예요.

닐 도널드 월시 《신과 나눈 이야기》시리즈 저자

나는 지난 10여 년에 걸쳐 아브라함–힉스의 가르침에 대한 열렬한 팬이었습니다. 나와 내 가족은 그들의 메시지를 통해서 엄청난 도움을 받았습니다.

크리스티안 노스럽 《여성의 몸 여성의 지혜》 저자

이 책은 내가 오랜 세월 동안 읽어왔던 소망 실현에 관한 책 중에서 단연 최고의 책입니다! 나는 이 책이 더할 나위 없는 실제적인 방식으로 제공하고 있는, 그 심원한 진리를 깊이 음미하며 참으로 감사하고 있습니다. 이 책의 신선한 논조는 사랑에 넘치고 완전히 긍정적이어서 나에게 생명의 활기를 불러 일으켰습니다. 나는 이 책을 내가 아는 모든 이들에게 선물하고 있습니다. 이 책을 사랑하며 당신에게도 적극적으로 추천합니다!

도린 버튜 박사 《천사의 처방》 저자

차례

감정 연습 II

반응적인 삶에서 의식적인 삶으로

감정 연습 III
부정에서 긍정으로

감정 연습 IV

불안함에서 평온함으로

추천사

웨인 다이어 | 베스트셀러 《행복한 이기주의》 저자

지금 여러분이 손에 들고 계신 이 책은, 현재 지구상에 알려진 책 중에서 가장 심원한 가르침을 담고 있습니다. 나는 아브라함이, 이 책과 카세트테이프를 통해 제공하는 메시지를 접하고 깊은 영향을 받았습니다. 제리와 에스더는 지난 18년간 그 메시지를 알리는 일을 해왔습니다. 아브라함이 이 책의 서문을 부탁해온 것은 개인적으로 정말 영예스러운 일이 아닐 수 없습니다.

　나는 이 책을 '출판 역사상 새로운 이정표가 될 책'이라고 말하고 싶습니다. 이 책은 모든 출판물 중 정말 독특한 위치를 차지하고 있습니다. 이 책을 읽는 독자들은 근원 에너지Source Energy와 영원히 연결된 존재들의 생각을 접하는 행운을 누릴 것입니다. 게다가 이 존재들은 우리가 쉽게 이해할 수 있는 언어로 말하고 있어서 이 메시지들을 일상생활에서 즉시 활용할 수 있습니다. 이 메시지들은 우리가 우리 자신의 삶을 이해하고 삶의 소망들을 실현하는 데 도움이 되는 하나의 청사진 역할을 할 것입니다.

먼저 드리고 싶은 말씀이 있습니다. 이 책을 읽고 아직 이 책에 있는 위대한 지혜를 실천할 준비를 하지 못했다면, 이 책을 그저 몇 주 동안 들고 다니라는 것입니다. 그래서 이 책의 에너지가 자신의 몸과 마음이 발산하는 저항을 뚫고 자신에게 스며들 수 있게 허용하시기 바랍니다. 또 흔히 영혼이라고도 불리는, 형체가 없고 경계가 없는 내면의 자리와도 공명하도록 허용하시기 바랍니다. 아브라함은 그런 상태를 근원과 진동적으로 연결된 상태라고 말할 것입니다.

우주는 진동하고 있습니다. 아인슈타인이 "어떤 것이 움직여야 비로소 무슨 일이든 일어난다."라고 묘사한 것과 같이, 모든 물체는 측정 가능한 특정한 주파수로 진동하고 있습니다. 단단한 물체를 쪼개고 또 쪼개서 관찰하면, 단단한 것처럼 보였던 그 물체가 실은 아주 작은 미립자가 춤추듯 움직이는 빈 공간에 불과하다는 사실을 보게 됩니다. 이런 극미한 양자量子, quantum를 조사해 보면 그것이 어떤 근원에서 방사되고 있음을 발견하게 됩니다. 그 근원은 시작과 끝이라는 개념이 없을 만큼 빠르게 진동하고 있습니다. 이렇게 가장 강하고 빠른 에너지가 근원 에너지Source Energy입니다. 모든 인간과 사물은 이 에너지에서 생겨나 물체, 몸, 마음 및 에고들이 존재하는 이 세상에 나타나게 된 것입니다. 이러한 근원 에너지에서 우리의 몸과 마음이 멀어질 때, 수많은 문제, 질병, 빈곤 및 두려움이 이 세상에 나타나게 됩니다.

아브라함의 가르침은 궁극적으로 만물이 나왔다가 다시 돌아가는 근원에 우리가 다시 삶의 모든 면에서 연결될 수 있도록 도와줍니다. 그리고 우리 자신이 근원에 100퍼센트 연결되어 두 번 다시 그것을 의심하지 않고 근원의 이로움을 누릴 수 있는 깨달음을 제공합니다. 이 책의 모든 구절이 그것을 입증하고 있습니다. 이러한 이유 때문에 이 책을 출판 역사상 새로운 이정표라고 말합니다.

우리는 오직 우리 자신이 잘 되기만을 바라는 정직하고 순수한 존재들과 의식적이고도 직접적으로 연결된 것입니다. 이제 그들은 우리를 일깨워 줄 것입니다. 우리 모두가 웰빙이라는 근원에서 왔다는 사실을 일깨워 줄 것입니다. 또한 우리가 웰빙의 에너지를 불러들여 삶의 모든 부분에서 막힘없이 흐르도록 허용할 수도 있고, 아니면 그 에너지의 흐름에 저항하여 모든 것을 공급해주는 사랑의 근원과 단절되게 할 수도 있다는 사실을 상기시켜 줄 것입니다.

여기에 주어진 메시지들은 우리가 사랑과 웰빙의 근원에서 나왔다는 매우 놀랍고도 아주 단순한 사실을 밝히고 있습니다. 우리가 사랑과 평화의 에너지에 일치될 때 근원의 힘을 회복하게 됩니다. 근원의 힘은 소망을 실현하고, 웰빙을 불러오고, 풍요를 끌어오고 그리고 적절한 사람과 완벽한 환경에 연결되게 하는 신성한 안내의 자리로 우리를 이끌고 있습니다. 이것이 바로 근원Source이 하고 있는 일입니다.

나는 아브라함과 개인적으로 온종일 시간을 보낸 적이 있습니다. 에스더와 제리 부부와 함께 저녁 식사를 하고, 수백 개에 달하는 아브라함의 메시지를 들어보았습니다. 에스더와 제리 부부는 내가 지금까지 만나본 사람 중 가장 신뢰할 수 있고 영적으로 순수한 분들이었습니다. 그래서 분명히 말씀드릴 수 있습니다. 두 사람에 의해 제공되는 아브라함의 가르침을 통해서 이 책을 읽는 독자 여러분은 삶을 변화시킬 놀라운 여정 속으로 들어섰다는 것을 말이지요!

제리와 에스더 부부는, 내가 아브라함을 위해 이 서문을 쓰는 일에 경외감을 갖는 것처럼, 아브라함의 가르침을 여러분에게 전달하는 자신들의 역할에 경외감을 가지고 있습니다.

이 책의 가르침을 바로 실천해 보십시오. 이 가르침을 한 마디로 말한다면, "내가 사물을 주시하는 방식을 바꾸면, 내가 주시하고 있는 그 사물이 바뀌게 된다."라는 관점으로 요약할 수 있습니다. 여러분은 눈앞에 새로운 세상이 열리는 것을 보면서 이제 그것을 경험하려고 합니다. 이 세상은 근원 에너지에 의해 창조되었습니다. 그러한 근원은 여러분이 다시 근원 에너지에 연결되어, 기쁨이 넘치는 웰빙의 삶을 누리기를 바라고 있습니다.

아브라함, 이 귀중하고 소중한 책의 추천사를 쓸 수 있는 기회를 저에게 주셔서 진심으로 감사드립니다.

그리고 여러분을 사랑합니다, 여러분 모두를.

연습을 시작하기 전에
알아야 할 진실

22단계 감정 안내눈금에
대하여

각각의 감정에 담긴 진동 주파수는 서로 다릅니다. 더 정확히 말해서, 감정은 당신이 내보내는 진동 주파수를 알려 주는 표지판 역할을 합니다. 그리고 당신이 근원 에너지에 일치된 정도를 보여주고 있습니다. 따라서 기분이 좋을수록 소망의 주파수에 일치된 상태라는 것을 기억하게 되면, 어떤 순간에 느끼는 자신의 기분이나 감정에 어떻게 반응할 것인지 더욱 쉽게 이해할 것입니다.

근원 에너지와 완전히 조화를 이룰 때, 당신은 진정한 자신에 관한 다음과 같은 진실을 깨닫게 됩니다.

- 당신은 자유롭다.
- 당신은 강력하다.
- 당신은 선하고 멋지다.
- 당신은 사랑이다.
- 당신은 가치 있는 존재다.
- 당신은 목적이 있다.
- 모든 것이 좋고 괜찮다.All is well.

　자신의 참된 본성을 일깨우는 생각을 할 때는 언제나 진정한 자신과 완벽한 조화를 이루게 됩니다. 그 순간에 당신은 근원과 진동적으로 일치되기 때문입니다. 그리고 그런 생각이 불러일으키는 느낌은 최상의 기분으로 나타납니다. 바로 이것이 근원과 연결될 때 느끼는 기분입니다.

　이것을 자동차의 연료 게이지에 비유한다면, 근원과 완전히 연결된 일치 상태는 연료 탱크가 가득 찬 것과 같습니다. 이를테면, 단계적으로 수치가 표시된 게이지나 눈금 저울을 상상해 보세요. 그것의 한쪽 끝은 근원 에너지와의 내재적 연결을 완전히 '허용'하는(가득 찬) 지점을 표시하고, 다른 쪽 끝은 그러한 연결에 최고로 '저항'하는(바닥난) 지점을 표시합니다.

　이렇게 당신이 느끼는 감정을 근원과 완전히 연결될 때의 감정부터 단계적으로 나열해 보면 다음과 같습니다.

1. 기쁨 / 앎 / 권능 / 자유 / 사랑 / 감사   – POWERFUL

2. 열정

3. 열의 / 열망 / 행복

4. 긍정적 기대 / 신념

5. 낙관

6. 희망

7. 만족

8. 지루함

9. 비관

10. 좌절 / 짜증 / 초조

11. 압도감

12. 실망

13. 의심

14. 걱정

15. 비난

16. 낙담

17. 화

18. 복수심

19. 증오 / 분노

20. 질투 또는 시기

21. 불안감 / 죄책감 / 무가치함

22. 두려움 / 슬픔 / 우울함 / 절망 / 무력감 – POWERLESS

감정은 사람에 따라서 같은 말이 다른 의미로 사용되기도 하고 다른 말이 같은 것을 지칭하기도 합니다. 따라서 감정의 이름은 모든 사람에게 절대적으로 정확한 것은 아니며, 실상 감정에 붙이는 이런 꼬리표가 다소 혼란을 초래할 수도 있습니다.

감정 안내눈금을 활용할 때 가장 중요한 것은, 당신이 현재 느끼고 있는 기분보다 의식적으로 더 나은 기분을 향해 나아가는 것입니다. 감정의 명칭이 중요한 것은 아닙니다.

조금이라도 기분이 좋아지는 것이 중요한 이유

삶의 체험들을 스스로 통제할 수 없다고 느끼는 주요한 이유는, 어떤 순간에 어디를 향해가고 있는지 스스로 깨닫지 못하기 때문입니다. 당신이 느끼는 감정과 그것이 의미하는 바를 이해하지 못하면, 당신은 종종 정말로 살고 싶은 삶과는 정반대로 나아가게 됩니다.

감정을 표현하는 많은 단어들이 있습니다. 그러나 실제로는 단 두 가지 감정만이 있을 뿐입니다. 기분 좋은 감정feel good과 기분 나쁜 감정feel bad이 바로 그것입니다.

감정 눈금 상에 단계적으로 적혀 있는 여러 감정은, 강력하고 순수한 긍정적인 근원 에너지를 당신이 얼마나 허용하고 있는지를 보여 주는 신호입니다. 근원에 완전히 연결된 상태는 기쁨 · 사랑 · 감

사·앎 또는 자유와 같은 느낌들로 다가섭니다. 이러한 감정의 핵심
은 당신 자신이 강력한 힘을 가진 존재라는 느낌, 즉 '자기권능Self-
Empowerment'의 느낌입니다. 그리고 근원과 가장 멀리 떨어져 있는 상
태는 절망·슬픔·두려움·우울함 같은 기분입니다. 이러한 감정들
이 본질적으로 말하는 것은 자신에게 창조적 권능이 없다는 무력감,
즉 '권능 없음dis-empowerment'의 느낌입니다.

　자신의 기분을 의도적으로 아주 조금이라도 나아지게 할 수 있다
는 사실을 알아차리는 것에는 어마어마하게 큰 가치가 있습니다. 그
것을 통해서 자신의 체험을 스스로 통제할 수 있다는 자기 권능의 느
낌 속으로 다시 들어갈 수 있기 때문입니다. 비록 당신이 근원과 완
전히 연결될 때 느끼는 권능의 느낌이 아직 익숙하지 않더라도, 더
이상 무력하다고는 느끼지 않습니다. 따라서 당신은 이제 진동적 감
정 눈금을 타고 더 나은 기분을 향해가는 여행이 가능합니다. 게다가
더 쉽게 여행할 수 있습니다.

　자기권능과 통제력의 경이로운 느낌을 회복하는 열쇠는, 현재 기
분이 좋든 나쁘든 상관없이 가능한 한 가장 기분 좋은 느낌을 얻기
위해 최선을 다하겠다고 지금 당장 결심하는 것입니다. 지금 당장 할
수 있는 가장 기분 좋게 느껴지는 생각을 하고, 그 생각을 반복하게
될 때, 당신은 아주 짧은 시간 안에 아주 기분 좋은 상태에 있는 자신
을 발견하게 될 것입니다. 그것이 바로 일들이 작동하는 방식입니다!
　따라서 스스로 이렇게 말하기 바랍니다.

"나는 지금 당장 가능한 가장 기분 좋은 생각을 찾아낼 것이다. 나는 더 편안하고, 더 편안하고, 더 편안해지는 안도감을 느낄 것이다."

기억하십시오!

- **격노**는 우울함이나 슬픔, 절망, 두려움, 죄책감, 무력감보다 더 편안한 안도감을 줍니다.
- **복수심**은 격노보다 더 편안한 안도감을 줍니다.
- **화**는 복수심보다 더 편안한 안도감을 줍니다.
- **비난**은 화보다 더 편안한 안도감을 줍니다.
- **압도감**은 비난보다 더 편안한 안도감을 줍니다.
- **짜증**은 압도감보다 더 편안한 안도감을 줍니다.
- **비관**은 짜증보다 더 편안한 안도감을 줍니다.
- **희망**은 비관보다 더 편안한 안도감을 줍니다.
- **낙관**은 희망보다 더 편안한 안도감을 줍니다.
- **긍정적 기대**는 낙관보다 더 편안한 안도감을 줍니다.
- **기쁨**은 긍정적 기대보다 더 편안한 안도감을 줍니다.

당신은 연습을 통해서 조만간 감정 안내눈금이 자신에게 말하고 있는 것을 좀 더 쉽게 이해하게 될 것입니다. 일단 개선된 감정이 가져다주는 더 편안한 안도감을 지속적으로 느끼겠다고 확고히 결정하게 되면, 대부분의 시간 동안 더 기분 좋게 느끼고 있는 자신을 발견하게 될 것입니다. 그리고 바라는 모든 것이 체험 속으로 흘러들 수 있도록 허용하고 있는 자신의 모습도 발견하게 될 것입니다.

화를 내는 것이 적절하다는 것은 자신만이 알 수 있다

아주 심하게 우울한 사람이 화가 나는 생각을 하면 마음이 더 편안해집니다. 이 사실을 발견하고 화나는 생각을 의도적으로 선택하는 것이 중요하다는 사실을 깨닫게 된다면, 그는 그 순간 자신의 내면에 느껴지는 권능의 감각을 회복하고 우울함에서도 벗어날 것입니다. 물론 화난 상태에 계속 머무르지 않는 것도 중요합니다. 하지만 무엇보다도 이제 그는 '화'의 자리에서 그보다 좀 더 편안한 느낌인 '좌절' 속으로 접근해갈 수 있습니다.

아직 감정에 담긴 진동적인 내용을 이해하지 못하는 많은 사람들은 화내는 것을 아주 못마땅해하며 충고합니다. 사람들은 이기적이게도 당신이 차라리 화를 내기보다는 이전의 무기력하고 우울한 상태로 지내기를 바랍니다. 보통 '우울함'은 당사자 내면에서 조용히 진행되지만, '화'는 종종 주변에 있는 누군가를 향해 표출되기 때문입니다.

하지만 다른 사람들은, 당신이 선택한 '화'의 생각이 당신을 더 나은 기분으로 이끌어 준다는 사실을 모릅니다. 오직 당사자인 당신만이 더 편안해진 느낌을 통해서 어떤 생각이 자신에게 적절한 것인지 알 수 있습니다. 따라서 기분을 통해 자신을 인도하겠다고 결정하지 않는 한 결코 소망을 실현하는 길을 꾸준히 걸어갈 수 없습니다.

끌어당김의 힘을 개선시킬
22가지 연습

이 책*을 여기까지 읽어오면서 당신은 그 동안 잊고 있었던 많은 것들을 다시 기억하게 되었을 것입니다. 이제 당신은 다음과 같은 진실을 알게 되었습니다.

• 나는 근원 에너지가 물질적으로 표현된 존재다. 그리고 생각을 확장시켜 미지의 새로운 가능성을 탐험하는 기쁨을 맛보기 위해서 이 물리적인 몸을 입고 창조의 최선단에 있는 이 시공간 현실 속으로 들어왔다.

---

* 이 책의 원서 『Ask and It Is Given』의 Part I은 행복 창조의 근본 원리를 소개한 내용으로 『유쾌한 창조자』라는 제목으로 출간되었다. 『감정 연습』은 원서 Part II에 해당된다.

- 나는 매 순간 근원과의 연결을 내 자신이 얼마나 허용하고 있는지 알려주는 감정이라는 내면의 안내 시스템을 가지고 있다.

- 기분이 좋을수록 진정한 자신과 더 깊이 연결되어 있고, 기분이 나쁠수록 그 중요한 연결에서 더 멀어져 있다.

- 나는 내가 바라는 대로 무엇이든 될 수 있고, 할 수 있고, 가질 수 있다. 나의 주요한 의도가 기분이 좋아지는 것이고, 그래서 지금 있는 자리에서 최상의 기쁨을 느끼고자 시도한다면, 반드시 나의 본래 천성인 기쁨의 상태에 이르게 된다.

- 나는 자유로운 존재다(실제로, 스스로 속박을 선택할 수도 있을 만큼 자유롭다). 나에게 오는 모든 것은 나의 생각에 대한 반응으로 오게 된다.

- 과거·현재·미래 중 무엇에 관해 생각하고 있든, 그 순간 내가 생각하고 있는 것을 끌어오는 진동을 발산한다.

- 끌어당김의 법칙은 언제나 공정하게 작용하며, 나에게 끌려오는 모든 것은 나의 생각 진동에 대한 반응으로 오는 것이기에 거기엔 어떤 부당함도 없다.

- 웰빙Well-Being(존재 본래의 행복 상태)이 이 세상의 토대이기에 그것을

허용하지 않는 어떤 일만 하지 않는다면 삶에서 행복만을 경험하게 된다. 그러한 웰빙을 내가 허용하거나 거부할 수도 있지만, 이 우주에는 오직 건강, 풍요, 명료함 그리고 내가 바라는 모든 좋은 것들의 흐름인 단 하나의 웰빙의 행복 물결만이 흐르고 있다.

• 그 어디에도 어두움을 불러올 스위치는 없고, 악이나 질병 또는 부족함의 근원도 없다. 나는 웰빙을 허용할 수도 있고 거부할 수도 있다. 하지만 나에게 일어나는 모든 일은 내 자신이 창조한 것이다.

무언가 개선되기를 바라는 것이 있다면

현재 삶이 모든 면에서 만족스럽다면, 이 책을 더 이상 읽을 이유가 없습니다. 하지만 삶에서 무언가 개선되기를 바라는 것이 있다면, 즉 자신의 삶에서 갖고 싶은 뭔가가 있다거나 또는 더 이상 원치 않는 어떤 것이 있다면, 다음에 소개하는 독특하고 효과적인 22가지 연습은 당신에게 큰 도움이 될 것입니다.

삶에서 원하는 것을 올 수 없게 만드는 유일한 요인은 습관적으로 저항하는 생각입니다. 이런 저항의 생각 습관을 의도적으로 발전시켜 온 것은 아니겠지만, 당신은 삶을 살아오면서 자신도 모르는 사이에 스스로 그런 저항의 경향성을 매일 조금씩 발달시켜 왔습니다. 그런데 한 가지 분명한 것은, 그러한 저항의 진동을 바꾸기 위해 어떤 조치를 취하지 않는다면 삶에서 바뀌는 것은 아무것도 없을 것이라는 사실입니다.

이 책에서 소개되는 일련의 연습은 당신의 저항하는 경향을 점진적으로 내려놓는 데 도움이 되도록 고안되었습니다. 삶 속에서 당신이 저항의 습관을 일시에 발전시키지 않았듯이, 그것을 한순간에 내려놓을 수는 없을 것입니다. 하지만 결국에는 모든 저항의 습관들을 내려놓게 될 것입니다. 과정과 과정process, 게임과 게임(우리는 게임이라는 단어를 과정이라는 단어와 같은 뜻으로 사용합니다) 속에서, 그리고 매일의 연습을 통해서, 당신은 점진적이면서도 지속적으로 자신의 선천적인 웰빙이 자신에게 흘러들 수 있도록 허용하는 사람으로 되돌아갈 것입니다.

당신을 관찰하는 주위 사람들은 당신의 삶에 일어나는 일들과 기쁨 속에 빛나는 당신의 모습을 보며 탄복할 것입니다. 그때 당신은 선천적인 확신과 자신감 속에서 명확히 말할 것입니다. "나는 자연스러운 웰빙이 나에게 흐르도록 허용하는 법을 발견했지요. 나는 '허용의 기술'Art of Allowing을 배웠답니다."

이 과정들을 이용하는 방법

우리는 커다란 열정과 기대감 속에서 다양한 연습 과정들을 알려 드리고자 합니다. 시간적 여유가 있다면, 제시된 과정들을 곧바로 실행하지 말고 우선 이 책을 끝까지 읽어보기를 권합니다. 읽어가는 도중에 자신에게 도움이 될 만한 과정을 발견할 경우에는 당장 그것을 연습하고 싶은 강한 충동을 느낄 것입니다. 하지만 그런 과정에는 표시를 해두고 지나가시기 바랍니다. 나중에 연습할 시간이 있을 때, 표시해둔 과정들 중에서 가장 강한 열정을 느낀 과정부터 시작하십시오. 그 과정이 바로 당신이 시작할 최선의 지점입니다.

실상 어떤 과정을 무작위로 선택해서 실행할 수도 있으며, 그렇게 해도 눈에 띌 만한 효과를 얻을 수 있습니다. 이 책에 소개된 모든 연습 과정들이 저항을 내려놓고 진동을 높이는 데 도움이 되기 때문이지요. 그렇지만 현재 자신이 지닌 소망과 저항의 강도에 따라서 어떤 특정한 과정이 다른 과정들보다 더 큰 효과가 있을 것입니다.

각 연습 과정들을 읽어가면서, 설명을 위해 제시된 사례와 비슷한 일이 자신의 삶에서 실제로 벌어지고 있는 경우도 발견할 수 있습니다. 그런 경우에는 그 과정을 자신에게 실제로 적용하면 유익할 것입니다. 그렇다 해도, 현재 자신의 상황에는 어떤 특정 과정이 적합한 것이라는 고정된 규칙은 없습니다. 왜냐하면 사람들은 삶의 경험들 속에서 저마다 온갖 다양한 감정을 느끼기 때문입니다.

통로에 있는 나무 제거하기

몇몇 연습 과정은 원하는 것에 더 명료하게 초점을 맞추도록 도와 당신의 끌어당기는 힘을 더욱 강화시킬 것입니다. 하지만 어떤 이유에서든 현재 강한 저항의 상태에 있다면, 근원 에너지를 더 많이 불러오게 하는 낮은 번호의 연습과정, 즉 연습 1 과정인 '미친듯이 감사하기' 또는 연습 2인 '마법의 창조상자' 등을 실행하는 것은 별로 도움이 되지 않습니다.

우리는 이 책의 1부에서(유쾌한 창조자 제20장), 시속 10킬로미터보다는 시속 100킬로미터로 운전을 하다가 나무에 부딪히는 것이 훨씬 더 큰 문제가 된다는 이야기를 했습니다. 달리 설명하자면, 이 비유에서 자동차의 속도는 소망을 통해서 불러오는 창조 에너지를, 나무는 소망과 반대되는 생각이나 저항을 의미합니다. 사람들은 종종 차의 속도를 줄이는 것이 유일한 해결책이라고 결론짓곤 하지요. 하지만 우리는 길 위에 서있는 그 나무를 제거하기를 권합니다.

이 책에 나오는 일련의 연습들은 나무로 상징되는 당신의 저항을 내려놓는 데 도움이 되도록 특별히 고안되었습니다. 삶이라는 길 위에 아무런 나무도 없는 상태에서, 즉 저항이 전혀 없는 가운데 자신에게 가장 익숙한 속도로 삶을 살아가는 것보다 더 감미로운 일은 없기 때문입니다.

감정을 안내자로 삼기

사람들은 그 누구도 예외 없이 삶의 경험들에 대해 어떤 감정적 반응을 체험하고 있습니다. 그 감정이 바로 당신이 지금 어떤 연습 과정을 이용하는 게 적절한지를 알려주는 열쇠가 됩니다. 일반적으로 말하면, 기분이 좋은 상태일수록 더 낮은 번호의 과정이 효과적입니다.(예: 연습 1-미친 듯이 감사하기, 연습 2-마법의 창조상자…) 그리고 기분이 좋지 않을수록 더 높은 번호의 과정이 효과적입니다.(예: 연습 22-감정 눈금 위쪽으로 옮겨가기, 연습 21-본연의 건강 회복하기….)

따라서 이 책의 연습 과정을 실행하기에 앞서 당신이 확인해야 할 가장 중요한 것은 '바로 지금 내 기분은 어떤가? 나는 어떤 기분을 느끼기를 원하는가?' 입니다. 모든 연습 과정의 첫머리에는 그 과정을 통해 효과를 볼 수 있는 감정의 범위가 제시되어 있습니다. 자신의 현재 감정이 포함된 범위 안의 연습 과정이야말로 당신이 시작하기에 완벽한 지점입니다.

기분을 좋아지게 하는 일부터 시작하기

몇몇 연습 과정은 재정적 풍요를 증가시키거나, 신체적인 건강을 증진시키는 것과 같이 특정한 목적을 가지고 있습니다. 그러나 대부분의 연습은 어떠한 상황에서도 적용될 수 있습니다.

이 과정들을 실행해나갈 때 당신의 삶은 반드시 더 좋아진다는 것을, 우리는 절대적으로 약속할 수 있습니다. 당신의 기분이 더 좋아질 수밖에 없기 때문입니다. 그리고 기분이 더 좋아지면 저항을 더 많이 내려놓게 되어 끌어당기는 힘이 개선되기 때문입니다. 끌어당기는 힘(끌어당김 자력)이 개선되면, 끌어당김의 법칙은 반드시 그에 부합되는 환경, 일, 경험, 관계 그리고 진동의 상승에 따르는 강력한 증거들을 가져다주게 될 것입니다. 그것은 법칙이기 때문이지요.

이러한 연습 과정들 중에서 어떤 과정은 정말로 좋아하게 될 것입니다. 또 어떤 과정은 매일 실행하게 될 것이고, 어떤 과정은 아마 전혀 이용하지 않을 것입니다. 그리고 어떤 과정은 처음에 실행하다가 나중에는 더 이상 필요치 않다는 생각이 들 것이고, 어떤 과정은 특별한 환경 속에서는 다시 실행하게 될 것입니다.

이제 이 연습 과정들을 편안한 마음으로 시작하기 바랍니다. 이 과정들은 당신의 삶을 긍정적으로 바꾸게 할 힘이 있습니다. 그리고 진정한 당신 자신인 근원 에너지와 다시 일치될 수 있도록 도울 것입니다. 따라서 당신은 이 과정들을 통해 자신의 본성인 기쁨의 상태로 되돌아가게 될 것입니다. 게다가 부수적인 측면의 혜택도 누리게 될 것인데, 그것은 바로 당신이 지금껏 소망해온 것들이 모두 실현되리라는 것입니다.

자기 얼굴에
'스마일 스티커'를 붙인 사람들

자신의 경험을 뜻대로 통제하려면 반드시 자신의 감정을 알아차릴 수 있어야 합니다. 그것은 행복한 삶을 살아가는 데도 필수적입니다.

당신은 뜨거움을 느끼지 않기 위해 자신의 손가락 끝을 마비시키지는 않을 것입니다. 또 자동차에 연료가 떨어졌다는 것을 보고 싶지 않다는 이유로 연료 게이지에 '스마일 스티커'를 붙여 가리지도 않을 것입니다. 이와 마찬가지로 당신은 실제로 느끼는 감정과 다르게 가장하면서 자신의 감정을 감추고자 하지는 않을 것입니다. 이런 식으로 가장하는 것은 자신의 삶에서 진동적으로 끌어당기는 것을 바꾸는 데 있어 아무런 도움이 되지 않기 때문입니다. 그것을 바꾸는 유일한 방법은 자신이 발산하는 진동을 바꾸는 것입니다. 그렇게 할 때 자신의 기분도 바뀌게 됩니다.

진동을 변화시키기 위해 에너지를 집중시키기

과거에 경험했던 어떤 사건을 회상하고 있을 때, 당신은 에너지를 집중시키고 있습니다. 미래에 일어날 수도 있는 어떤 일을 상상하고 있을 때, 당신은 에너지를 집중시키고 있습니다. 그리고 지금 무언가를 주시하고 있을 때에도 역시 에너지를 집중시키고 있습니다. 당신이 과거 · 현재 · 미래 중 어디에 초점을 맞추고 있든, 지금now 에너지를 집중시키고 있다는 사실에는 차이가 없습니다. 그리고 어떤 것을 주시하거나 초점을 맞추고 있을 때, 당신은 그것을 끌어당기는 진동을 발산합니다.

무언가를 숙고하거나, 회상하거나 또는 상상할 때 당신 안에는 어떤 진동이 활성화됩니다. 그리고 그 생각으로 돌아올 때마다 그 진동은 다시 활성화됩니다. 그 생각을 더 자주 반복할수록 그 진동은 당신에게 더 친숙해지고 더 쉽게 활성화됩니다. 마침내 그것은 당신 안에서 주도적인 진동으로 자리잡게 됩니다. 그래서 그것이 당신의 진동적 경향을 주도하게 될 때, 그 진동에 일치되는 것들이 당신의 삶 속에 등장하기 시작합니다.

당신이 어떤 진동을 발산하고 있는지를 알 수 있는 두 가지 확실한 방법이 있습니다. 첫 번째는, 자신의 삶에 '어떤 일이 일어나고 있는지'에 주의를 기울이는 것입니다. 자신이 초점을 맞추었던 것과 삶 속에 구현되는 것은 언제나 진동적으로 일치하기 때문입니다. 두 번째는, '지금 자신의 기분이 어떤지'에 주의를 기울이는 것입니다. 감정은 자신이 어떤 진동을 발산하고 있는지, 그리고 자신이 무엇을 끌어당기고 있는지를 끊임없이 알려주고 있기 때문입니다.

의식적인 창조자가 되려면 반드시 의식적으로 알아차려야 한다

자신이 지금까지 가져왔던 생각과 느낌, 그리고 삶 속에 구현되고 있는 것 사이의 상관관계를 알아차리는 일은 굉장히 유익합니다. 그 관계를 알아차려야만 더 좋은 것을 끌어당기기 위해 자신의 생각을 의도적으로 바꿀 수 있기 때문입니다. 하지만 자신의 의도대로 창조하고자 할 때 가장 만족스러운 결과를 얻으려면, 자신의 생각이 불러일으키는 느낌에 민감해져야 합니다. 그렇게 할 때 기분 나쁘게 느껴지는 생각을 더 기분 좋게 느껴지는 다른 생각으로 바꿀 수 있기 때문입니다. 그러면 원치 않는 어떤 것이 물질화되기 전에도 끌어당기는 것을 바꿀 수 있게 됩니다. 원치 않는 것이 물질적으로 구현되기 이전에 생각의 방향을 더 기분 좋은 쪽으로 바꾸는 일이 훨씬 더 쉽습니다.

의식적인 창조란 자신의 생각을 의도적으로 더 기분 좋은 방향으로 지휘해가는 일입니다. 당신은 기분 좋은 생각을 의식적으로 선택하는 일에서 만족감을 느끼게 될 것입니다. 또한 그에 뒤따를 기분 좋은 창조의 결과들을 즐기게 될 것입니다. 심지어 그다지 기분 좋지 않은 결과물에서도 약간의 만족감을 갖게 될 것입니다. 당신은 이제 강력한 끌어당김의 법칙이 작용한다는 사실을 알게 됨으로써, 자신의 삶을 스스로 통제하고 있는 느낌을 갖게 될 것이기 때문입니다. 요컨대, 자신의 생각과 느낌 그리고 그에 따르는 물질적 구현 사이의 상관관계를 알아차리지 못하면, 자신의 삶에서 일어나는 일을 의식적으로 통제하지 못합니다.

다른 사람을 통제하려 할 때,
언제나 통제불능인 또 다른 상황이 존재한다

대다수의 사람들은 자신이 보고 있는 것에 대한 반응으로 생각 진동의 대부분을 발산합니다. 기분 좋은 어떤 것을 볼 때 그들은 좋은 기분을 느낍니다. 기분 나쁜 어떤 것을 볼 때 그들은 나쁜 기분을 느낍니다. 하지만 그들은 자신이 어떻게 느낄지에 대한 통제권을 스스로 가지고 있지 않다고 믿고 있습니다. 그들이 보고 있는 환경을 그들 자신이 통제할 수 있다는 사실을 아직 깨닫지 못했기 때문입니다.

대부분의 사람들은 자신의 환경을 통제하려고 노력하는 가운데 삶의 대부분을 보냅니다. 그렇게 하는 이유는 환경을 통제하면 더 좋은 기분을 느낄 수 있을 것이라고 믿기 때문입니다. 그러나 다른 사람들의 활동에 대해 얼마나 많은 통제력을 행사하든 그것은 언제나 완벽히 통제할 수가 없습니다. 통제가 불가능한 또 다른 상황이 언제나 존재할 것이기 때문입니다.

다른 사람들의 삶을 당신이 대신 창조할 수 없습니다. 당신이 자신의 생각 대상을 끌어당기는 자신만의 진동을 발산하듯이, 그들도 그들의 생각 대상을 끌어오는 각기 자신들만의 진동을 발산하고 있기 때문이지요.

의식적인 창조는 더 기분 좋은 생각을 선택하는 것이다

많은 사람들은 이렇게 말합니다. "삶의 조건이 바뀌게 될 때 더 좋은 기분을 느끼게 될 거예요. 더 많은 돈을 갖게 되거나, 더 멋진 집으로 옮기게 되거나, 더 좋은 직장을 얻게 된다거나, 혹은 더 좋은 친구를 갖게 되면 기분이 더 좋아질 거예요." 우리는 뭔가 더 기분 좋은 것을 볼 때 기분이 더 좋아진다는 사실을 부정하는 게 아닙니다. 단지 그러한 방식은 매우 퇴보적이라는 것입니다.

환경이나 조건이 바뀌고 나서 그에 대한 반응으로 더 나은 기분을 느끼게 되는 것은 의식적 창조가 아닙니다. '의식적 창조'란 자신에게 더 기분 좋게 느껴지는 생각을 선택하고, 그 선택의 결과로 삶의 환경이 바뀌게 되는 것을 말합니다.

조건 없는 사랑을 예로 들어 보겠습니다. 조건 없는 사랑이란 사랑의 근원과의 연결을 허용하는 생각을 의식적으로 선택하는 일입니다. 따라서 자신의 주변에 어떠한 일이 일어나고 있는지는 상관이 없습니다. 단지 사랑의 근원과 깊이 연결된 상태에 머무르기를 원하기에 근원과의 연결을 허용하는 생각들을 의식적으로 선택하는 것이지요. 그렇게 되면 필연적으로 자신의 끌어당김의 힘을 통제할 수 있게 되고, 그에 따라 주변 환경과 조건들이 바뀔 수밖에 없습니다. 끌어당김의 법칙에 의해 반드시 그렇게 됩니다.

자신의 진동범위 안의 생각만 끌어당길 수 있다

누군가는 말합니다. "의식적 창조에 대한 모든 것들이 매우 쉽게 들립니다. 하지만 그것을 실행하는 일이 왜 그렇게 어렵습니까? 생각을 통제하는 일이 왜 그렇게 힘들까요? 내 생각들은 마치 스스로 활동하는 것처럼 느껴집니다. 마치 내 생각들이 그들 자신의 생각을 하는 것처럼 느껴집니다."

자, 끌어당김의 법칙은 매우 강력한 법칙이라는 사실과, 자신의 현재 '진동설정지점'과 현저히 차이가 나는 다른 생각을 곧바로 찾아내는 일은 가능하지 않다는 사실을 기억하세요. 당신은 오직 자신의 현재 진동 범위 안의 생각들에만 접근할 수 있습니다.

언젠가 어떤 음악을 들으면서 즐거워했는데, 나중에 같은 음악을 들었을 때 전혀 즐겁지 않았던 경험을 한 적이 있습니까? 그 음악을 처음 들었을 때 당신은 미소를 지으면서 감동을 받았을 것입니다. 하지만 다음번에 들었을 때는 짜증나고 불편하게 느껴지는 것을 발견했습니다. 이 경우에 당신이 느끼고 있는 것은 당신 자신과 그 음악과의 진동적 조화에 관한 것입니다. 다시 말해서, 당신이 진정한 자신과 더 가깝게 일치되어 있을 때 그 음악은 당신의 기분 좋은 느낌과 혼합됩니다. 하지만 진정한 자신과 조화를 이루지 못하고 있을 때, 그 음악은 진정한 당신 자신인 웰빙Well-Being의 진동과 그 순간 당신이 지닌 저항의 진동간의 차이를 나타내 줄 뿐입니다.

또 당신은 친구들이 장난을 치거나 짓궂은 행동을 할 때 기분이 더 좋아지는 경험을 했던 적이 있을 것입니다. 하지만 어떤 때에는 친구들의 그런 장난이나 집적거림이 오히려 기분을 더 나쁘게 만들기도 했습니다. 친구들이 당신의 기분을 더 좋아지게 하는 것은 전적으로 당신이 내면존재와 진동적으로 일치를 이룰 때 가능한 일이었습니다. 왜냐하면 진동적으로 작은 도약을 하는 것은 쉬운 일이지만, 커다란 진동적 도약은 어렵거나 심지어는 불가능하기 때문이지요.

이 연습 과정의 목적은 '저항 놓아버리기'다

이어지는 장에서, 당신은 자신의 끌어당김의 자력을 점진적으로 개선시킴으로써 더 나은 것을 끌어오는 데 도움이 되는 여러 연습 과정을 만나게 될 것입니다. 하지만 진동의 상태는 사람마다 다르고 때에 따라 다르기에, 어떤 과정이 지금의 당신에게 적합한 과정인지 아닌지는 그 과정을 실행할 때의 느낌을 통해서만 알 수 있습니다.

처음에 품었던 하나의 작은 생각은, 당신이 주시하고 회상하고 숙고하고 그리고 음미하는 동안에 더욱 강력한 생각이나 믿음으로 변해갑니다. 이제 그 생각은 무엇을 끌어당기게 될지를 좌우하게 되었습니다. 그래서 당신은 숙고 중이거나 초점을 맞추고 있는 생각에 대한 반응으로 어떤 특정한 감정을 느끼게 되었습니다. 시간이 지나면서 당신은 어떤 특정한 것에 대해서는 어떤 특정한 느낌을 갖게 된 것입니다. 우리는 그것을 '감정설정지점'이라고 부릅니다.

여기에 소개되는 연습 과정들은 1과정부터 22과정까지 있습니다. 현재 당신의 진동이 근원의 웰빙과 조화로운 상태에 가깝다면, 더 완전한 조화를 이루기 위해서는 낮은 번호의 연습들이 도움이 됩니다. 반면에 웰빙과 조화로운 일치 상태에서 멀어져 있다면, 더 높은 번호의 과정들이 도움이 됩니다.

당신이 일반적으로 웰빙에 매우 가깝게 일치된 상태에 있다면, 연습 12번 이상의 과정은 그다지 자주 이용하지 않게 될 것입니다. 그러나 그러한 일치 상태 밖으로 자신의 진동을 끌어내리는 특별한 환경이나 상황도 있을 것인데, 그럴 때는 높은 번호의 연습과정이 도움이 될 것입니다. 하지만 그러한 일은 당신에게 매우 예외적인 경우가 될 것입니다.

'감정 설정지점'은 의식적으로 변화시킬 수 있다

어쩌면 당신은 마지막으로 기분 좋았던 때가 언제였는지 기억이 나지 않을 수도 있습니다. 삶의 환경을 관찰해오면서 행복과는 거리가 먼 쪽으로 자신의 감정설정지점을 지속적으로 발달시켜 왔을지도 모릅니다. 그래서 처음의 대여섯 개 과정에서는 마음이 편안해지는 걸 전혀 느끼지 못할 수도 있습니다. 마지막 과정에서야 겨우 미미하게나마 마음이 편안해지는 안도감을 느낄 수도 있습니다. 하지만 여기서 중요한 것은, 기분이 얼마만큼 좋아지고 얼마나 빨리 좋아지는 것과는 상관이 없습니다. 미미하게라도 자신의 마음이 편해졌다는 사실을 스스로 알아차렸다는 것과 자신의 의도적인 노력으로 그렇게 됐다는 사실을 아는 것이야말로 가장 중요합니다.

당신이 의도적인 노력을 통해서 더 편안해질 수 있게 될 때 당신은 삶의 경험들을 원하는 대로 창조해갈 통제력을 회복하게 되고, 그때 비로소 자신이 바라는 삶을 살아갈 수가 있기 때문입니다.

기억하기 바랍니다. 각 과정의 목적은 당신의 진동을 높이는 것입니다. 달리 표현하면, "각 과정의 목적은 자신의 저항을 내려놓는 것입니다." 또 이렇게 말할 수도 있습니다. "저항으로부터 해방되어 마음이 더 편안해지는 것", "더 나은 기분을 갖게 되는 것", "진동 설정지점을 개선하는 것"이라고 말이지요.

만약 어떤 과정을 시작해서 몇 분이 지났는데도 기분이 나아지지 않으면, 거기서 중단하고 더 높은 번호의 다른 과정을 선택하십시오.

이제 마음을 가볍게 하고, 이 모든 것을 즐기세요

우리는 과정, 기법 또는 게임이라는 단어를 같은 뜻으로 사용합니다. 그 이유는, 이 일련의 연습 과정들은 당신이 바라는 것이 무엇이든 그것을 얻을 수 있도록 돕는 강력한 과정이기에, 여기에서 제시된 과정들을 게임하듯이 즐긴다면 고장난 뭔가를 고치는 수단으로 볼 때보다 저항이 훨씬 더 줄어들기 때문입니다. 이 과정들을 실행함에 있어 성공의 열쇠는 자신의 저항을 실제적으로 놓아버리는 능력에 달려있습니다. 그러므로 이 게임을 놀이하듯 즐길수록 당신의 저항은 더욱 더 줄어들 것입니다.

이 과정들을 의도적으로 활용하면 감정설정지점이 바뀌게 되어 자신의 끌어당김 자력이 바뀔 것입니다. 이 게임들을 시작한 첫날부터 삶이 바로 개선되는 것을 보게 될 수도 있습니다. 그리고 더 자주 실행할수록 삶의 모든 주제에 대한 자신의 끌어당김 자력을 개선시키게 될 것입니다.

지금 이 순간, 당신은 자기 현실의 창조자다!

당신은 자신의 삶을 스스로 창조하고 있습니다. 알고 있든 모르고 있든 상관없이 그렇습니다. 당신이 의식하지 못한다 해도 삶에서 겪는 모든 경험들은 자신의 생각에서 비롯되는 진동의 정확한 반영으로서 펼쳐집니다.

우리가 여기에 제공하는 연습 과정들은, 자신의 현실을 무의식적이거나 방임 속에서 창조하는 사람에서 자신의 뜻대로 창조해가는 '의식적 창조자'로 거듭나도록 당신을 도울 것입니다. 이 과정들을 삶속에서 실제로 적용해갈 때 당신은 삶의 모든 상황들에 대한 정밀한 통제력을 갖게 될 것입니다.

우리는 아주 커다란 사랑과 열정 속에서 당신의 삶을 변화시킬 일련의 과정들을 선사합니다. 여기에는 당신을 위한 사랑이 있습니다. 당신을 위한 위대한 사랑이…….

감정 연습 **I**

희망에서 열정으로

미친듯이 감사하기

 이 연습 과정에 해당하는 감정 범위

22단계 감정 안내눈금

1 단계	**기쁨 · 앎 · 권능 · 자유 · 사랑 · 감사**	——— POWERFUL
2 단계	**열정**	
3 단계	**열의 · 열망 · 행복**	
4 단계	**긍정적 기대 · 신념**	
5 단계	**낙관**	
6 단계	**희망**	
7 단계	**만족**	
8 단계	**권태**	
9 단계	**비관**	
10단계	**좌절 · 짜증 · 초조**	
11단계	**압도감**	
12단계	**실망**	
13단계	**의심**	
14단계	**걱정**	
15단계	**비난**	
16단계	**낙담**	
17단계	**화**	
18단계	**복수심**	
19단계	**증오 · 격노**	
20단계	**질투**	
21단계	**불안감 · 죄책감 · 무가치함**	
22단계	**두려움 · 비탄 · 암울 · 절망 · 무력감**	——— POWERLESS

☕ 이 과정을 사용하는 때

- 현재 어느 정도 기분 좋은 상태지만, 훨씬 더 기분이 좋아지고 싶을 때
- 어떤 사물이나 사람과의 관계를 더 친밀하게 발전시키고 싶을 때
- 현재의 기분 좋은 느낌을 더 오래 유지하고 싶을 때
- 자신의 감정적 경향을 개선시키는 데 도움이 될 만한 대상에 의도적으로 초점을 맞추고자 할 때
- 운전 중이거나 걷고 있거나 또는 줄을 서서 기다리는 동안에 생산적이고 창조적인 무언가를 하고자 할 때
- 부정적인 감정을 유발할 수 있는 것을 보고 있는 상황에서 자신의 생각과 감정이 부정적으로 흐르지 않도록 통제하고자 할 때
- 자신의 생각이나 또는 함께 있는 사람의 말이 부정적인 방향으로 흐르고 있음을 알아차리고, 그 주제를 긍정적인 방향으로 바꾸고자 할 때
- 자신의 느낌이 부정적이라는 사실을 알아차리고 그 느낌을 긍정적으로 바꾸고자 할 때

☕ 현재의 감정 범위

'미친듯이 감사하기' 과정은 당신의 감정(감정 설정지점)이 다음 범위에 위치할 때 가장 큰 효과가 있습니다.

(1) 기쁨/앎/권능/자유/사랑/감사 ·· (5) 낙관

미 친 듯 이 감 사 하 기
(The Rampage of Appreciation*)

자, 지금 당신이 '긍정적인 기대감'을 느끼고 있다고 가정해 봅니다. 긍정적인 기대감은 감정 눈금 상에서 (4)번에 위치해 있고, (4)번은 '미친듯이 감사하기' 과정에 제시된 감정 범위인 (1)번과 (5)번 사이에 위치합니다. 따라서 이 과정은 지금 당신이 실행하기에 가장 적합한 과정 중 하나입니다.

미친듯이 감사하기 게임은 언제 어디서나 실행할 수 있습니다. 이 게임은 단순히 마음속으로 즐거운 생각을 하는 것만으로도 쉽게 실행할 수 있기 때문입니다. 자신의 생각을 글로 적으면서 실행하면 더욱 효과적입니다. 하지만 반드시 그럴 필요는 없습니다.

이 게임을 시작하기 위해서, 지금 자신의 주변을 둘러보고 기분 좋게 느껴지는 것을 찾습니다. 그것이 얼마나 경이롭고, 아름답고, 유용한지를 생각하면서 그 기분 좋은 대상을 주시합니다. 그 대상에 초점

---

* Appreciation의 원 뜻은 "어떤 사람이나 사물의 가치를 인정하고 음미하며, 또한 그에 따라 감사와 기쁨을 느끼는 것"입니다. '미친듯이 감사하기'의 감사하기Appreciation에는 이런 뜻이 함축되어 있으니 참고하십시오_역자

을 오래 맞추고 있을수록 긍정적인 느낌은 더욱 더 강해질 것입니다.

그런 다음, 이제 자신의 기분이 더 나아졌다는 사실을 알아차리고 그렇게 된 것에 감사한 마음을 갖습니다. 자신의 기분 좋은 느낌이 처음 시작했을 때보다 현저하게 커지면, 다시 주변을 살펴봅니다. 그리고 기분 좋게 느껴지는 또 다른 대상을 선택합니다.

자신이 쉽게 감사함을 느낄 수 있는 대상을 선택하는 것이 좋습니다. 이 과정의 목적은 어떤 것의 문제점을 발견하고 고치는 것이 아니라 감사를 통해 더 높은 진동을 연습하는 것이기 때문입니다. 기분 좋게 느껴지는 대상에 초점을 오래 맞추고 있을수록, 기분 좋은 느낌의 진동파장을 유지하기가 훨씬 더 쉬워집니다. 그리고 기분 좋은 느낌의 진동을 더 오래 유지할수록, 끌어당김의 법칙은 당신이 발산중인 진동에 조화를 이루는 다른 생각, 경험, 사람, 그리고 물건들을 더 많이 가져다줍니다.

이 과정의 주요한 의도는 일상생활 중에 감사함을 느낄 대상을 찾는 것이기에, 시간이 지날수록 저항의 진동은 더 낮아지고, 근원 에너지와의 연결은 더 긴밀해지고 강력해집니다.

감사의 진동 상태에 있을 때 물리적 형상의 당신과 비물리적인 진정한 당신 자신이 가장 강하게 연결됩니다. 그렇기 때문에 당신은 이 과정을 통해서 자신의 내면존재(근원, 진정한 자기 자신)로부터 한층 더 명료한 안내를 받을 수 있게 됩니다.

당신이 더 많이 감사할수록 당신의 진동파장 안의 저항은 더 낮아집니다. 그리고 저항이 낮아질수록 삶은 더욱 더 좋아집니다. 이 연습을 자주 실행하면 할수록 더 높은 진동의 느낌에 익숙해집니다. 그래서 당신이 저항을 불러오는 예전의 대화 경향으로 돌아가게 될 경우에는 저항의 진동이 너무 강해지기 전에 그것을 알아차릴 수 있게 됩니다.

감사할 대상을 더 많이 찾을수록 기분이 더 좋아집니다. 그리고 기분이 더 좋을수록 감사할 대상을 더 많이 찾기를 원하게 됩니다. 그래서 감사할 대상을 더욱 많이 찾을 때, 당신의 기분은 더욱 더 좋아집니다. 더욱 더 기분이 좋을 때, 감사할 대상을 더욱 더 많이 찾게 됩니다. 이처럼 끌어당김의 법칙이 긍정적인 생각들과 느낌들을 연달아 끌어오는 강력한 흐름을 만들기 때문에, 당신은 매우 적은 시간과 노력만으로 진정한 자신과 연결되는 기쁨 속에서 가슴이 노래 부르는 것을 보게 될 것입니다.

그리고 저항이 없는 이 경이로운 느낌 진동 안에서 당신은 크게 강화된 허용allowing의 상태에 있게 될 것입니다. 다시 말해 자신이 바라는 것들이 삶 속으로 쉽게 흘러 들어오는 진동 상태에 있게 됩니다. 그러한 상태는 좋아지고, 더 좋아집니다!

이 게임을 시작할 때, 자신의 진동이 이처럼 높은 상태에 충분히 가깝고, 또 더 기분 좋은 상태로 쉽고 빠르게 도약할 수 있다면, 시간이 허락하는 한 감사하기 게임을 계속 하십시오.

하지만 이 게임을 시도해도 그다지 기분이 좋아지지 않는다거나,

행복한 어떤 생각에 초점을 맞추고자 해도 마음이 별로 내키지 않는다면, 즉 어떤 식으로든 기분이 별로 나아지지 않는다면 이 과정을 중단하고 더 높은 번호의 다른 과정을 선택하십시오.

설령 끌어당김의 법칙을 알지 못하고 심지어 자신과 근원 에너지와의 연결에 대해 아는 바가 전혀 없을지라도, 이 과정을 실행함으로써 당신은 무의식적으로 허용의 기술Art of Allowing을 연습하게 됩니다. 그 결과 소망의 대상으로 확인했던 모든 것들이 자신의 삶 속으로 흘러들어오기 시작할 것입니다. 감사함을 느끼고 있을 때 당신의 진동은 저항이 전혀 없습니다. 당신이 살아오면서 습득한 저항이야말로 지금껏 바라는 것들을 삶 속으로 들어오지 못하게 방해해온 유일한 것입니다.

미친듯이 감사하기를 실행하고 있을 때, 당신은 자신이 요청해온 것들을 삶 속으로 허용하는 상태가 되도록 자신의 진동 주파수를 실제적으로 조정하게 됩니다. 매일의 삶 속에서 당신은 요청해왔으며, 근원은 예외 없이 응답해왔습니다. 그리고 이제 당신은 감사를 느끼는 상태에서 근원이 응답한 것을 받아들이는 연습을 하고 있습니다. 지금 창조과정의 마지막 3번째 단계를 수행하고 있는 것입니다. 당신은 그것을 자신의 삶 속으로 허락하고 있는 중이지요.

이 과정을 시작한 초기에는 하루 중에 특별히 10분에서 15분 정도를 의식적으로 할애하는 것이 좋습니다. 그리고 자신의 진동 상태를 의도적으로 높이고 유지하는 데서 오는 유익함을 며칠 정도 즐기게 되면, 이 게임이 단지 너무나 즐겁다는 이유로 당신은 매일 또는 하루에도 여러 차례, 그리고 다양한 상황 속에서, 여기서 잠깐 저기서 잠깐 이 게임을 실행하게 될 것입니다.

예를 들어, 당신은 우체국에서 줄을 서서 기다리는 동안 이런 생각을 할 수 있습니다.

이 건물은 정말 잘 지었어!

이렇게 깨끗하게 관리한다는 건 정말 대단한 일이야.

우체국 직원들이 친절해서 마음에 들어.

아이를 보살피고 있는 저 엄마의 모습이 보기 좋아.

저 사람이 입은 재킷은 참 멋져 보여.

오늘 하루도 잘 보내고 있어.

출근하는 길에 운전을 하면서 이렇게 생각할 수 있습니다.

내 차가 정말 마음에 들어.

이 새로운 고속도로는 정말 훌륭해.

비가 오고 있지만, 난 즐거워.

내 차가 믿음직해서 좋아.

나의 직장에 감사해

당신은 감사할 어떤 대상에 좀 더 구체적으로 초점을 맞출 수도 있습니다. 그래서 한층 더 많은 감사할 이유를 찾아낼 수 있습니다.

예를 들어 봅니다.

이 건물은 정말 잘 지었어!

- 예전 건물보다 주차장이 훨씬 넓어.
- 접수창구가 예전보다 많아서 기다리는 시간이 훨씬 줄었어.
- 커다란 창문들 덕분에 환기도 훨씬 잘 되는 것 같아.

이 새로운 고속도로는 정말 훌륭해.

- 신호등이 없어서 속도를 낮출 필요가 없는 점이 맘에 들어.
- 전보다 훨씬 더 빨리 달릴 수 있어.
- 창밖으로 보이는 바깥 경치들이 너무 아름다워.

당신이 감사할 것들을 찾는 습관을 갖게 되면, 삶의 매일이 그러한 것들로 채워지는 것을 보게 될 것입니다. 감사함의 생각과 느낌이 당신에게서 자연스럽게 흘러나올 것입니다. 그리고 어떤 사람이나 사물에 대해 순수하게 감사함을 느끼고 있을 때, 당신은 종종 전율을 느끼게 될 것입니다. 그것은 당신이 근원과 진동적으로 조화를 이룬 상태에 있다는 것을 확인시켜 주는 순간입니다.

'미친듯이 감사하기'에 대해 좀 더 이야기해 주세요

어떤 것에 대해 감사하고 있을 때, 무언가를 칭찬하고 있을 때, 또는 어떤 것에 대해 기분 좋게 느끼고 있을 때, 당신은 우주에게 이렇게 말하고 있는 것입니다. "이것과 비슷한 것을 더 많이 가져다주세요." 이러한 의도를 굳이 말로 표현할 필요는 없습니다. 만약 당신이 대부분의 시간 동안 주로 감사를 느끼고 있다면, 온갖 좋은 것들이 당신에게 흘러들어 올 것입니다.

우리는 자주 질문을 받습니다. "사랑이 감사보다 더 좋은 단어가 아닌가요? 사랑이 비물리적 에너지를 좀 더 잘 묘사하는 말이 아닌가요?" 그러면 우리는 이야기합니다. "사랑과 감사는 실제로 같은 진동입니다. 어떤 사람은 고마움gratitude 또는 감사함thankfulness과 같은 단어를 씁니다. 하지만 이 모든 단어들은 웰빙Well-Being을 묘사하고 있지요."

감사하고자 하는 바람은 아주 좋은 시작 지점입니다. 따라서 "감사합니다!"라고 말하고 싶은 것을 더 많이 찾아낼수록 그것은 빠르게 그러한 경향성과 힘을 갖게 됩니다. 그래서 당신이 감사함을 느끼기를 바랄 때는 곧바로 감사할 무언가를 끌어당기게 됩니다. 그리고 그것에 감사하게 되면 또 다시 더 많은 감사할 것들을 끌어오게 됩니다. 그리고 마침내 삶 속에서 실제로 미친듯이 감사함을 느끼고 있는 자신을 발견하게 될 것입니다.

당신은 다른 사람의 느낌을 통제할 수 없다

우리는 하루를 보내면서 성격이 괴팍하거나 실의에 차있거나 또는 고통 속에 있는 불행한 사람들을 만날 수 있습니다. 그들이 당신을 향해 자신들의 부정적 감정을 표출할 때, 아마 당신은 그들에게 감사하기가 어려울 것입니다. 그들의 그런 부정적인 표출에도 굴하지 않고 그들에게 감사할 만큼 자신이 충분히 강하지 못했다는 생각에 자책할 수도 있습니다.

여기서 우리는 당신이 원치 않는 어떤 것을 직시해야만 하고, 그것에 대해 기분 좋게 느껴야만 한다고 말하는 게 아닙니다. 그 대신 기분 좋게 느껴지는 다른 것들을 찾도록 하십시오. 그러면 끌어당김의 법칙이 그와 비슷한 것들을 당신에게 더 많이 가져다 줄 것입니다.

감사할 대상들을 찾고 있을 때 당신은 항상 자신의 진동주파수와 자신의 끌어당김 자력을 통제합니다. 하지만 다른 사람들의 기분에 맞추어서 반응할 때는 통제하지 못합니다. 다른 사람들이 당신에 대해 어떻게 느끼는지에 관심을 기울이기 보다는 당신 자신이 어떻게 느끼는지에 더 관심을 기울일 때, 당신은 자신의 경험을 통제할 수 있게 됩니다. 오늘 어떤 사람의 개가 차에 치었는지, 누가 이혼을 했는지, 누가 자신의 은행계좌에서 돈을 전부 인출했는지를 당신은 알지 못합니다. 그들이 어떻게 살아가고 있는지 알지 못하기에, 그들이 왜 그런 식으로 반응했는지를 당신은 이해할 수 없으며 그것을 통제할 수도 없습니다.

당신이 이제 "내가 기분 좋게 느끼는 것보다 더 중요한 것은 아무 것도 없다!"라는 결단을 내리고, 감사할 대상을 의식적으로 찾겠다는 결정을 했다면, 이제 당신이 주시하는 대상은 감사를 느끼게 하는 것이 될 겁니다. 당신은 이제 끌어당김의 법칙이 즉시 작동될 수 있도록 감사의 대상물과 자신 사이에 회로를 구축한 것이지요. 따라서 감사할 더 많은 것들을 즉시 보기 시작할 것입니다.

감사를 느끼면서 동시에 방어적인 느낌을 가질 수 없다

자신이 삶에서 어떤 경험을 하게 될지는 오로지 자신이 에너지를 어떻게 흐르게 하고 있느냐에 달린 문제라는 사실을 이해하지 못하면, 그것이 기회나 운, 우연의 일치나 통계숫자 또는 평균의 법칙 등에 의해 좌우된다고 생각할 수 있습니다. 그렇게 생각하면서 텔레비전을 보다가 '사람들에게 총질을 해댄 미치광이 살인자'에 대한 뉴스를 접했을 때, 당신은 자신도 공격받을 수 있다는 불안감을 느낄 것입니다. 자신의 행복이나 웰빙이 그 살인자의 행동에 달려있다고 생각하기 때문입니다. 그런데 만일 당신의 행복이 그 살인자의 행동에 달려 있고 그를 통제할 수 없다면, 게다가 그가 어디에 살고 있는지조차 모르는데다 그를 잡아들일 경찰력도 충분치 않다면, 자신도 공격받을 수도 있다는 당신의 불안감은 크게 확대되기 마련입니다.

우리는 당신이 비물리적 근원 에너지와 연결되는 일의 가치를 알게 되기를 바랍니다. 감사하기는 그러한 연결을 이루기 위한 가장 쉽고도 빠른 길입니다. 만약 근원 에너지와 연결되고자 하는 소망이 충분히 강하다면 감사를 느낄 수 있는 대상을 매 시간 수십 가지 이상 찾아낼 것입니다. 누군가가 당신을 무슨 이유에서건 또는 어떤 방식으로든 적대시할 때 그것은 전혀 문제가 안 된다는 사실을 반드시 기억해야만 합니다. 그렇지 않으면 당신은 방어적이 될 것입니다. 방어적이면서 동시에 감사한다는 것은 불가능한 일입니다. 당신이 감사하기에 집중하고 있을 때 곧바로 감사하게 될 일이 찾아올 것입니다. 하지만 보통 당신은 감사할 대상이 자신에게 올 수 있도록 스스로 찾지는 않습니다. 그저 수동적으로 감사의 느낌을 갖게 되기만을 바라고 있습니다.

하루를 살아가는 동안 자신이 원하지 않는 것을 알아차리면 원하는 것이 더욱 명확해집니다. 그리고 당신은 지금 미친듯이 감사하기를 실행해가고 있기에 원하지 않는 것을 쉽게 알아차려서 원하는 것에 다시 초점을 맞출 수 있습니다. 이제 당신은 태어날 때 원래 의도했던 실제적인 능숙한 창조자가 된 것입니다.

삶은 내일에 관한 것이 아닙니다. 그것은 바로 '지금'에 관한 것입니다. 삶이란 당신이 지금 이 순간 에너지를 어떻게 빚어내고 있느냐에 관한 것이지요!

마법의 창조상자

☕ 이 연습 과정에 해당하는 감정 범위

22단계 감정 안내눈금

1 단계	**기쁨 · 앎 · 권능 · 자유 · 사랑 · 감사**	—— POWERFUL
2 단계	**열정**	
3 단계	**열의 · 열망 · 행복**	
4 단계	**긍정적 기대 · 신념**	
5 단계	**낙관**	
6 단계	**희망**	
7 단계	**만족**	
8 단계	**권태**	
9 단계	**비관**	
10단계	**좌절 · 짜증 · 초조**	
11단계	**압도감**	
12단계	**실망**	
13단계	**의심**	
14단계	**걱정**	
15단계	**비난**	
16단계	**낙담**	
17단계	**화**	
18단계	**복수심**	
19단계	**증오 · 격노**	
20단계	**질투**	
21단계	**불안감 · 죄책감 · 무가치함**	
22단계	**두려움 · 비탄 · 암울 · 절망 · 무력감**	—— POWERLESS

☕ 이 과정을 사용하는 때

- 이 세상을 창조한 근원 에너지를 자신이 좋아하는 특정 방향으로 집중시키는 일을 통해 즐거움을 맛보고 싶을 때
- 자신이 좋아하는 것들을 좀 더 구체적으로 우주 매니저에게 알리고자 할 때

☕ 현재의 감정 범위

'마법의 창조상자' 과정은 자신의 감정(감정 설정지점)이 다음 범위에 위치할 때 가장 큰 효과가 있습니다.

(1) 기쁨/앎/권능/자유/사랑/감사 ··· (5) 낙관

마법의 창조상자

'마법의 창조상자' 과정을 시작하기 위해, 보기 좋고 마음에 드는 예쁜 상자를 구하십시오. 그리고 눈에 잘 띄고 알아보기 쉽도록 상자의 뚜껑에 다음과 같이 씁니다.

"이 상자에 들어있는 모든 것들은 실제로 존재한다!"

그런 다음, 자신이 삶에서 경험하고 싶은 것들을 찾기 위해서, 잡지, 카탈로그, 팸플릿들을 모은 후, 그것들을 여유를 가지고 살펴봅니다. 그래서 자신이 바라는 것과 비슷한 것을 찾았다면 그 사진을 잘라냅니다. 즉 가구 · 옷 · 풍경 · 건물 · 여행지 · 자동차 등의 사진들, 또는 아름다운 신체 이미지들, 서로 즐거움을 나누고 있는 사람들의 사진 등 그게 무엇이든 마음에 드는 것은 잘라내어 창조상자에 넣습니다. 그리고 그것을 넣으면서 말합니다.

"이 상자에 들어 있는 것들은 실제로 존재한다!"

상자가 있는 곳에서 멀리 떨어져 있을 때에는 더 많은 그림이나 사진들을 계속해서 모읍니다. 그리고 나중에 집에 돌아왔을 때 그것들을 창조상자에 넣습니다. 체험하고 싶은 것을 목격했다면 그것을 묘사한 글을 써서 상자에 넣습니다.

창조상자에 넣고 싶은 것들을 더 많이 발견할수록 우주는 그것과 어울리는 아이디어를 당신에게 더 많이 배달해줄 것입니다. 그리고 그런 아이디어를 상자에 더 많이 넣을수록 자신의 소망에 더 많이 집 중하게 됩니다. 자신의 소망에 더 많이 집중할수록 당신은 더욱 더 삶의 활력을 느끼게 됩니다. 당신을 통해 흐르는 이 생명 에너지의 느낌이 바로 삶이기 때문입니다.

만약 당신이 저항이 거의 없거나 아예 없다면, 다시 말해 상자에 넣은 것들을 성취할 수 있다는 사실을 전혀 의심하지 않는다면, 이 과정을 실행하는 동안에 활기를 느끼고 고무될 것입니다. 상자에 더 많은 것들을 집어넣을수록 기분이 더 좋아질 것입니다. 그리고 그것 들이 삶 속으로 점점 더 가까이 다가오는 증거들을 보기 시작할 것입 니다. 창조상자의 많은 것들이 자신의 경험 속으로 쉽게 들어올 수 있도록, 바로 지금 문이 열리기 시작한 것입니다.

마법의 창조상자 과정은 당신이 소망에 집중하도록 도울 것입니 다. 이 과정을 통해 당신은 의식적으로 창조과정의 1단계(요청하기)를 증폭시키게 됩니다. 그리고 이제 저항이 없는 상태에서 소망이 빠르 게 이루어지기 시작할 것입니다.

만약 당신이 상자에 넣은 것들을 실제로는 갖고 있지 않는 사실에 대해 불행해하지 않고 대체로 기분 좋은 느낌 속에 살아가고 있는 사 람이라면, 이 과정을 통해 더 집중되고 활기찬 느낌을 갖게 되어 긍 정적인 결과를 즉시 체험하게 될 것입니다. 그리고 창조상자에 넣은 것들이 삶속에 곧바로 구현되기 시작할 것입니다. 요컨대, 습관적으로 저항의 생각들을 해오지 않았던 사람에게는 이 과정이야말로 경이롭고 멋진 삶을 창조하기 위해 필요한 모든 것이 될 것입니다.

당신이 요청합니다! 그러면 근원이 응답합니다! 당신은 그것을 받아들입니다! 당신이 요청하면, 그것은 반드시 주어집니다.

만약 이 마법의 창조상자 게임을 당신이 즐기고 있는 중이라면, 이 과정은 강력한 방식으로 당신을 돕게 될 것입니다. 말하자면 이 과정은 당신이 소망하는 것에 집중하도록 돕고 있는 중이지요. 그래서 당신은 소망과 일치하는 진동을 일관되게 발산하는 연습을 하고 있는 중이며, 의식적 창조를 체험하고 있는 중입니다. 그리고 여기서 중요한 사실은, 당신의 기분 좋은 느낌은 그 순간 당신이 소망을 '받아들이는' 상태에 있다는 것을 알려준다는 사실입니다. 또한 이 게임에 열중하고 있다면, 삶에서 바라는 것을 자신에게 허용하기 위해 요구되는 진동에 공명하도록 당신을 돕고 있다는 것입니다. 이 과정을 통해 당신은 바로 '허용의 기술'을 연습하고 있는 중이지요.

'마법의 창조상자'에 대해 좀 더 이야기해 주세요

당신이 멋진 의자에 앉아 있고, 그 옆에는 커다란 상자 하나가 놓여 있다고 상상해 보십시오. 당신은 자신이 창조자이며, 이 상자가 자신의 창조물이라는 것을 압니다. 말하자면, 이 상자는 당신의 세계입니다. 마치 거인처럼, 당신은 이 우주의 어디에라도 손을 뻗칠 수 있고, 원하는 것은 무엇이든 집어다가 이 상자 안에 넣을 수 있습니다.

먼저 마음에 드는 아름다운 집을 하나 골라서 좋아하는 도시에 가져다 놓습니다. 그리고 자신에게 적당한 생계수단을 가져옵니다. 배우자를 위한 생계수단을 가져와도 좋습니다. 또한 자신이 좋아하는 온갖 것들을 가져옵니다. 즉, 여기저기서 발견한 아름다운 것들, 신나는 느낌과 감각적인 느낌을 주는 것들, 그리고 원하는 수많은 것들을 가져와 그것들을 모두 자신의 창조상자에 넣습니다.

이 게임은 단지 마음속 상상만으로 실행할 수도 있습니다. 하지만 실제로 상자를 구해서 자신의 소망을 나타내는 것들을 집어넣는다면 훨씬 더 실감나고 재미있을 것입니다. 당신이 저항감을 느끼지 않고 창조상자 안에 뭔가를 집어넣으면 우주가 즉시 그것을 가져다주는 걸 보게 될 것입니다. 하지만 저항감을 느끼면서 상자에 넣은 것들은 삶속으로 등장하는데 많은 시간이 걸릴 것입니다.

시각화하고 있을 때, 자신의 창조를 완벽하게 통제하고 있다

이 마법의 창조상자 과정이 처음에는 다소 기이하게 느껴질 수도 있습니다. 하지만 이것은 매우 효과적이고 강력한 기법입니다. 당신의 시각화 능력을 강화시켜주기 때문입니다. 대다수 사람들은 관찰하고 있는 것에 대한 반응으로서 자신의 진동을 발산합니다. 하지만 그때

는 창조에 대한 통제력이 없습니다. 당신이 생각을 의식적으로 일으
킬 때에만 자신의 창조에 대한 통제력을 갖게 됩니다. 그러므로 자신
이 바라는 것을 시각화하고 있을 때는 무엇을 창조할 것인지 스스로
완벽하게 통제하게 됩니다.

에스더는 어느 날 남편 제리와 함께 항공편으로 뉴욕에서 샌 안토
니오에 있는 집으로 가는 도중에 창조상자 게임을 실행했습니다. 공항
에 가기 위해 짐을 꾸리던 중, 그녀는 상상 속에서 다양한 이미지를 자
신의 상자 안에 넣었습니다. 예를 들어, 아름다운 하늘과 청명한 날씨
같은 것이었죠. (비행기가 공항 위로 날아오르자 그녀는 그 날의 좋은 날씨가 더
욱 맘에 들었고, 지상의 낯익은 여러 건물들을 보게 되었지요.) 또 그녀는 아름다
운 도시, 여러 개의 교량들과 그 밑에 아른아른 빛나는 물결, 수많은 웅
장한 건물들. 그리고 친절한 승무원들, 주변의 유쾌한 승객들과 비행
중의 온갖 흥겨운 일들에 대해서도 상상했습니다. 그러다가 이런 생각
을 하게 됐습니다. "이번 유엔 회합에 가는 길은 교통체증이 없기를 바
래." 하지만 곧바로 에스더는 다시 말했지요. "그런데, 그것은 창조상
자 안에다 넣기에 적절하지 않은 것 같아. 그것은 넣지 않을 거야!"

창조상자에 넣을 것들을 의식적으로 신중하게 선택해가면, 에스
더의 경우처럼 자신이 경험하길 원치 않는 생각을 하게 될 때는 더욱
쉽게 알아차리게 됩니다. 당신은 이 창조상자 게임을 통해 자신의 생
각이 가진 강력한 힘을 인식하게 될 것입니다.

언젠가 제리와 에스더는 그들의 집에서 사용할 동양풍의 카펫을 찾고 있었습니다. 그러던 어느 날 에스더는 비행기 안에서 창조상자에 넣기 위해 온갖 종류의 잡화 사진이 있는 잡지를 뒤적이던 중이었는데, 아름다운 카펫 사진을 발견하고 그 페이지를 찢어 냈습니다. 그들이 집에 도착해보니 여러 상자의 우편물이 있었습니다. 에스더는 그 중에서 최근에 새로 생긴 카펫회사에서 보내온 우편물을 뜯었는데, 그 안에는 그녀가 바라던 그 카펫 사진이 있었습니다. 그녀는 탄성을 내질렀습니다. "여기 좀 보세요, 어쩜 이리도 빨리 작동할 수가 있지요!" 비행기 안에서 사진을 상자에 넣고 나서 채 몇 시간이 되기도 전에 그 카펫은 쉽고 빠르게 배달될 준비를 마친 것입니다.

우리는 당신이 이 마법의 창조상자 게임이 주는 재미와 기쁨을 느끼기를 바랍니다. 자신이 원해왔던 어떤 것을 얻을 때 보통 당신의 신나는 느낌은 그리 오래가지 않습니다. 하지만 이 게임은 소망하는 것이 주는 즐거움과 여운을 더 오래 음미할 수 있게 해줍니다. 또한 소망의 구현이 가져다주는 짜릿함은, 비록 그 느낌이 짧은 순간일지라도 매우 달콤하게 느껴질 것입니다.

일단 이 게임을 시작하게 되면, 자신의 진동적 요청에 응답하는 수많은 비물리적 도우미들의 효율성과 능률에 깜짝 놀라게 될 것입니다. 요청하면 그것이 주어집니다. 그리고 창조상자 게임을 실행함에 따라 당신은 요청한 것을 받아들이는 법을 배우게 될 것입니다.

창조 워크숍

☕ 이 연습 과정에 해당하는 감정 범위

22단계 감정 안내눈금

1 단계	**기쁨 · 앎 · 권능 · 자유 · 사랑 · 감사**	—— POWERFUL
2 단계	**열정**	
3 단계	**열의 · 열망 · 행복**	
4 단계	**긍정적 기대 · 신념**	
5 단계	**낙관**	
6 단계	**희망**	
7 단계	**만족**	
8 단계	**권태**	
9 단계	**비관**	
10단계	**좌절 · 짜증 · 초조**	
11단계	**압도감**	
12단계	**실망**	
13단계	**의심**	
14단계	**걱정**	
15단계	**비난**	
16단계	**낙담**	
17단계	**화**	
18단계	**복수심**	
19단계	**증오 · 격노**	
20단계	**질투**	
21단계	**불안감 · 죄책감 · 무가치함**	
22단계	**두려움 · 비탄 · 암울 · 절망 · 무력감**	—— POWERLESS

☕ 이 과정을 사용하는 때

- 개인적으로 가장 중요한 일에 집중하고자 할 때
- 삶에서 중요한 모든 영역을 더 의식적으로 통제하고자 할 때
- 즐겁고 재밌는 일들을 훨씬 더 많이 경험하기 위해 자신의 허용 상태를 개선하고자 할 때
- 주로 자신이 좋아하는 것들만 끌어당기게 될 때까지 긍정적인 끌어당김이 자신의 지배적인 진동이 되도록 연습하고자 할 때

☕ 현재의 감정 범위

'창조 워크숍' 과정은 당신의 감정이 다음 범위에 위치할 때 가장 큰 효과가 있습니다.

(1) 기쁨/앎/권능/자유/사랑/감사 ………………………………………… (5) 낙관

창조 워크숍

이 책에 있는 대부분의 다른 과정들처럼 이 과정도 글로 써서 실행할 때 가장 효과적입니다. 하지만 운전 중이거나 걷고 있을 때, 또는 혼자 있거나 주변으로부터 방해 받지 않을 때는 언제든 마음속으로 몇 분 동안 실행하는 것도 좋습니다.

이 '창조 워크숍' 과정은 네 장의 종이를 가지고 시작합니다. 먼저 각각의 종이 상단에 다음의 주제 중 하나를 제목으로 씁니다.

나의 몸, 나의 가정, 나의 관계, 나의 일

첫 번째 주제인 '나의 몸'에 초점을 맞추어, 첫 번째 종이에 이렇게 씁니다. "이것은 나의 몸에 관한 소망이다."

이에 관한 목록을 작성하기 위해 너무 애쓰지는 마십시오. 아무것도 생각나지 않으면 다음 주제로 넘어갑니다. 자신의 몸에 대해 바라는 것들을 생각나는 대로 짧은 문장으로 적어 봅니다. 예를 들어,

나는 이상적인 체중으로 돌아갔으면 한다.

나는 머리를 멋지게 자르고자 한다.

나는 몇 벌의 멋진 새 옷을 원한다.

나는 강인하고 건강한 느낌을 원한다.

이제 각각의 진술에 초점을 맞추고 왜 그것들을 원하는지 그 이유를 씁니다. 예를 들어,

나는 이상적인 체중으로 돌아갔으면 한다.
• 그 체중일 때가 가장 컨디션이 좋으니까.
• 내가 가장 좋아하는 옷들을 입을 수 있을 테니까.
• 새 옷을 사기 위해 쇼핑하는 게 재미있을 테니까.

나는 머리를 멋지게 자르고자 한다.
• 멋지게 보이고 싶으니까.
• 단정한 머리는 관리하기가 훨씬 쉬우니까.
• 머리를 잘 자르면 멋지게 가꾸는 데 시간이 덜 걸리니까.

나는 몇 벌의 멋진 새 옷을 원한다.
• 새 옷은 언제나 좋은 느낌을 주니까.
• 멋지게 보이고 싶으니까.
• 사람들이 나를 호의적으로 대하면 기분이 좋으니까.
• 새 옷은 언제나 생기 넘쳐 보이게 하니까.

나는 강인하고 건강한 느낌을 원한다.

- 활력이 넘치는 느낌이 좋으니까.
- 하고 싶은 일을 할 수 있는 에너지를 가졌다는 느낌이 좋으니까.
- 좋은 느낌은 정말 기분 좋게 느껴지니까.

'창조 워크숍' 과정은 현재 자신의 삶에서 가장 중요하고 시급한 일에 집중하도록 도와줍니다. 당신이 삶의 기본적인 네 가지 주제를 확인할 때, 에너지의 집중이 일어납니다. 자신이 바라는 것을 좀 더 구체적으로 묘사할 때 그 주제에 대해 더 많은 에너지가 활성화됩니다. 그리고 그것을 왜 원하는지 생각할 때 그 생각이 한층 더 명료해지고 더 많은 힘을 갖게 됩니다. 그래서 그 주제에 대한 자신의 저항을 낮출 수 있게 됩니다. 어떤 것을 왜Why 원하는지를 알게 되면 바라는 것 What의 본질이 명확해집니다. 그러면 우주는 항상 그 소망과 진동적 본질이 같은 것을 배달해줍니다.

어떤 것을 왜 원하는지 그 이유를 생각할 때 당신의 저항이 낮아집니다. 하지만 그것이 언제 올 것인지, 어떻게 올 것인지 또는 누가 도와줄 것인지에 대해서 생각할 때, 특히 그 질문들에 대한 답을 아직 모르고 있을 경우에, 당신은 보통 저항을 강화시키게 됩니다.

이제 다른 세 가지 주제도 작성합니다.

나의 가정, 나의 관계, 나의 일.

자신의 '가정'에 관한 것 중에서 바로 지금 바라는 것들을 생각나는 대로 짧은 문장으로 적어 봅니다.

나는 멋진 가구를 몇 개 가졌으면 한다.

나는 집이 좀 더 정돈되기를 바란다.

나는 접시를 보관하는 찬장에 미닫이 선반이 있었으면 한다.

나는 욕실에 아름다운 타일을 깔기를 원한다.

그리고 이제, 그것들을 왜 원하는지 그 이유를 씁니다.

나는 멋진 가구를 몇 개 가졌으면 한다.

• 변화를 주는 것은 정말 즐거운 일이니까.

• 나는 접대하기를 좋아하고, 손님들이 우리 집에서 기분 좋기를
  바라니까.

• 방을 더 쉽게 정리할 수 있게 되니까.

• 멋진 가구는 우리 집을 돋보이게 할 테니까.

나는 집이 좀 더 정돈되기를 바란다.

• 물건들이 정돈되어 있을 때 기분이 더 좋으니까.

• 깨끗한 환경에서는 일을 더 잘할 수 있으니까.

• 물건들이 제자리에 있을 때 더 편리하니까.

• 내가 더 많은 일을 할 수 있을 테니까.

나는 접시를 보관하는 찬장에 미닫이 선반이 있었으면 한다.

• 필요한 것들을 찾기가 더 쉬워질 테니까.

- 더 자주 요리하고 싶어 질 테니까.
- 쓰고 난 접시들을 보관하기가 더 편리해질 테니까.
- 부엌이 더 기분 좋아질 테니까.

나는 욕실에 아름다운 타일을 깔았으면 한다.
- 욕실을 더욱 기분 좋게 만들어줄 테니까.
- 집의 가치를 더 높여줄 테니까.
- 청결하게 유지하기가 더 쉬워질 테니까.
- 그 타일을 보기만 해도 기분이 좋아질 테니까.

자신의 '관계'에 관한 것 중에서 바로 지금 바라는 것들을 생각나는 대로 짧은 문장으로 적어 봅니다. (가능한 현재 자신에게 가장 중요하게 느껴지는 관계를 선택합니다).

나는 그이와 좀 더 많은 시간을 함께 보내길 원한다.
나는 더 자주 함께 즐겼으면 한다.
나는 더 자주 함께 외식하기를 원한다.
나는 더 편안해지고 더 많이 놀기를 원한다.

나는 그이와 좀 더 많은 시간을 함께 보내길 원한다.
- 우리가 함께 있을 때 기분이 가장 좋으니까.
- 이처럼 함께하고 싶은 사람은 그이 말고는 없으니까.

- 재미있게 이야기 나눌 것들이 너무도 많으니까.
- 이 사람을 너무나도 사랑하니까.

나는 더 자주 함께 즐겼으면 한다.
- 그게 우리가 서로 사랑했던 첫 번째 이유니까.
- 나는 웃는 것을 너무나 좋아하니까.
- 즐길 수 있는 것들을 좀 더 많이 발견하고 싶으니까.
- 즐거운 일을 하면 그렇게 기분이 좋으니까.

나는 더 자주 함께 외식하기를 원한다.
- 첫 만남의 기억을 떠올리게 해주니까.
- 다른 사람의 멋진 요리를 즐기는 게 너무 좋으니까.
- 멋진 장소에서 편안히 파트너에게 집중하는 게 너무 좋으니까.
- 먹고 싶은 맛있는 것들이 너무도 많으니까.

나는 더 편안해지고 더 많이 놀기를 원한다.
- 우리는 둘 다 천성적으로 노는 걸 좋아하니까.
- 편안한 마음으로 그저 함께 있는 자유로운 느낌을 사랑하니까.
- 우리가 이런 상태일 때 최고의 아이디어가 나오니까.
- 그럴 때 우리가 더욱 가까워지니까.

자신의 '일'에 관한 것 중에서 바로 지금 바라는 것들을 생각나는 대로 짧은 문장으로 적어 봅니다.

나는 돈을 더 많이 벌기를 원한다.
나는 지금 하고 있는 일에서 흥미를 느끼길 원한다.
나는 직장 동료들과 즐겁게 지내기를 원한다.
나는 강한 목적의식을 갖게 되기를 원한다.

나는 돈을 더 많이 벌기를 원한다.
• 새 차를 사고 싶으니까.
• 내가 성취한 일에 대해 자부심을 느끼고 싶으니까.
• 가보고 싶은 곳들과 해보고 싶은 일들이 너무도 많으니까.
• 청구 금액 지불을 모두 끝내면 기분이 좋아질 테니까.

나는 지금 하고 있는 일에서 흥미를 느끼길 원한다.
• 일은 내 삶의 커다란 부분이고 행복하게 일하는 것은 중요하니까.
• 흥미를 갖고 일을 하면 기분이 좋아 지니까.
• 활기차게 일할 때 하루가 빨리 지나가니까.
• 기분 좋은 일은 기분 좋게 느껴지니까.

나는 직장 동료들과 즐겁게 지내기를 원한다.

- 그들은 내 삶의 커다란 부분이니까.
- 우리는 각자에게 아주 가치 있는 존재가 될 수 있으니까.
- 모든 대인관계는 굉장한 잠재적 가능성이 있으니까.
- 나는 다른 사람들을 고양시키는 걸 좋아하니까.

나는 강한 목적의식을 갖게 되기를 원한다.
- 남다른 일을 하고 싶으니까.
- 목적의식을 갖고 일을 해나가는 게 너무 좋으니까.
- 일하러 가고 싶다는 느낌을 너무 좋아하니까.
- 근사한 새로운 아이디어를 찾아내는 게 너무 좋으니까.

창조 워크숍 과정은 개인적으로 겪고 있는 삶의 네 가지 주요한 주제들 쪽으로 에너지가 집중적으로 흐르도록 도울 것입니다. 우리는 이 게임을 처음 한 달 동안은 일주일에 한 번 정도, 그 뒤로는 한 달에 한 번 정도 실행하기를 권합니다.

삶의 네 가지 주제에 대해서 자신이 원하는 모든 것을 다 쓰려고 하지는 마십시오. 가장 시급하다고 생각되는 것들만 쓰시기 바랍니다.

편안한 마음으로 간단히 실행할 수 있는 이 과정은, 자신에게 가장 중요한 일들의 활동을 더욱 활성화시킬 것입니다. 따라서 당신은 즉각적으로 이 주제들과 관련된 일들과 환경들이 더욱 활발히 움직이는 증거를 보기 시작할 것입니다.

'창조 워크숍' 과정에 대해 좀 더 이야기해 주세요

마치 자석처럼, 당신은 생각들, 사람들, 사건들, 삶의 스타일 등 삶에서 경험 중인 모든 것들을 자신에게 끌어당기고 있습니다. 그렇기에 당신이 어떤 것을 보이는 그대로만 보게 되면, 그와 같은 것만 더욱 더 끌어당기게 됩니다. 하지만 그것이 바라는 대로 되어 있는 모습을 상상하면서 보게 된다면, 자신이 바라는 그것을 끌어당기게 됩니다. 바로 이것이 '가진 자는 더 많이 갖게 되고, 적게 가진 자는 더 적게 된다'고 말한 이유입니다. 그런데 대부분의 사람들은 현재 드러나 있는 그대로만 보려는 경향이 있습니다.

이 창조 워크숍 과정은 자신이 어떤 종류의 자석이 될 것인가를 선택하는 데 도움을 줄 것입니다. 그래서 당신은 다른 사람이 믿거나 원하거나 보는 것에 더 이상 영향 받지 않게 될 것입니다. 당신은 자기 자신과 자신의 경험을 자신의 뜻대로 창조해가는 강력한 의식적 창조자Deliberate Creator가 될 것이기 때문입니다.

환영합니다. 어린 존재여, 이 지구별에 오신 것을!

만일 우리가 당신의 물리적 삶의 첫날에 당신에게 말을 했다면, 우리는 이렇게 말했을 것입니다.

"어린 존재여, 지구별에 오신 것을 환영합니다! 그대가 될 수 없고, 할 수 없고, 가질 수 없는 것은 아무것도 없답니다. 그대는 장엄한 창조자입니다. 그대는 스스로 의도한 강력한 소망에 따라 이곳에 오게 되었지요. 놀라운 의식적 창조의 법칙을 그대가 바라는 방향으로 특별히 작동시켰던 것이죠. 그대의 그러한 능력으로, 그대는 지금 이곳에 있습니다.

그러니 삶 속으로 나아가, 자신이 원하는 것을 결정하는데 도움이 될 경험들을 끌어당기세요. 그리고 일단 결정했으면 오로지 그것에 대해서만 생각하세요. 그대의 삶 대부분은 자신이 원하는 것이 무엇인지를 결정하는 데 도움이 될 자료들을 수집하는 데 쓰이게 될 것입니다. 그러나 그대가 진짜로 해야 할 일은, 자신이 무엇을 원하는지 결정하고, 그런 다음 그것에 초점을 맞추는 일이랍니다. 그대가 원하는 것을 삶 속으로 끌어당기는 것은 원하는 그것에 초점을 맞추는 것을 통해서만 가능하기 때문이지요. 그것이 바로 창조과정의 모든 것이랍니다."

그러나 우리는 지금 당신이 태어난 첫날에 이야기하고 있지 않습니다. 당신은 이미 오랫동안 이곳에서 살아왔습니다. 또한 당신들 대부분은 자신의 눈을 통해서 자기 자신을 보지 않고, 주로 다른 사람의 눈을 통해서 자신을 봅니다.(사실 기본적인 것조차 자신의 눈을 통해서 보지 않지요) 그 때문에 많은 사람들은 현재 그들 자신이 바라는 존재상태에 있지 않습니다.

창조 워크숍 과정은 자신이 선택하는 존재 상태를 달성할 수 있도록 돕는 과정입니다. 따라서 당신은 이 과정을 통해서 우주의 힘에 의식적으로 연결되어, 자신이 현실이라고 느끼는 주제보다 소망하는 주제를 끌어당기기 시작합니다. 우리의 관점에서는, 현재 존재하는 것(당신이 현실이라고 부르는 것)과 당신의 진짜 현실이라고 하는 것 사이에는 큰 차이가 있습니다.

어쩌면 당신은 건강하지 않거나 활력이 없는 몸을 갖고 있을 수 있습니다. 또는 그다지 즐겁지 않은 삶을 살고 있거나, 자신을 당혹스럽게 하는 낡은 차를 가지고 있거나, 또는 별로 유쾌하지 않은 사람들과 교류하고 있을 수도 있지요. 이러한 것들이 피치 못할 자신의 존재 상태인 것처럼 느껴질 수도 있습니다. 하지만 이 모든 것이 이제 새롭게 변화될 수 있습니다.

우리가 여기서 제공하고 있는 것은 매일 약간의 시간을 할애해서 건강 · 활력 · 번영 · 멋진 인간관계 등 완벽한 삶의 비전을 위한 모든 것들을 의도적으로 끌어당기게 만드는 과정입니다.

'창조 워크숍'의 또 다른 예

우리는 이 워크숍을 짧게라도 매일 실행하기를 권합니다. 15분에서 20분 정도면 충분합니다. 이 과정을 위한 장소는 앉아서 글을 쓸 수 있는 곳이면 좋습니다. 주의가 산만해지지 않을 장소에서 마음속으로 실행하는 것도 가능합니다. 하지만 그곳은 의식의 어떤 변형 상태로 들어가기 위한 장소가 아닙니다. 다시 말해 어떤 명상을 위한 공간이 아닙니다. 그곳은 자신의 내면에 긍정적인 감정을 불러일으키기에 충분할 만큼 자신의 생각을 원하는 것에 집중할 수 있는 그런 공간입니다. 그리고 이 창조 워크숍은 밝고 쾌활한 느낌 속에서 실행해야 합니다. 지금 행복한 상태가 아니라면 창조 워크숍을 실행하기에 좋은 시간이 아닙니다.

이 워크숍에서 당신이 할 일은 실제 삶 속에서 모은 자료들을 반추해보고 그것들을 자신을 만족시키고 기쁘게 하는 어떤 영상 속으로 가지고 가는 일입니다. 당신이 하루 일과 중에 어떤 일을 하고 있든 관계없이(직장에서 일을 하거나, 집안에서 일을 하거나, 친구나 가족들과 어울리고 있든 관계없이) 자신이 좋아하는 것들에 대한 자료들을 수집해서, 나중에 그것들을 워크숍에 가져옵니다.

하루를 보내면서, 당신은 아주 쾌활한 성격을 가진 사람을 만날 수 있습니다. 그러면 그 자료를 수집합니다. 그리고 나중에 그것을 워크숍에 가지고 옵니다. 당신이 좋아하는 차를 운전하고 있는 사람을 볼 수도 있습니다. 그 자료 또한 수집합니다. 자신의 마음에 드는 직업을 볼 수도 있겠지요. 이와 같이, 어떤 것을 보았을 때 자신을 기쁘게 하는 것이면 무엇이든 기억을 합니다. 기록을 할 수도 있습니다. 그런 다음에, 워크숍을 실행할 때 그 자료들을 반추하기 시작합니다. 그렇게 하는 과정 속에서, 당신은 자신의 체험 속으로 끌어당길 새로운 자신의 모습에 대한 어떤 시각적인 영상을 만들 것입니다.

창조 워크숍에 대한 더 광범위한 예를 들어보겠습니다.

• 나는 지금 여기에 있는 것이 좋다. 이 시간의 가치와 힘을 인식하고 있기 때문이다. 내가 여기에 있다는 사실이 아주 기분 좋게 느껴진다. 그리고 필요한 모든 것을 완벽하게 갖추고 있는 내 자신을 본다. 그것은 전적으로 나의 창조와 선택에 의한 것임을 안다. 나는 에너지가 넘쳐나며, 피곤해하지 않고 삶을 저항 없이 경험해나가고 있다. 나는 어떤 영상 속으로 들어간다. 그 영상 속에서 나는, 차의 안과 밖으로, 빌딩의 안과 밖으로, 수많은 대화들 속으로, 그리고 삶의 다양한 경험들 속으로 움직여 가고 있다. 나는 애씀 없이 편안하고 행복하게 나아가고 있다.

• 나는 현재 나의 의도와 조화를 이루는 사람들만 끌어당기고 있는 내 자신의 모습을 본다. 나는 내가 원하는 것을 더 많이 알아차리고 있다. 나는 차를 타고 어떤 장소로 이동하는데, 건강하고 상쾌한 모습으로 정시에 도착한다. 또한 거기에서 하려고 하는 일도 완벽하게 준비되어 있다. 그리고 내가 고른 옷도 내게 너무나 잘 어울린다.

• 다른 사람이 무엇을 하든, 또는 다른 사람이 내가 하고 있는 일에 대해 어떻게 생각하든, 그것은 전혀 문제가 되지 않는다는 사실을 알기에 행복하다. 중요한 것은 내가 내 자신에 대해 기뻐하

고 있다는 것이다. 그리고 이 화면 속의 나처럼 현실의 나는 확실히 그러하다.

• 나는 내 삶이 모든 면에서 한계가 없다는 사실을 알고 있다. 나는 한도가 무한한 은행계좌를 가지고 있다. 나는 재정적인 한계를 전혀 못 느낀다. 나는 모든 결정을 내릴 때, 그것을 감당할 수 있느냐가 아니라 내가 그 경험을 원하는가 원치 않는가라는 기준에서 결정을 내린다. 내가 선택한 것이 아주 높은 수준의 부나 건강 또는 관계라 할지라도, 나는 내 자신이 그것을 끌어당길 수 있는 자석이라는 사실을 알고 있다.

• 나는 절대적이고 지속적인 풍요를 선택한다. 우주의 풍요에는 한계가 없으며, 내가 풍요를 끌어당긴다고 하더라도 그것이 다른 사람의 풍요를 제한하지 않는다는 사실을 알고 있기 때문이다. 이 우주에는 모든 이들을 위한 모든 것들이 충분히 있다. 나중을 위해 따로 보관할 필요가 없다. 내가 원하거나 필요로 하는 것은 무엇이든 쉽게 나의 경험 속으로 가져올 수 있기 때문이다. 우주에는 나를 위한 무한한 돈이 있고 내가 이용할 수 있는 온갖 종류의 번영이 준비되어 있다.

• 나는 나를 좋아하는 사람들로 둘러싸여 있는 나 자신을 본다. 그들은 성장을 바라는 사람들이다. 그들은 그들 자신이 되거나 하

거나 갖고자 하는 것이 무엇이든, 내가 기꺼이 허용함에 따라 나에게 끌려온 사람들이다. 나는 그들과 잘 어울리고 있는 내 자신을 본다. 그들과 이야기를 나누며 웃고 있고, 그리고 그들이 내 안의 완벽한 것을 즐기는 동안에 나도 그들 내면의 완벽한 것을 즐기고 있다. 우리는 서로에게 감사한다. 누구도 비판적이지 않고 자신이 원치 않는 것에 주목하지 않는다.

• 나는 완벽한 건강과 절대적인 번영을 누리면서, 물리적 삶의 체험에 감사를 느끼고 있는 나 자신을 본다. 이러한 삶의 체험은 내가 육체적 존재가 되기로 결정했을 때 열렬히 바라던 것이다.

• 내가 육체적 두뇌로 결정들을 내리면서도 끌어당김의 법칙의 힘을 통해 우주의 힘에 연결된 상태로 여기에 이렇게 존재하고 있는 것은 참으로 영광스러운 일이다. 지금 나는 놀라운 내 존재 상태와 공명하는 것들을 더 많이 끌어당기고 있는 중이다. 그것은 참으로 멋지고 재미있는 일이다. 나는 그것을 대단히 좋아한다.

• 이제 오늘의 내 작업은 끝났다. 나는 창조 워크숍을 끝내고, 오늘 남은 시간 동안에 내가 좋아하는 것들을 더 많이 찾아낼 것이다. 나의 작업은 이제 마무리 되었다.

당신이 기분이 좋은 상태에서 워크숍에 들어와, 삶 속에서 찾아낸 맘에 드는 자료들을 반추하면서 아주 세부적인 사항까지 시각화하게 되면, 워크숍에서 창조한 이미지들이 당신의 삶에 반영되기 시작합니다. 이 창조 워크숍은 당신을 위한 완벽한 삶을 창조하도록 도와줄 강력한 도구입니다.

가상현실 게임

☕ 이 연습 과정에 해당하는 감정 범위

22단계 감정 안내눈금

1 단계	**기쁨 · 앎 · 권능 · 자유 · 사랑 · 감사**	—— POWERFUL
2 단계	**열정**	
3 단계	**열의 · 열망 · 행복**	
4 단계	**긍정적 기대 · 신념**	
5 단계	**낙관**	
6 단계	**희망**	
7 단계	**만족**	
8 단계	**권태**	
9 단계	**비관**	
10단계	**좌절 · 짜증 · 초조**	
11단계	**압도감**	
12단계	**실망**	
13단계	**의심**	
14단계	**걱정**	
15단계	**비난**	
16단계	**낙담**	
17단계	**화**	
18단계	**복수심**	
19단계	**증오 · 격노**	
20단계	**질투**	
21단계	**불안감 · 죄책감 · 무가치함**	
22단계	**두려움 · 비탄 · 암울 · 절망 · 무력감**	—— POWERLESS

☕ 이 과정을 사용하는 때

- 즐거웠던 일을 회상하면서 그 느낌을 더 오래 유지하고 싶거나 또는 보다 더 기분 좋은 상태가 되고 싶을 때
- 여유 시간을 즐겁게 보내고자 할 때
- 현재 기분이 좋은 상태인데 허용의 진동을 연습하고 싶을 때

☕ 현재의 감정 범위

'가상현실게임' 과정은 자신의 감정이 다음 범위에 위치할 때 가장 큰 효과가 있습니다.

(1) 기쁨/앎/권능/자유/사랑/감사 ··· (8) 권태

가상현실 게임

기억하세요, 당신은 진동하는 우주에 살고 있고, 끌어당김의 법칙이 이 우주의 모든 것을 관리하고 있습니다. 그래서 원하든 원하지 않든 당신은 자신이 생각하는 것을 얻습니다. 왜냐하면 당신이 무언가에 주의를 기울임으로써 그것과 진동의 조화를 이루게 되면, 그것과 진동적 본질이 같은 것이 어떠한 식으로든 삶의 체험 속에 나타나기 때문입니다.

그러므로 우주는 당신이 발산하는 진동에, 당신의 끌어당김 자력에, 그리고 당신의 생각과 기분에 반응한다고 말할 수 있습니다. 우주는 삶 속에 이미 물질화된 것에 반응하는 것이 아니라, 지금 발산하고 있는 당신의 진동에 반응합니다. 우주는 당신이 실제로 수백만 달러를 가졌는지, 혹은 수백만 달러를 가지고 있다는 생각을 하는지를 구분하지 않습니다. 당신의 끌어당김 자력은 이미 물질화된 어떤 것에 달려 있지 않고 당신의 생각에 달려 있습니다.

가상현실 게임은 잘못된 뭔가를 고치는 과정이 아닙니다. 이 과정은 당신이 마음속으로 어떤 장면을 의도적으로 활성화시켜서, 그 활성화된 장면과 일치하는 진동을 발산하게 하는 과정입니다. 그러므로 마음속으로 즐거운 장면들을 시각화하는 연습을 하면, 이에 따르는 기분 좋은 느낌의 진동이 당신의 새로운 감정 설정지점이 될 수 있습니다.

사람들은 대부분 자신이 관찰하고 있는 사물과 사람, 또는 환경에 대한 반응으로 진동을 발산합니다. 그리고 그들의 삶은 하루하루 별다른 변화가 없이 늘 같은 식으로 펼쳐집니다. 그 이유는 그들이 이미 경험해왔던 것과 크게 다른 생각을 거의 하지 않기 때문입니다. 하지만 이 가상현실게임은 당신의 삶에 변화를 가져다 줄 것입니다. 이 과정을 실행하게 되면, 어떤 주제를 선택하든 자신의 진동상태가 아주 크게 변화되기 때문입니다. 우주는 지금 살고 있는 당신의 현실에 반응하는 게 아니라 당신의 진동에 반응하기 때문에, 이전에는 전혀 그렇지 않았을지라도 이제 놀라운 일들이 당신의 삶에 나타나기 시작할 것입니다.

우리가 보기에 사람들이 실패하는 주된 이유는, 삶의 대조적 환경 (대조는 새로운 소망의 로켓을 발사시키는데 도움이 되는 필수적이고 유용한 것이지만) 속에서 종종 특성이 다른 여러 종류의 에너지가 뒤범벅이 된 상태로 활성화되기 때문입니다. 일반적으로, 자신이 무엇을 원하는지 알기 위해서는 자신이 원하지 않는 게 무엇인지를 알도록 도와주는 삶의 세부 사항들이나 일들을 살펴보아야 합니다.

달리 말하자면, 당신이 건강해지기를 가장 바라는 때는 언제입니까? 일반적으로 당신이 건강하지 않을 때입니다. 맞습니까? 언제 돈을 가장 바라게 됩니까? 대부분 충분한 돈이 없을 때일 것입니다. 그리고 당신은 혼란스러울 때 더 명료해지기를 바랍니다. 뭔가 압도된 느낌일 때 평온함을 원하지 않습니까? 지루할 때 더 많은 자극을 원하지 않습니까?

기억하세요. 창조 워크숍 과정은 세 단계로 구성되어 있습니다.

1단계 요청한다.

（이것은 쉽습니다. 당신이 언제나 하고 있는 일입니다）

2단계 요청에 응답한다.

（당신의 일이 아닙니다. 근원 에너지가 그 일을 합니다）

3단계 허용한다.

（당신은 요청한 것을 '받아들이는 상태'로 존재해야 합니다）

1단계와 3단계가 서로 다르다는 사실을 인식하는 것은 중요합니다. 당신이 정말로 필요로 하거나 원하는 것에 대해 생각하고 있거나 또는 기도하고 있을 때, 종종 당신은 자신이 원하는 것과 진동적으로 일치되어 있지 않습니다. 그 대신 원하는 것이 없다는 사실에 일치되어 있습니다.

모든 청구서가 한꺼번에 날아 왔는데 그것을 지불할 충분한 돈이 없을 때, 당신은 당혹스러움과 두려움 속에서 이렇게 말합니다. "돈이 더 필요해." 또는 조금 더 긍정적으로 이렇게 말합니다. "더 많은 돈을 원해." 그때 당신은 1단계를 실행하고 있습니다. 당신은 소망을 표현하고 있는 중입니다. 하지만 3단계인 받아들이는 상태에 있지는 않습니다. 그래서 원하는 것들이 자신에게 올 수 없게 만들고 있지요.

당신은 끊임없이 요청합니다. 요청하기는 멈출 수 없는 것입니다. 대조되는 환경이 계속해서 당신 안에 소망을 불러일으키기 때문입니다. 따라서 당신이 진짜 해야 할 일은 창조과정의 3단계인 '받아들임 상태'receiving mode가 되는 방법을 찾아내는 것입니다. 그것은 마치 인공위성이나 라디오의 방송신호를 수신 받고자 하는 것과 비슷합니다. 자신의 수신기를 송신되는 주파수에 맞추어야 원하는 방송신호를 수신할 수 있습니다. 그렇게 하지 않으면 어떤 신호도 잡히지 않거나 깨끗한 신호를 수신할 수 없습니다. 이와 비슷하게, 감정을 통해서 자신이 발신하거나 수신하는 신호들이 일치되어 있는지를 알 수 있습니다. 다시 말해서, 지쳐있거나 좌절했을 때 또는 화가 나거나 상처를 받았을 때와 같이 불안정한 상태에 있을 때, 당신은 일치 상태에서 벗어나 있습니다. 그것은 당신이 자신의 근원과, 진정한 자신과, 그리고 자신의 소망과 정렬(일치)되지 않은 상태에 있다는 것입니다.

우리는, 당신이 부정적인 감정 속에 있는 자신을 발견했을 때, 긴장을 풀기를 원하며 자신을 너무 탓하지 말기를 바랍니다. 부정적인 감정은, 당신이 진정한 자신과 조화로운 상태가 되기 위해서 약간의 방향 전환이 필요하다는 사실을 알려주고 있는 신호라는 점에서 도움이 됩니다.

만일 당신이 균형을 잃고 있다면, 즉 기분 좋은 상태가 아니라는 것을 명확히 느끼고 있다면, 우리는 기분을 좀 더 누그러뜨리기 위한 과정으로서 명상(연습 6)을 추천합니다. 명상을 통해 마음을 고요하게 만들 때 생각을 멈추게 되고, 생각을 멈출 때 당신의 진동이 자동적으로 상승하기 때문입니다.

물론 쉽게 감사할 수 있는 대상을 찾을 수 있다면, 연습 1인 '미친 듯이 감사하기'가 보다 더 도움이 될 것입니다. 그 게임은 어디에서든 그리고 어떤 조건하에서도 실행할 수 있기 때문이지요. 하지만 이 가상현실게임은 특별히 두 가지 측면에서 당신에게 도움이 될 것입니다. 먼저, 이 과정을 통해 당신은 저항이 없는 상태의 느낌에 익숙해지기 때문에 저항의 생각 속으로 움직여갈 경우에는 그런 저항의 생각에서 더 쉽게 빠져나올 수 있는 초기단계에 그것을 알아차리게 될 것입니다. 다음으로, 당신이 저항하지 않는 상태에 있는 모든 순간에는 끌어당김의 법칙이 긍정적인 방식으로 자신에게 반응하게 된다는 사실입니다.

'가상현실 게임'에 대해 좀 더 이야기해 주세요

가상현실 게임은 마치 영화감독처럼, 당신이 지금 이 순간 자신에 대한 모든 것들을 선택해보는 과정입니다. 이 과정을 시작하기 위해서 첫 번째로 결정해야 할 것은 '어디에 이 장면을 위치시킬 것인가?'입니다. 기분 좋은 느낌을 주는 장소를 선택하십시오. 그곳은 이전에 방문했거나 들어본 적이 있거나, 또는 영화에서 봤거나 심지어는 언젠가 상상해본 적이 있는 어떤 장소가 될 것입니다.

자, 그곳은 실내입니까, 아니면 실외입니까? 하루 중 어느 때입니까? 아침입니까? 점심입니까? 아니면 저녁입니까? 해가 떠오르고 있습니까 아니면 지고 있습니까? 또는 밝은 대낮입니까? 공기는 어떻게 느껴집니까? 기온은 어떻습니까? 당신은 어떤 옷을 입고 있습니까? 그곳에서 함께 있는 사람은 누구입니까? 당신에게 기분 좋게 느껴지는 것들을 선택하십시오.

가상현실의 그 장면 속에 당신이 혼자 있든 아니면 다른 사람과 함께 있든 그것은 중요하지 않습니다. 가상현실 안으로 데려오기로 선택한 그 사람과 함께 있는 것이 기분 좋게 느껴져야 한다는 것이 중요합니다.

가상현실 속의 분위기는 어떻습니까? 당신은 웃고 있습니까? 조용히 앉아서 사색 중입니까? 일단 당신이 그 장면을 설정하고 나면, 다른 사람과 이야기를 나누는 모습을 상상할 수도 있습니다.

가상현실 게임의 목적은 웰빙을 허용하는 상태의 진동을 당신 내면에 활성화시키는 것입니다. 그러므로 당신은 지붕에서 비가 새고 있는 집을 상상한 후 그 지붕을 고칠 누군가를 데려 오는, 그런 유쾌하지 않은 가상현실을 창조하지는 않을 것입니다. 가상현실 속에서 보기 싫은 벽지를 바른 후 그것을 바꾸기 위해 누군가를 부르지도 않을 겁니다. 가상현실 안에서 당신은 모든 것을 정확하게 자신이 원하는 대로 만들어 낼 수 있습니다.

이 과정을 현재 자신이 경험하고 있는 어떤 특정 상황을 개선하기 위한 도구로 사용하지는 마십시오. 현실 속의 뭔가를 고치려고 시도할 때는 자신의 현실 진동을 가상현실 속으로 가져오게 되기 때문이지요. 만약 그렇게 했을 때, 가상현실 게임은 그 힘을 잃게 될 것입니다.

기분 좋은 것 보다 더 중요한 것은 아무것도 없다!

당신이 바라는 그 모든 소망에 대한 응답으로, 웰빙이 삶의 체험 속으로 정확히 바라는 세부적인 것들과 함께 물밀듯이 쏟아져 들어오지 못할 이유는 없습니다. 기분이 나쁜 상태이거나, 화가 나 있거나, 혹은 뭔가를 걱정하고 있는 경우가 아니라면 말이죠.

이 가상현실게임은 당신이 대부분의 시간 동안 더 기분 좋은 상태에 머물 수 있도록 훈련하는 데 도움이 될 것입니다. 그것은 자신의 근육을 사용할 때와 같이, 더 많이 연습할수록 더 잘 작동하게 될 것입니다.

언젠가 에스더는 여행할 때 이용하는 대형버스를 운전하면서 이 가상현실게임을 실행했습니다. 그녀는 어떤 장면 속으로 재빠르게 들어가서 아주 기분 좋게 느껴지는 장소로 자신을 데려간 다음 곧바로 거기서 빠져 나올 때, 이 게임이 가장 잘 작동한다는 사실을 발견했습니다. 그 장면 속에서 너무 오래 머무르다보면 그녀 스스로 너무 실제적이 되어, 사람들을 교정하려 들거나 사물들을 고치려 들었습니다. 하지만 에스더가 단지 가슴을 설레게 하는 어느 기분 좋은 장소를 결정하고 나서, 그곳에 데리고 갈 누군가를 정하고 그 사람과 그곳에 함께 있을 때의 분위기를 확인한 다음, 그 장면 속에서 단지 몇 마디의 대화를 나눈 후 곧바로 빠져 나왔을 때, 그것은 그녀에게 너무나 기분 좋게 느껴졌지요.

우리는 당신이 운전 중이거나, 줄을 서서 기다리고 있거나, 침대에 누워있거나, 또는 이 과정을 위해 얼마간의 시간을 할애할 수 있을 때, 가상현실게임을 실행하기를 권합니다. 자신을 기분 좋게 만드는 시나리오를 창조할 때, 당신은 기분 좋은 느낌의 진동을 활성화시킵니다. 그러면 끌어당김의 법칙이 그 진동과 일치를 이룰 것입니다.

기분 좋은 것보다 더 중요한 것은 아무것도 없습니다. 그리고 기분 좋은 이미지를 창조하는 것보다 더 좋은 일은 그 어떤 것도 없습니다.

운전을 하면서 에스더는 가상현실 안의 공기가 어떻게 느껴질 것인가에 대해 생각하곤 했는데, 때로는 약간의 습기가 있도록 하고, 때로는 몸에 공기가 스칠 때 기분 좋게 느껴지도록 다소 건조하게 만들었습니다. 간혹 습기가 전혀 없는 30도 정도의 기온을 만들기도 했지요. 그녀는 자신이 생각해낼 수 있는 온갖 즐겁고 유쾌한 요소들의 조합, 즉 온도 및 습도 그리고 하루 중의 시간대 등에 대해 생각했습니다.

그런 후, 그녀는 좋아하는 친구들을 그곳으로 데려와서 함께 놀도록 했습니다. 그 안에서 그들은 온갖 종류의 멋진 체험들을 했습니다. 그녀는 이 가상현실게임이 아주 즐거웠기에 그 안에서 더 오래 머무르고 싶었습니다. 이 게임 안에서 그녀는 모든 것들을 전부 통제할 수 있었기 때문입니다.

기분 나쁜 모든 생각은 해롭다

우주는 어떤 순간에 당신의 진동이 왜 그런지 알지 못합니다(또는 그것에 대해 신경 쓰지도 않습니다). 이를테면, 어제 의사가 당신이 심각한 병에 걸렸다는 진단을 내렸을 수도 있습니다. 그러나 오늘 당신은 에스더가 그랬던 것처럼, 어떤 환상적인 가상현실 안에서 차를 몰고 고속도로를 달릴 수도 있습니다. 그 순간에는 어떠한 병의 증세도 느껴지지 않을 것입니다. 당신이 자신의 병을 의식하기보다는 그 가상현실의 진동을 더 오래 유지할 수 있다면, 병은 당신의 몸에 더 이상 머무르지 못할 것입니다. 당신이 병을 얻게 된 원인은, 어떤 이유에서건 스스로 의식하지도 못한 채 그 병의 본질과 진동적으로 일치되는 생각을 선택했었기 때문입니다.

질병과 진동적으로 일치되는 생각들은 모두 기분 나쁜 느낌을 줍니다. 그것들은 화·실망·원망·비난·죄책감 또는 두려움 등과 같은 느낌들입니다. 그런 생각들은 당신을 위해 좋지 않습니다. 당신은 그런 생각들이 좋지 않다는 사실을 알 수 있습니다. 그런 생각을 할 때는 기분이 나빠지기 때문이지요. 뜨거운 난로를 만지면 화상을 입는 것과 마찬가지로, 부정적인 감정은 당신에게 상처를 입힙니다.

오래 전에 경험했던 어떤 일은 자신의 진동 안에서 더 이상 활성화되지 않습니다. 또는 어제 경험했지만 지금은 생각하지 않고 있는 어떤 일은 자신의 끌어당김 자력에 진동적인 영향력이 전혀 없습니다. 그게 무엇이든 그렇습니다. 따라서 모든 부정적인 생각들을 굳이 자신에게서 제거할 필요는 없습니다.

가끔 다른 사람들과 어울리고 있는 중에 당신은 어떤 것에 대해 듣거나 보거나 또는 냄새를 맡게 되는데, 그것은 당신 안에 어떤 진동을 유발시킵니다. 그 진동이 활성화됐을 때 매우 좋지 않은 느낌을 줄 수 있습니다. 그런 순간은 이렇게 말할 때입니다.

"오, 나의 안내체계가 작동하고 있군, 도움이 되지 않는 어떤 것이 내 안에 활성화됐다는 것을 느낄 수 있어. 이런 진동이 활성화 됐다는 것은 지금 내 안에 웰빙을 허용하지 않게 만드는 어떤 저항이 존재하기 때문이야. 그렇지 않다면 웰빙이 흐르고 있었을 거야."

따라서 그때야 말로 더 기분 좋게 느껴지는 생각을 찾아낼 시간입니다. 만약 당신이 가상현실게임을 연습해왔다면, 더 기분 좋게 느껴지는 생각에 도달하는 일이 무척 쉬울 것입니다. 하지만 그것을 연습해 오지 않았다면, 부정적인 생각의 한가운데에 있을 때 그 어디에서도 긍정적인 도피처를 찾을 수 없을 것입니다. 그때 당신이 할 수 있는 것은 단지 그런 부정적인 생각이 점점 약해져 사라질 때까지 기다리는 수밖에 없습니다.

'가상현실 게임'의 다른 예

가상현실 게임을 자주 실행할수록, 저항이 없는 진동을 더 자주 연습하게 됩니다. 저항이 없는 진동을 자주 연습할수록, 기분이 더욱 더 좋아지게 됩니다. 그리고 원하는 것들이 삶 속으로 쉽게 흘러 들어오기 시작합니다.

예를 들어 봅니다. 다음의 시나리오를 시각화해 보십시오.

〈장소 : 어느 아름다운 흰 모래사장〉

지금은 겨울이지만 날씨가 매우 상쾌하다. 기온은 20도 정도이고 하늘에는 여기저기 구름이 떠있다. 피부에 와 닿는 공기는 아주 상쾌하게 느껴진다.

나는 맨 발로, 시원하고 깨끗한 모래가 발바닥에 닿는 느낌을 즐기고 있다. 느슨하고 편안한 옷을 입었고 몸의 상태가 아주 좋게 느껴진다. 그리고 나는 해변을 여유롭게 걸어간다. 건강과 행복과 안락함을 느끼면서.

다섯 살 된 손녀가 함께 있다. 손녀는 나처럼 이 멋진 날을 사랑하고, 나와 함께 있는 것을 아주 좋아한다. 하지만 손녀는 내가 자신을 즐겁게 해줄 필요를 느끼지 않는다. 나는 손녀가 달리기를 하고, 모래를 파헤치며, 혼자서 놀고 있는 천진한 모습을 바라보며 즐기고 있다. 손녀와 함께 이 해변에 오게 되어 너무나 기쁘다. 이 여행은 정말 탁월한 선택이었다.

손녀가 내게 달려온다. 손에는 방금 발견한 조개를 쥐고서. 그리고 눈을 반짝이며 기쁨에 찬 달콤한 목소리로 말한다. "할머니, 이곳에 있으니까 너무 좋아요. 여기 데려와 주셔서 정말 고마워요!" 나는 말한다. "천만에, 내 귀염둥이야, 나도 너와 함께 있는 게 너무나 기쁘단다."

이때가 가상현실에서 빠져 나오기에 가장 좋은 시간입니다.

걱정하거나 흥분할 때, 당신은 그것을 시각화하고 있다

언젠가 에스더의 절친한 친구가 그녀에게 자동차 유리창 수리세트를 주었습니다. 그걸 받고서 에스더는 생각했습니다. "어떻게 사용하는 건지 정말 궁금하군." 그리고 사용법을 읽으면서 생각했습니다. "이건 참 놀라운 물건이야." 그리고 그것을 집어들 때마다 생각했습니다. "정말, 재간 있게 잘 만든 것 같아."

그 후 어느 날, 그녀와 제리가 어디론가 가기 위해 차를 타고 10

분쯤 달렸을 때의 일입니다. 트럭 한대가 그들 곁을 빠른 속도로 지나가며 그들의 자동차 앞 유리창에 자갈을 튀겼습니다. 에스더는 거의 즉각적으로 자신이 시각화했던 '자동차 유리창의 수리'를 체험하게 되었던 것입니다.

가상현실 안에서 걱정하고 있건 혹은 기뻐하고 있건 상관없이, 그 순간에 당신은 끌어당김의 법칙에 부합하는 어떤 진동을 발산합니다. 어떤 사람이 우리에게 말했습니다.

"나는 시각화하기가 힘들어요. 가상현실에 대해 생각할 때, 언제나 그곳은 어떤 텅 빈 장소였습니다. 어떻게 해야 하는 건지 모르겠어요."

우리는 말했습니다.

"당신은 과거에 일어났던 사건들을 기억할 수 있습니까? 만약 기억할 수 있다면 가상현실게임도 실행할 수 있습니다. 과거에 대한 기억처럼 가상현실 안의 일 또한 지금 이곳에 존재하는 것이 아니기 때문이지요. 그리고 뭔가를 기억해내고 있을 때, 당신은 그것을 다시 창조해내고 있는 중입니다."

그러므로 시각화Visualizing나 가상현실은 다르지 않습니다. 이 과정을 실행할 때 당신은 단지 자신을 기쁘게 하겠다는 단 한 가지 의도를 가지고 있지만, 그것은 마법과도 같이 물질적인 구현을 불러일으킵니다.

이 과정을 실행하면서 자신의 상상력을 반복해서 자극할 때, 이 과정이 얼마간의 시간을 즐겁고 기분 좋게 사용하는 방법이라는 것을 발견할 뿐만 아니라, 수많은 주제들에 대한 자신의 지배적인 진동을 바뀌게 한다는 사실을 알게 될 것입니다. 따라서 이제 놀랍게 개선된 당신의 진동은 삶의 경험에 반영되기 시작할 것입니다.

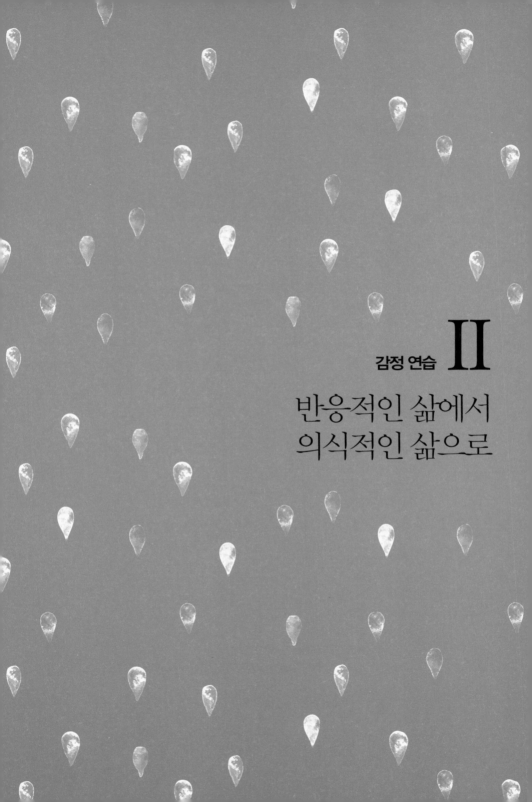

감정 연습 II

반응적인 삶에서
의식적인 삶으로

번영 게임

☕ 이 연습 과정에 해당하는 감정 범위

22단계 감정 안내눈금

1 단계	**기쁨 · 앎 · 권능 · 자유 · 사랑 · 감사** ───── POWERFUL
2 단계	**열정**
3 단계	**열의 · 열망 · 행복**
4 단계	**긍정적 기대 · 신념**
5 단계	**낙관**
6 단계	**희망**
7 단계	**만족**
8 단계	**권태**
9 단계	**비관**
10단계	**좌절 · 짜증 · 초조**
11단계	**압도감**
12단계	**실망**
13단계	**의심**
14단계	**걱정**
15단계	**비난**
16단계	**낙담**
17단계	**화**
18단계	**복수심**
19단계	**증오 · 격노**
20단계	**질투**
21단계	**불안감 · 죄책감 · 무가치함**
22단계	**두려움 · 비탄 · 암울 · 절망 · 무력감** ───── POWERLESS

☕ 이 과정을 사용하는 때

- 상상력을 강화하고 싶을 때
- 더 많은 돈이 자신의 삶 속으로 흘러들기를 바랄 때
- 삶 속의 모든 것들이 더욱 풍요로워 지기를 바랄 때
- 자신의 소망을 더욱 명확히 하고 구체적으로 인식하고 싶을 때

☕ 현재의 감정 범위

이 '번영게임' 과정은 자신의 감정이 다음 범위에 위치할 때 가장 큰 효과가 있습니다.

(1) 기쁨/앎/권능/자유/사랑/감사 ·· (16) 낙담

번영 게임

이 과정은 수표를 발행할 수 있는 가상의 계좌를 개설하는 것으로 시작합니다. 다시 말해서 실제 은행 계좌는 아니지만 실제 계좌인 것처럼 입금 전표와 출금용 수표를 발행하는 것입니다. 더 이상 사용하지 않게 된 수표장을 사용할 수도 있고 회계용 컴퓨터 프로그램을 사용할 수도 있습니다. 또는 노트를 수표발행 기록부로 쓰거나 백지를 입금전표나 수표로 활용할 수도 있습니다. 하지만 무엇보다도 번영게임을 가능한 한 자신에게 사실처럼 느껴지도록 하는 게 중요합니다.

첫째 날에 100만 원을 입금합니다. 그리고 그 돈을 전부 사용합니다. 다시 말해 자신의 계좌 기록부에 100만 원을 입금 기장을 하고, 수표를 발행해서 그 돈을 쓰는 것입니다. 그 돈 전부를 한 장의 수표로 발행해 한 곳에서 사용할 수도 있고, 아니면 여러 장의 수표로 발행해 여러 가지 물건들을 사는 데 쓸 수도 있습니다. 이 게임의 요점은 자신이 사고 싶은 것을 생각해보는 데서 재미를 느끼는 것과, 그리고 수표를 실제 발행하는 과정을 즐기는 것에 있습니다.

수표의 메모 란에는 무엇을 사는지 간단히 쓰십시오. 예를 들면, '아름다운 만년필' 또는 '멋진 조깅화' 또는 '헬스클럽 회원권'. 그 돈을 오늘 전부 쓸 수도 있고 나중을 위해 일부를 저축할 수도 있습니다. 그렇지만 가능한 한 오늘 하루 동안에 그 돈을 전부 사용하기를 권합니다. 내일이 되면 다시 또 새로운 입금을 할 것이기 때문입니다.

둘째 날, 200만 원을 입금합니다.

셋째 날, 300만 원을 입금합니다.

넷째 날, 400만 원을 입금합니다.

50일째에 도달하면, 5000만 원을 입금합니다. 300일째에 도달하면 3억 원을 입금합니다. 만약 1년간 매일 이 번영게임을 실행한다면, 당신은 총 660억 원 이상을 입금하고 또 그 돈 전부를 사용하게 됩니다.

당신은 상상하는 능력이 강화되는 데서 오는 유익함을 얻게 될 것입니다. 다시 말해서 몇 주 정도 이 게임을 실행하게 되면, 그 만큼의 돈을 쓰기 위해서 실제로 집중하기 시작하는 자신의 모습을 발견할 것입니다. 그렇게 함으로써 당신의 상상력은 어마어마하게 확장될 것입니다.

대부분의 사람들은 상상하는 연습을 그다지 많이 하지 않습니다. 그들은 그들의 진동의 대부분을 관찰하고 있는 대상에 대한 반응으로서 발산합니다. 하지만 이 게임을 실행하면서 당신은 새로운 아이디어들을 찾아내고 있는 자신을 발견하게 될 것이며, 시간이 지나면서 자신의 소망과 기대가 확장되고 있음을 느낄 것입니다. 그런 과정에서 자신의 끌어당김 자력이 강해지는 유익함을 얻게 될 것입니다.

우주는 당신의 현재 삶의 상황에 대해서가 아니라 지금 발산하고 있는 당신의 진동에 반응합니다. 따라서 현재 상황만을 주시한다면 당신의 미래는 현재 상황과 거의 비슷하게 전개될 것입니다. 하지만 이 게임을 통해서 불러일으킨 확장된 새로운 생각에 주의를 집중한다면, 이제 우주는 그 새로운 생각의 진동에 반응하게 됩니다.

우주는 당신이 실제로 체험하고 있는 것에 대한 반응으로 내보내는 진동과, 당신이 상상하고 있는 것에 대한 반응으로 내보내는 진동을 구분하지 않습니다. 그러므로 이 번영게임은 자신의 끌어당기는 힘을 상승시키는 강력한 도구가 됩니다.

이 게임은 짧은 기간 동안 실행할 수도 있고, 1년이나 또는 그 이상 실행할 수도 있습니다. 어떤 선택을 하더라도 그것이 당신에게 적절한 것입니다. 처음 시작할 때는 뭔가 어색하게 느껴질 수도 있습니다. 하지만 이 게임을 오래 실행할수록 당신의 상상력은 더 크게 확장하게 됩니다. 그리고 자신의 상상력이 확장되는 가운데, 이 게임이 주는 재미와 상상력의 확장이 뜻하는 진정한 의미에 초점을 맞추게 되면, 당신의 끌어당기는 힘은 더욱 상승하게 됩니다.

상상력을 이용해 수표를 발행하고 메모 란에 기재하는 일에 집중하게 되고, 또한 맘껏 써도 과다지출을 걱정할 필요가 없기에 수표를 발행할 때 저항감을 느끼지 않습니다. 따라서 당신은 원하는 것을 성취하는데 있어 필요한 모든 것을 얻게 됩니다. 당신은 저항이 없는 상태에서, 다시 말해 허용의 상태에 있는 동안에 소망에 대한 진술을 마친 것입니다.

따라서 당신은 상상력이 확장되는 유익함을 얻을 뿐만 아니라 끌어당기는 힘도 강화시키게 됩니다. 그 결과 당신의 삶 또한 개선됩니다. 재정적인 상황이 좋아질 뿐만 아니라, 즐거운 마음으로 생각해왔던 온갖 종류의 일들이 삶 속에 나타나기 시작할 것입니다.

이 게임은 언제든 시작할 수 있고 어느 때든 끝낼 수 있습니다. 그리고 자신이 좋아하는 어떤 방식으로든 실행해도 좋습니다. 거기에는 규칙이 없습니다. 반드시 해야만 하거나 하지 말아야 할 것은 아무것도 없습니다. 그러므로 이 게임을 선택하고, 그저 놀이하듯 즐기십시오. 자신이 원하는 만큼 실행하세요. 하지만 중요한 것은 자신의 상상력을 훈련하는데 최선을 다하라는 것입니다.

만약 당신이 오늘 처음 조각을 하는 조각가라면, 큰 덩어리의 진흙을 집어 들었다가 그냥 책상 위에 내던지면서 이렇게 말하지는 않을 겁니다. "이것은 제대로 되지 않았어!" 그렇게 하는 대신에, 당신은 진흙을 주무를 것입니다. 시간이 흐를수록 진흙을 주무르는 일에 점점 더 능숙해질 것입니다. 그래서 좀 더 많은 진흙을 집어들 것이고, 다른 색깔의 진흙도 집어들 것입니다. 그런 가운데 자신의 창조력을 계속해서 발전시키는 길을 발견할 것입니다. 하지만 아직 대다수의 사람들은 이 세상을 창조한 에너지를 주물러서 창조하는 일, 즉 자신의 생각을 지휘하는 일에 대해서는 의식적인 노력을 하지 않습니다. 그것은 마치 누군가가 진흙을 집어 들었다 내던졌고, 그래서 그 내던져진 진흙이 어떻게 보이는지에 대해서 다음과 같이 말하면서 삶을 허비하고 있는 것과 같습니다.

"보라고, 그것은 정말로 안 좋은 것으로 밝혀졌어. 그러니까 우리 부모님은 그것에 대해 뭔가 다른 조치를 취했어야만 해.", "정부는 다른 경제정책을 썼어야만 해.", "거기엔 불공정하고 부당한 일이 있었어.", "누군가 그걸 취급한 방식이 맘에 안 들어."

그러면 우리는 말합니다.

"진흙을 당신 손으로 집어 드세요! 자신의 소망이 가진 힘을 통해 근원 에너지를 불러들인 후 그것을 상상력의 힘으로 빚어내세요."

최근에 어떤 사람이 말했지요.

"아브라함, 당신은 아직 한 번도 나에게 연인이 없다는 사실에 대해서는 개의치 않는 것 같군요. 당신은 내가 연인에 대한 상상을 완벽하게 해서, 지금 그가 여기 있는 것처럼 느끼기를 바라는 것 같군요."

우리가 말했습니다.

"정확한 이야기입니다. 지금 그가 여기 있다고 상상할 때, 그 순간 당신은 기쁨 속에서 신의 힘, 즉 생명에너지를 불러오게 되고, 그것이 당신을 통해 흐르도록 허용하는 진동을 발산하게 되기 때문입니다. 그것보다 더 경이로운 일은 없습니다."

우리는 다시 말했습니다.

"당신이 그런 진동 상태에 도달하게 되면, 그는 나타나지 않을 수 없어요. 하지만 그가 나타나기를 바라는 소망보다 아직 나타나지 않은 사실에 대한 알아차림이 더 강하다면, 그는 나타나지 않을 뿐만 아니라 그 순간 고통스런 느낌을 갖게 됩니다. 자신의 소망이 불러온 에너지를 허용하지 않는 진동을 당신이 선택하고 있기 때문이지요."

번영게임을 즐겁게 실행하면, 재정상태 뿐만이 아니라 삶의 모든 면이 개선될 것입니다. 이 게임은 당신이 원하는 것들과 일치되는 진동을 활성화하도록 도울 뿐만 아니라, 원하는 것들이 삶 속에 들어오도록 허용하는 일에 더 많은 시간 동안 집중할 수 있도록 도울 것입니다.

이 게임을 실행함에 따라 당신은 원하는 것을 더 기대하게 되고, 더욱 확장된 진동을 발산하게 됩니다. 그러면 변화된 당신의 진동에 반응해서 소망의 물리적 구현이 구체적으로 일어나기 시작할 것입니다. 우리는 이것을 절대적으로 약속할 수 있습니다.

명상

☕ 이 연습 과정에 해당하는 감정 범위

22단계 감정 안내눈금

1 단계	**기쁨 · 앎 · 권능 · 자유 · 사랑 · 감사**	—— POWERFUL
2 단계	**열정**	
3 단계	**열의 · 열망 · 행복**	
4 단계	**긍정적 기대 · 신념**	
5 단계	**낙관**	
6 단계	**희망**	
7 단계	**만족**	
8 단계	**권태**	
9 단계	**비관**	
10단계	**좌절 · 짜증 · 초조**	
11단계	**압도감**	
12단계	**실망**	
13단계	**의심**	
14단계	**걱정**	
15단계	**비난**	
16단계	**낙담**	
17단계	**화**	
18단계	**복수심**	
19단계	**증오 · 격노**	
20단계	**질투**	
21단계	**불안감 · 죄책감 · 무가치함**	
22단계	**두려움 · 비탄 · 암울 · 절망 · 무력감**	—— POWERLESS

☕ 이 과정을 사용하는 때

- 저항에서 벗어나고자 할 때
- 자신의 진동을 즉시 상승시킬 수 있는 쉬운 길을 원할 때
- 자신의 일반적인 진동 상태를 높이고자 할 때
- 자신의 내면존재(Inner Being)와 연결된 느낌을 원할 때

☕ 현재의 감정 범위

명상은 자신의 감정이 다음 범위에 위치할 때 가장 큰 효과가 있습니다.

(1) 기쁨/앎/권능/자유/사랑/감사 ·············· (22) 두려움/비탄/암울/절망/무력감

명상

우리는, 당신이 지속적으로 반복해서 일으키는 생각을 '신념'이라고
부릅니다. 그 신념들 중에는 도움이 되는 것들도 아주 많습니다. 예
를 들어, 근원적 앎과 조화를 이루는 생각이라든가 자신의 소망에 부
합되는 생각이 그런 신념입니다. 하지만 어떤 신념은 도움이 되지 않
습니다. 자신이 부족한 존재라든가, 또는 가치가 없는 존재라는 것과
같은 생각들이 바로 그런 신념들이지요.

이제 당신은 우주의 법칙들에 대한 이해 속에서 자신의 생각을 의
식적으로 선택하고 있기에, 머지않아 자신에게 방해가 되는 모든 신
념들을 도움이 되는 신념으로 바꿀 수 있습니다. 하지만 훨씬 짧은
시간 안에 당신의 신념을 변화시킬 수 있는 빠르고도 유익한 과정이
있습니다. 우리는 이것을 '명상'이라고 부릅니다.

우리가 명상을 가르치는 이유는, 대부분의 사람들에게는 순수하고
긍정적인 생각을 하는 것보다는 마음을 비우고 아무런 생각도 하지
않는 것이 더 쉽기 때문입니다. 당신은 마음을 고요히 할 때 어떤 생
각도 일으키지 않습니다. 그런 상태에 있을 때는 어떠한 저항도 발산
하지 않습니다. 그리고 저항이 없는 생각을 활성화시킬 때 당신 존재
의 진동은 높고 빠르고 순수해집니다.

수면 위의 코르크 마개를 상상해보십시오. 그것은 실제로 당신의 본래 상태인 높고 빠르고 순수한 진동 지점을 상징합니다. 이제 그 코르크를 수면 아래로 누르고 있는 모습을 상상해보십시오(그것이 바로 저항과 비슷한 것입니다). 그런 다음, 코르크를 놓아주는 상상을 하면서 그것이 수면 위로 다시 떠오르는 모습을 마음속에 그려 보십시오.

수면 위에 자연스럽게 떠 있는 코르크처럼, 당신이 저항이 없는 상태에서 높고 빠르고 순수한 진동을 경험하는 것은 자연스러운 일입니다. 그리고 코르크처럼, 당신이 수면 아래로 자신을 끌어내리는 어떤 일을 하지만 않는다면, 당신은 본래 자신이 있었던 수면 위로 즉시 솟아오르게 됩니다. 다시 말해서, 고진동이 당신의 자연스런 상태이기 때문에 고진동 안에 있기 위해 애쓸 필요가 없습니다. 하지만 자신의 진동을 낮추게 하는 생각들은 그만두어야 합니다. 자신의 코르크를 수면 위에 떠 있지 못하게 하거나, 진정한 자신과의 조화로운 진동을 방해하는 것에는 더 이상 주의를 두지 말아야 합니다.

원치 않는 대상에 초점을 맞추지만 않는다면, 다시 말해 자신의 순수한 소망과 반대되는 것에는 주의를 두지 않는다면, 당신은 저항의 진동을 활성화시키지 않게 됩니다. 그러면 자신의 자연스런 상태인 번영과 웰빙만을 경험하게 될 것입니다.

따라서 당신은 소망의 진동에 초점을 맞추겠다는 결정을 해야 합니다. 그러한 결정은 소망이 충분히 강할 때 일어납니다. 당신이 연습하길 바라는 유일한 훈련은, '기분 좋은 것보다 더 중요한 것은 없다'는 결정을 내리고, 자신에게 더 기분 좋은 생각들을 찾는 것입니다. 당신의 코르크가 떠 있도록 하는 일이야말로 유일하게 가치 있는 훈련입니다.

명상은 당신의 신념을 바꾸는 지름길이라고 말할 수 있습니다. 생각을 하지 않을 때, 당신 안에는 저항이 없기 때문입니다. 말하자면, 저항이 없는 명상의 상태에서 당신의 코르크는 자연스럽게 수면 위로 다시 떠오르게 됩니다.

자, 이제 명상을 시작하기 위해 방해 받지 않을 조용한 장소에 편안한 복장을 하고 앉으십시오. 의자에 앉거나 바닥에 앉거나 또는 침대 위에 눕는 것도(그렇게 하는 동안 잠에 빠지지만 않는다면) 괜찮습니다. 중요한 것은 가능한 몸을 편안하게 하는 것입니다.

이제, 눈을 감으십시오. 온 몸의 긴장을 풀고, 호흡을 합니다. 천천히 공기를 들이마십니다. 그런 다음 날숨을 통해 그 공기를 부드럽게 놓아주는 편안함을 즐깁니다.

마음이 이리저리 방황하면서 생각이 떠오를 때는 부드럽게 놓아주십시오. 적어도 더 깊이 숙고함으로써 키우지는 마십시오. 그리고 다시 호흡에 초점을 맞춥니다.

인간은 선천적으로 무언가에 초점을 맞추고자 하는 성향이 있습니다. 그렇기 때문에, 처음에는 이러한 명상이 다소 부자연스럽게 느껴질 것입니다. 그리고 자신의 마음이 이전에 초점을 맞춰왔던 것들로 되돌아가려고 하는 것을 발견할 것입니다. 그럴 때는 긴장을 풀고 다시 호흡을 하면서 그 생각들을 놓아버리십시오.

어떤 흥미로운 것들로 확장될 잠재성이 없는 작은 생각을 선택하면 마음을 조용하게 만들기가 더 쉽습니다. 말하자면 당신은 자신의 호흡에 주의를 집중할 수 있습니다. 들이쉬고 내쉬는 숨을 마음속으로 셀 수도 있습니다. 혹은 수도꼭지에서 떨어지는 물방울 소리에 귀를 기울일 수도 있습니다. 이렇게 가볍고 부드러운 생각을 선택할 때, 당신은 모든 저항적인 생각을 떠나보낼 수 있습니다. 그리고 당신의 진동은 (코르크처럼) 자연스럽게 솟아오를 것입니다.

이 과정은 소망을 다루는 과정이 아닙니다. 당신의 마음을 조용하게 만드는 과정입니다. 명상을 통해 마음이 조용해졌을 때 저항이 사라지고 당신의 진동은 본래의 순수한 상태로 되돌아가게 됩니다.

마음을 조용하게 만들었을 때, 어떤 신체적인 분리의 감각 상태를 느낄 수도 있습니다. 예를 들어, 코와 발가락이 구분되지 않는 감각을 느낄 수 있고, 때로는 살갗에서 경련이나 가려운 감각을 느낄 수도 있습니다. 그리고 저항을 놓아버리고 본래의 순수하고 높은 진동으로 솟아오르면, 종종 몸의 무의식적인 움직임을 느끼게 될 수도 있습니다. 몸이 좌우로 또는 앞뒤로 가볍게 흔들리거나, 머리가 부드럽게 좌우로 돌아가기도 할 것입니다. 또는 단순히 몸의 움직임이나 하품하는 감각을 느끼기도 할 것입니다. 이러한 모든 감각이나 움직임은 당신이 명상 상태에 이르렀다는 표시입니다.

이제 자신의 끌어당기는 힘의 방향이 바뀌게 되었고, 당신은 저항의 상태에서 허용의 상태에 이른 것입니다. 따라서 지금껏 요청해왔고 이미 응답되어졌던 모든 것들이, 이제 자신의 삶 속으로 부드럽게 흘러 들어올 것입니다. 명상 상태에서 빠져 나오게 되더라도 자신의 진동 파장을 변화시키는 일에 초점을 맞추기 전까지는 이러한 허용의 상태가 지속될 것입니다. 하지만 명상을 충분히 연습하면 높은 진동 파장에 익숙해지기 때문에, 당신이 원할 때는 언제든지 그 상태로 다시 되돌아갈 수 있습니다.

명상을 규칙적으로 꾸준히 해가게 되면, 더 높은 진동의 느낌에 매우 민감해집니다. 이를테면, 자신의 진동을 가라앉게 하는 대상에 초점을 맞출 때는 초기의 미약한 단계에서 그것을 더욱 쉽게 알아차리게 됩니다. 그러면 이제 자신의 균형을 유지하기 위해 그러한 저항의 생각을 쉽게 바꿀 수 있게 될 것입니다.

'명상'에 대해 좀 더 이야기해 주세요

많은 교사들은 진동을 높이기 위한 대단히 좋은 도구 중의 하나로 명상을 가르칩니다. 물론 우리도 거기에 포함됩니다. 효과적인 명상은 저항을 일으키는 모든 물질적인 자극으로부터 자신을 떼어놓는 것입니다. 자신의 진동을 낮추는 대상으로부터 주의를 돌릴 때 진동이 자연스럽게 상승하기 때문입니다. 그것은 의식을 거두어들이는 것과 비슷합니다. 이러한 명상 상태에 있을 때 당신은 여전히 깨어있습니다. 하지만 잠들어 있을 때는 명상 상태와 마찬가지로 의식을 거두어들이지만, 높은 진동 안에 있을 때의 느낌이 어떤지를 알아차리지 못합니다. 깨어있는 상태에서 명상 중에 있을 때에는 높은 진동 상태가 어떻게 느껴지는지 의식적으로 알 수 있습니다. 그리고 시간이 흐르면서 자신의 진동에 대한 어떤 새로운 감각을 얻게 됩니다. 당신은 그러한 감각을 통해서 저항을 불러오는 대상에 집중하고 있을 때면 언제든 그 즉시 알아차리게 됩니다.

가끔 사람들은 묻습니다.

"아브라함, 명상을 시작하게 되면 삶 속의 온갖 속박으로부터 벗어날 수 있습니까?"

우리의 대답은 이렇습니다.

"그렇습니다. 삶의 온갖 속박으로부터 벗어나게 될 것입니다. 이제 당신의 감각이 매우 민감한 상태로 변하게 되어, 이전에 경험해왔던 낮은 진동은 더 이상 편안하지 않게 되기 때문입니다."

진동을 높이기 위한 다른 방법들

명상 이외에 진동을 높이는 다른 방법들이 있습니다. 예를 들어, 감동적인 음악듣기, 아름다운 장소에서 조깅하기, 고양이 쓰다듬기, 개를 데리고 산책하기 같은 것들입니다. 이러한 것들은 저항을 놓아버리고 진동을 상승시키기 위해서 당신이 즐겁게 실행할 수 있는 많은 활동 중의 일부분이지요. 사람들은 보통 운전 중에 자신의 근원 에너지와 깊이 연결되는데, 그것이 바로 교통사고가 상대적으로 적게 발생하는 이유입니다. 도로 상의 리듬과 괴로운 일로부터 주의 전환, 그리고 어딘가 새로운 장소로 간다는 생각 등이 그 동안 자신을 괴롭혀왔던 생각들을 쉽게 떠나게 만드는 것이지요.

당신의 목표는 저항을 불러오는 생각들을 모두 놓아버리는 것이고, 그렇게 했을 때 당신은 순수하고 긍정적인 생각만 하는 자리에 있게 됩니다. 자신의 마음이 부정적인 것들을 속삭이지만 않는다면, 마음을 완전히 조용하게 만들지 못해도 문제가 되지 않습니다. 명상을 하는 중에도 즐거운 일들을 가볍게 생각하는 것은 괜찮습니다.

예를 들어, 제리와 에스더는 자신들이 매우 좋아하는 어느 가족과 함께 시간을 보낸 후에는, 그 날의 유쾌했던 일들에 대한 생각과 대화 속에서 즐거운 시간을 만끽하곤 합니다. 그들이 기분 좋은 느낌을 원할 때는 언제나 단지 그 날에 있었던 즐거운 일만 회상하면 되었습니다. 누군가 했던 말, 아이들의 노는 모습, 상쾌했던 날씨, 맛있었던 음식, 숲 속을 활기차게 산책하며 즐겼던 순간 등….

다시 말해 순수하고 긍정적인 에너지가 있는 것을 찾는 일은 아주 쉽습니다. 애완동물에 대해 생각하는 것도 긍정적인 생각의 원천이 될 수 있습니다. 동물들은 무조건적인 사랑을 하기 때문입니다.

어떤 생각이든 단지 그 생각을 했을 때 기분 좋은 느낌을 주는 생각을 찾으십시오. 그렇게 하는 경향이 당신 안에 자리 잡을 때까지 연습하십시오. 그러면 또 다른 좋은 느낌의 생각들이 자연스럽게 뒤따라올 것입니다.

'명상'의 다른 예

자, 우리가 당신과 같은 육체적 존재였다면 이용했을 과정 하나를 소개하겠습니다.

매일, 10분에서 15분 정도 또는 그보다 더 짧은 시간 동안이라도 방해 받지 않을만한 쾌적한 장소를 찾아 조용히 앉습니다. 아마 그곳은 나무 밑이나 자동차 안 또는 욕실이나 정원 등이 되겠지요. 그리고 우리는 육체적인 감각을 최대한 차단할 것입니다. 다시 말해 햇빛이 너무 강하다면 커튼을 치거나 두 눈을 감을 것입니다. 어쨌든 조용한 장소를 선택합니다.

그리고 숨을 쉬면서 폐 속으로 들어오는 공기와 나가는 공기를 의식합니다. 깊이 들이쉬고 길게 내쉬는 것에 집중합니다. 편안하게 느껴지는 범위 내에서 폐에 공기가 가득 찰 때까지 숨을 들이쉽니다. 그런 다음 부드럽게 좀 더 들이쉽니다. 그렇게 폐가 최대한 팽창되는 지점에서 천천히 공기를 내보내는 감미로운 순간을 길게 음미할 것입니다. 우리의 의도는 오로지 지금 이 순간 속에 존재하는 것입니다. 그리고 호흡을 의식적으로 알아차리는 것입니다. 호흡 이외에는 다른 어떤 것도 하지 않습니다. 다시 말해서, 아침식사를 준비하거나 머리를 빗는 것, 또는 다른 사람들의 일을 궁금해 한다거나, 어제의 일에 대한 생각이나 내일에 대한 걱정 같은 그 어떤 생각도 하지 않고, 오직 지금 이 순간의 들숨과 날숨에만 초점을 맞추는 것입니다.

이것은 잠시 동안 쇼의 진행을 멈추는 허용의 상태입니다. 어떤 일을 일어나게 하려는 시도를 멈추는 것입니다. 이 순간은 자신의 근원 에너지에게, 또는 내면존재에게, 혹은 신(또는 당신이 그것을 어떻게 부르길 원하든)에게 이렇게 말하고 있는 시간입니다.

"나는 지금 허용의 상태에 있습니다. 나는 근원 에너지가 나를 통해 순수하게 흘러가도록 허용하고 있습니다."

이 15분간의 노력은 당신의 삶을 변화시킬 것입니다. 명상을 통해 당신은 근원 에너지가 자신을 통해 자연스럽게 흐르도록 허용하게 되기 때문이지요. 명상 상태에서 더욱 기분 좋은 느낌이 되고, 명상을 마친 후에는 에너지가 더욱 충만해진 느낌을 갖게 될 것입니다.

15분간의 명상이 일으키는 삶의 변화들

당신이 즉시 알아차리게 될 명상의 유익한 점은, 자신이 원해왔던 것들이 삶속에 나타나기 시작한다는 사실입니다. 자, 왜 이러한 일이 일어날까요? 당신은 이렇게 말할지도 모릅니다.

"그런데 아브라함, 나는 앉아서 의도하지 않았습니다. 앉아서 목표를 설정하지도 않았지요. 내가 원하는 것을 명확히 밝히지도 않았습니다. 원하는 것을 우주에게 이야기하지도 않았어요. 그런데 어떻게 15분간의 그저 존재함만으로 그런 것들을 나타나게 할 수 있습니까?"

우리는 이렇게 말합니다. "그것들은 당신이 이미 요청했었던 것들이며, 명상하는 시간 동안에 그것들을 오지 못하게 막고 있던 저항을 멈추었기 때문입니다. 명상을 실행했기 때문에, 당신은 이제 소망하는 것들이 삶 속으로 들어오는 것을 허용하고 있습니다.

끝없이 태어나는 소망들이 없다면, 당신은 이 물질 세상의 일부분이 될 수 없습니다. 당신 안에 소망이 탄생될 때, 우주는 그 모든 소망에 응답합니다. 그리고 이제 15분간의 허용하기 덕분에, 당신은 요청했던 것들을 받아들일 수 있는 허용의 진동을 만들었습니다. 그 수단이 15분간의 명상 이외에도, 고양이를 쓰다듬고 있든, 호흡연습을 하고 있든, 폭포소리나 편안한 음악을 듣고 있든, 또는 '미친듯이 감사하기'를 실행하고 있든, 그 시간 동안에 당신은 이미 요청해왔던 것들을 허용하는 진동 상태를 만들어 낸 것입니다.

"좋아요, 아브라함. 그런데 만약 내가 지난 50년간 정말로 부정적인 성향이었다면, 그 방향을 전환시키는데 50년이 걸릴까요?"

"아니요, 15분이면 됩니다."

"15분 동안에, 내가 그 동안 익혀왔던 온갖 허용하지 않는 습관을 없애버릴 수 있을까요?"

"어떤 것도 없앨 필요가 없습니다. 15분이면 당신은 근원 에너지를 허용할 수 있으니까요."

"그렇지만, 내가 아주 강한 부정적인 습관을 길러 왔다면, 과연 15분간의 명상을 통해서 그걸 바꿀 수 있을까요?"

"아마 그렇진 않겠지요. 하지만 다음번에 부정적인 생각들을 하게 될 때 당신은 그 사실을 더욱 쉽게 알아차릴 것입니다. 당신의 감정 안내체계가 더욱 민감하게 작동할 것이기에, 자신이 비물리적 근원 에너지를 가지고 무엇을 하고 있는지를 (아마도 생전 처음으로) 알아차리게 될 것입니다."

그런 알아차림은 참으로 중요합니다. 왜냐하면 당신에게 일어나는 모든 일들과 당신이 알고 있는 모든 사람들에게 일어나는 그 모든 일들은, 자신들이 불러들인 근원 에너지를 스스로 허용하고 있는지 또는 그렇지 않은지에 관한 일들이기 때문입니다. 이 모든 일은 근원 에너지와의 관계에 대한 것입니다. 당신이 아는 모든 사람들이 그 모든 경험들을 하는 이유는, 그들이 삶을 통해 소망들을 갖게 되었고, 그들은 어떤 순간이든 그 소망들을 허용하는 상태 아니면 저항하는 상태에 속해 있기 때문입니다.

30일 동안에 내가 무엇을 성취할 수 있을까

알고 계십니까? 지금, 당신이 세상에 알려진 어떤 치명적인 병에 걸렸다 할지라도(그리고 아직 그 병의 치료법조차 발견되지 않았지만), 근원 에너지를 흐를 수 있게 허용하는 방법을 배운다면 당신은 내일이라도 그 병을 자신에게서 완전히 사라지게 할 수 있다는 사실을. 하지만 우리는 그와 같은 갑작스런 도약은 권하지 않습니다. 그것은 사람들에게 불편하게 느껴질 수 있기 때문입니다. 진실로 권하고 싶은 것은 매일 다음과 같이 말할 정도로 충분히 이기적이 되라는 것입니다.

"기분 좋은 것보다 더 중요한 것은 없어. 나는 오늘 그렇게 되는 길을 찾겠어. 명상을 하면서 내 자신을 근원 에너지에 일치시키는 것으로 하루를 시작할거야. 하루를 보내는 동안 감사할 기회들을 찾을 거야. 그래서 온종일 근원 에너지와 조화를 이룬 상태에 머무를 거야. 칭찬을 할 기회가 있다면 칭찬을 할 거고, 비난할 기회가 있을 때는 입을 닫고 명상을 하겠어. 무언가 비판하고 싶어질 때는 고양이를 불러 그런 느낌이 사라질 때까지 쓰다듬어줄 거야"

30일 정도의 가벼운 노력을 통해서, 당신은 지구상에서 가장 저항적인 사람들 중의 한 명에서 가장 저항이 적은 사람들 중의 한 명으로 바뀔 수 있습니다. 그 때 당신을 지켜보고 있는 사람들은 당신의 삶 속에 일어나기 시작하는 수많은 물질적인 구현을 보고서 경탄하게 될 것입니다.

우리의 전망에서 볼 때, 당신은 닫혀 있는 문의 한쪽에 서있고, 그 반대편에는 그 동안 원해왔던 모든 것이 준비되어 쌓인 채 당신이 문을 열기만을 기다리고 있는 것처럼 보입니다. 지금까지 원해왔던 그 모든 것들이 당신을 위해 바로 문 밖에 준비되어 있습니다. 그것들은 당신이 요청했던 처음 순간부터 거기에 있었습니다. 즉 당신의 연인, 완벽한 신체, 이상적인 직업, 상상할 수 있었던 모든 돈, 그리고 지금까지 원해왔던 그 모든 것들, 뿐만 아니라 큰 것들과 작은 것들, 당신이 특별히 중요하다고 여기는 것들과 사소한 것들까지 말이죠.

당신이 문을 여는 순간, 그 모든 것들이 당신에게 흘러 들어올 것입니다. 그러면 우린 세미나를 열어야 할 것입니다. "흘러 들어오고 있는 이 모든 것들을 어떻게 처리할 것인가"에 대한 세미나를.

꿈 평가하기

☕ 이 연습 과정에 해당하는 감정 범위

22단계 감정 안내눈금

1 단계	**기쁨 · 앎 · 권능 · 자유 · 사랑 · 감사**	—— POWERFUL
2 단계	**열정**	
3 단계	**열의 · 열망 · 행복**	
4 단계	**긍정적 기대 · 신념**	
5 단계	**낙관**	
6 단계	**희망**	
7 단계	**만족**	
8 단계	**권태**	
9 단계	**비관**	
10단계	**좌절 · 짜증 · 초조**	
11단계	**압도감**	
12단계	**실망**	
13단계	**의심**	
14단계	**걱정**	
15단계	**비난**	
16단계	**낙담**	
17단계	**화**	
18단계	**복수심**	
19단계	**증오 · 격노**	
20단계	**질투**	
21단계	**불안감 · 죄책감 · 무가치함**	
22단계	**두려움 · 비탄 · 암울 · 절망 · 무력감**	—— POWERLESS

☕ 이 과정을 사용하는 때

- 어떤 특정한 꿈을 꾸게 된 이유를 알고 싶을 때
- 현재 자신이 진동적으로 무엇을 끌어당기는 중인지 알고 싶을 때
- 물질적 구현이 일어나기 전에 자신이 지금 무엇을 창조하고 있는지를 알고자 할 때

☕ 현재의 감정 범위

'꿈 평가하기' 과정은 당신의 감정이 다음 범위에 위치할 때 가장 큰 효과가 있습니다.

(1) 기쁨/앎/권능/자유/사랑/감사 ·············· (22) 두려움/비탄/암울/절망/무력감

꿈 평가하기

자신이 생각하고 있는 것과 삶 속에 구현되어 나타나는 것은 언제나 진동적으로 일치합니다. 마찬가지로, 자신이 생각하고 있는 것과 꿈 속에서 구현되는 것도 언제나 진동적으로 일치합니다.

자신의 주도적인 생각과 삶 속에 구현된 것들은 항상 일치합니다. 그러므로 자신의 생각과 그에 따르는 느낌, 그리고 자신의 삶에 구현되는 것 사이의 절대적인 연관관계를 이해하게 되면, 자신의 삶에 나타나게 될 모든 것을 정확하게 예측할 수 있습니다.

자신의 생각을 알아차려서 어떤 물질적인 구현이 일어나기 전에 자신이 무엇을 창조하는 중인지를 알게 되는 일은 아주 멋진 일입니다. 하지만 어떤 것의 물질화가 일어난 이후에도, 그것을 일어나게 만든 생각을 아는 일도 역시 가치가 있습니다. 다시 말해서, 물질화가 일어나기 전이나 물질화가 일어난 후에도, 당신은 자신의 생각과 느낌 그리고 물질화된 것 사이의 연관관계를 알 수 있습니다. 두 경우 모두 당신에게 도움이 됩니다.

어떤 꿈을 꾸었을 때, 그 꿈은 자신이 해왔던 생각과 항상 일치합니다. 따라서 모든 꿈은 사실상 자신의 창조물이기에, 자신의 생각을 통해 창조하지 않은 어떤 것에 대해 꿈꾸는 일은 불가능합니다. 그것이 꿈속에서 구현되었다는 사실은 자신이 그것에 대한 생각을 상당히 많이 했다는 것을 의미합니다.

당신이 가장 자주 생각하는 일들에 대한 느낌의 본질(핵심)essence이 궁극적으로 당신의 실제 삶에 구현됩니다. 하지만 그것이 꿈속에서 구현되는 데는 더 짧은 시간 동안 주의를 기울이는 것만으로도 충분합니다. 그래서 꿈은 자신이 깨어있는 동안에 무엇을 창조하고 있는지를 아는데 큰 도움이 됩니다. 만약 원치 않는 어떤 것이 창조되는 중이라면, 그것이 물질화되기를 기다려서 그 후에 자신의 생각을 바꾸는 것보다는 물질화되기 전에 생각의 방향을 바꾸는 것이 훨씬 더 쉬울 것입니다.

꿈 평가하기 과정은 다음과 같습니다.

잠을 자기 위해 침대로 갈 때, 꿈은 자신의 생각을 정확하게 반영한다는 사실을 의식하면서 자신에게 다음과 같이 말합니다.

"편안히 휴식을 취하고 원기를 회복해 깨어나고자 한다. 그리고 꿈에서 기억해야 할 중요한 것이 있다면, 잠에서 깼을 때 기억하게 될 것이다."

그 후 아침에 잠에서 깨어나면, 자리에서 일어나기 전에 몇 분간 그대로 누운 채 자신에게 물어봅니다.

"꿈에서 기억나는 것이 있는가?"

하루 일과 중에 꿈속의 여러 상황들을 기억해낼 수도 있지만, 보통 꿈을 기억해낼 수 있는 가장 좋은 시간은 잠에서 바로 깨어났을 때입니다. 그리고 꿈이 기억나기 시작하면, 긴장을 풀고 편안한 상태에서 꿈꾸는 동안 자신의 느낌이 어땠는지를 생각해봅니다. 꿈꿀 때의 감정을 기억하는 것이 꿈의 세세한 내용을 기억하는 것보다 더 중요한 정보를 주기 때문입니다.

어떤 주제가 삶속에 물질화될 정도로 충분히 강해지려면, 그 주제에 대해 상당히 많은 주의를 기울여야 합니다. 그 주제가 꿈에 나타나기 위해서도 어느 정도의 주의를 반드시 기울여야 합니다. 그렇기 때문에 자신에게 큰 의미가 있는 꿈은 항상 강한 감정을 동반합니다. 그 감정은 기분 좋은 느낌이거나 기분 나쁜 느낌일 것입니다. 하지만 그 감정은 언제나 충분히 강렬해서 당신은 그 느낌을 알아차릴 수 있을 것입니다.

"꿈속에서 그 일이 일어났을 때, 느낌이 어땠는가?" 만약 아주 기분 좋은 꿈에서 깨어났을 경우라면, 현재 그 주제에 대한 자신의 주도적인 생각이 원하는 것을 구현시키는 쪽으로 향해있다고 확신해도 좋습니다. 하지만 기분 나쁜 꿈에서 깨어났을 때에는, 자신의 주도적인 생각이 현재 원하지 않는 어떤 것을 끌어당기는 중이라는 사실을 아십시오. 그렇지만, 지금 삶속에 무엇이 구현되고 있는가는 전혀 문제되지 않습니다. 당신은 언제나 새로운 결정을 내려서, 앞으로 구현될 것들을 훨씬 더 즐거운 것으로 바꿀 수가 있기 때문이지요.

원하지 않는 것들을 태만 속에서 무의식적으로 창조하고 난 이후에 다시 원하는 것으로 바꾸려고 시도하기 보다는, 자신에게 더 만족스러운 체험이 될 시나리오를 의식적으로 창조하는 것이 더 충만한 기쁨을 줄 것입니다. 어떤 것이 물질화되고 난 이후에는 그것을 불러온 생각의 습관뿐만 아니라 이미 창조된 원치 않는 것들까지 해결해야 하기 때문입니다.

꿈이 자신의 실제 느낌과 현실에서 창조 중인 것을 정확하게 반영한다는 사실을 이해하게 될 때, 자신의 꿈에 긍정적인 영향을 주기 위해 자신의 생각을 의식적으로 바꾸기 시작할 것입니다. 그래서 긍정적인 꿈을 꾸게 될 때는 자신이 실제 삶속에서 긍정적인 것을 끌어오고 있는 중임을 알게 될 것입니다.

만일 기분 나쁜 꿈을 꾸었다고 하더라도 걱정하지는 마십시오. 그 꿈을 통해 자신이 원치 않는 어떤 것을 주시하고 있는 사실을 알아차린 것에 감사하십시오. 매우 뜨거운 어떤 물체에 가까이 다가갈 때, 뜨거운 느낌을 통해 그 사실을 알게 해서 주의하도록 해주는 자신의 피부 감각기관에 대해 감사하는 것과 마찬가지로, 현재 자신의 생각이 원하지 않는 것을 향하고 있음을 알게 해주는 자신의 감정에 고마워하십시오.

꿈을 꾸는 동안에는 창조하지 않습니다. 꿈은 당신이 깨어있을 때 생각해오던 것들이 구현된 것입니다. 하지만, 잠에서 깨어난 후 꿈에 대해 생각하거나 되새기기 시작하면, 그런 생각은 당신의 미래의 창조에 영향을 미칩니다.

꿈을 기록하면 큰 도움이 됩니다. 꿈의 세부사항을 상세하게 기록할 필요는 없습니다. 꿈에 나타났던 장소의 대략적인 설명, 등장했던 기본적인 인물들, 꿈속에서 자신이 무엇을 했고 다른 사람들은 무엇을 했는지, 그리고 가장 중요한 것은 꿈속에서 자신이 어떤 느낌이었는지를 기록하는 것입니다.

꿈을 꾸는 동안에 느낀 감정은 한 가지 이상일 수도 있습니다. 하지만 그 감정들은 서로 크게 다르지 않을 것입니다. 예를 들면, 같은 꿈속에서 황홀한 느낌과 화가 나는 두 가지 감정을 동시에 느끼지는 않습니다. 그 두 감정의 진동수는 동일한 꿈속에 나타나기에는 서로 극단적으로 다르기 때문이지요. 따라서 자신이 꿈속에서 어떻게 느꼈는지 확인한 후 그 감정을 바꾸거나 또는 강화시키고자 할 경우에, 당신은 제 22과정인 '감정눈금 위쪽으로 옮겨가기'를 실행하길 원하게 될지도 모릅니다.

'꿈 평가하기'에 대해 조금 더 이야기해 주세요

꿈은 현재 자신의 진동 상태에 대한 놀라운 통찰을 줄 수 있습니다. 꿈에 대한 회상은 당신이 꿈속에서 받아들인 비물리적인 생각덩어리를 물리적으로 해석한 것입니다. 잠들어 있을 때, 당신은 비물리적 에너지 속으로 되돌아가 대화를 나누게 됩니다. 그것은 말로서 하는 대화가 아니라 진동적인 대화입니다. 그 후 잠에서 깨어났을 때, 그 생각덩어리를 그와 동일한 물리적인 표현으로 번역하게 됩니다.

어떤 것을 오랫동안 원해왔으나 그것이 실제로 나타나는 것을 보지 못했을 경우, 당신은 때때로 그것을 꿈속에서 경험하게 됩니다. 그리고 깨어난 후에 그 꿈을 즐겁게 회상하면, 자신의 저항적인 진동이 완화됩니다. 그러면 소망이 이루어질 수 있게 됩니다.

여러 해 전에, 제리와 에스더는 한 회사에서 일하게 되었습니다. 하지만 처음부터 그들이 로맨틱하게 연결된 관계는 아니었습니다. 그들은 서로에게 감사함을 느끼고 있었지만, 거기에는 어떤 로맨틱한 감정도 없었습니다. 두 사람 모두 그런 감정을 갖는 것을 자신들에게 허락하지 않으려 했기 때문입니다. 각자의 환경과 신념이 달랐기에 그들은 서로 관계를 맺는다는 건 생각해본 적이 없었지요.

그런데 어느 날 밤, 에스더는 제리에 대한 꿈을 꾸었습니다(그녀는 그를 분명하게 보았지요). 그는 그녀 옆에 무릎을 꿇고서 그녀의 볼에 키스를 하였는데, 마치 그녀가 어릴 적에 들었던 요정 이야기와 매우 흡사한 느낌이었습니다. 그녀의 얼굴에 그의 입술이 닿았을 때, 평소와 크게 다른 느낌이 그녀 안에서 소용돌이치기 시작했습니다. 흥분되는 희열의 느낌, 모든 게 더할 나위 없이 좋은 느낌, 이루 형용할 수 없는 느낌들이었지요. 그것은 그녀가 잠을 잘 때나 또는 다른 때에는 전혀 경험해보지 못한 느낌이었습니다. 잠에서 깨어났을 때, 그녀는 그 꿈에 대한 생각을 멈출 수가 없었고, 제리에 대해 다시는 그꿈을 꾸기 이전처럼 생각할 수 없게 되었지요. 그 꿈은 에스더가 이전에 알지 못했던 어떤 느낌을 그녀 안에 남겼습니다. 참으로 달콤한 꿈이었기에, 그녀는 그 꿈을 다시 꾸고자 시도하고는 했습니다. 그리고 그런 꿈을 꿀 수 없을 때, 에스더는 단지 그것을 회상하곤 했습니다. 그녀는 그 꿈의 느낌을 되찾을 수 있기를 원했지요. 그러한 느낌의 진동은 두 사람을 함께하게 만든 촉매가 되었습니다.

에스더는 평소에 이렇게 생각해오고 있었습니다. "난 오래오래 행복하게 살고 싶어. 나를 알아주는 파트너를 원해. 나는 기쁨이 넘치는 삶을 살 거야." 그녀가 그런 생각들을 해오면서도 그렇지 못한 삶을 살아왔지만, 언제나 그녀의 바람을 듣고 있는 내면존재는 그녀에게 시각적이고 감각적인 어떤 것을 꿈을 통해서 제공했던 것입니다. 그녀가 잊어버릴 수 없을 만큼 실제적이고 지속적인 욕구를 느끼기에 충분할 만큼 강력한 꿈을 말이지요. 그리고 그녀가 자신의 소망을 향해 에너지를 흐르게 했을 때, 그것은 너무나 감미로운 체험의 순간이었던 것입니다.

꿈은 미래를 살짝 엿보여 주는 삶의 예고편이다

자신이 지금 어떤 것을 원하는데 그것을 한 번도 가져본 적이 없었다면, 다시 말해서 행복하기를 원하지만 한 번도 행복했던 적이 없었다든가, 부유함을 원하지만 한 번도 부유했던 적이 없었다든가, 또는 사랑스런 연인을 원하지만 한 번도 사랑하는 연인과 사귄 적이 없었다면, 내면존재에게 자신이 '무엇'을 원하는지와 '왜' 원하는지를 말하십시오. 그리고 자신의 내면존재가 꿈속에서 어떤 이미지를 제공할수 있도록 허용하십시오. 그 이미지를 향해 에너지를 흐르게 할 때당신의 진동은 원하는 것이 존재할 때의 진동 상태가 됩니다. 그렇게되면 끌어당김의 법칙이 당신이 소망하는 것을 가져다 줄 것입니다.

꿈은 자신이 삶속에서 진동적으로 끌어당기고 있는 대상이 구현된것입니다. 따라서 실제 삶에서 자신의 진동을 통해 무엇을 하고 있는중인지 알아보기 위해서 꿈을 평가해볼 수 있습니다. 꿈은 장차 일어날 일을 살짝 엿보게 하는 일종의 예고편입니다. 따라서 꿈의 내용을평가해보면, 현재 자신이 무엇을 끌어당기고 있는지 알 수 있습니다.그래서 꿈속의 일이 현실에서 경험하고 싶지 않은 것이라면, 그것을바꾸기 위한 뭔가를 할 수 있습니다.

부정적인 생각을 하도록 부추겨온 주위의 영향력들 때문에, 어쩌면 당신은 재정적인 손실이나, 신체기능의 저하, 또는 그와 비슷한것들을 향해 에너지를 흐르게 하고 있는지도 모릅니다. 그럴 때, 당신의 미래에 질병을 투사하고 있는 중이라는 사실을 알고 있는 내면존재는, 당신이 현재 어디를 향해 가는 중인지를 보여주는 꿈을 제공할 수도 있습니다. 그럴 때는 잠에서 깨어나 말하십시오.

"아, 나는 그것을 원하지 않아!" 그런 다음, 다시 말합니다.

"내가 원하는 것은 무엇일까? 나는 왜 그것을 원하는 걸까?"

그때부터 당신은 자신의 에너지를 소망하는 대상을 향해 생산적으로 흐르게 합니다. 그렇게 당신의 에너지가 질적으로 바뀜에 따라 당신의 미래 체험도 변하게 됩니다.

긍정 노트

☕ 이 연습 과정에 해당하는 감정 범위

22단계 감정 안내눈금

1 단계	**기쁨 · 앎 · 권능 · 자유 · 사랑 · 감사**	—— POWERFUL
2 단계	**열정**	
3 단계	**열의 · 열망 · 행복**	
4 단계	**긍정적 기대 · 신념**	
5 단계	**낙관**	
6 단계	**희망**	
7 단계	**만족**	
8 단계	**권태**	
9 단계	**비관**	
10단계	**좌절 · 짜증 · 초조**	
11단계	**압도감**	
12단계	**실망**	
13단계	**의심**	
14단계	**걱정**	
15단계	**비난**	
16단계	**낙담**	
17단계	**화**	
18단계	**복수심**	
19단계	**증오 · 격노**	
20단계	**질투**	
21단계	**불안감 · 죄책감 · 무가치함**	
22단계	**두려움 · 비탄 · 암울 · 절망 · 무력감**	—— POWERLESS

☕ 이 과정을 사용하는 때

- 긍정적인 생각에 초점을 맞추고 긍정적인 감정이 넘쳐나고 있는데, 그 기분 좋은 긍정의 물결이 더 오래 지속되기를 바랄 때
- 계속 주시해야 하는 어떤 상황이 기분 좋게 느껴지지 않기에, 그 상황에 대한 자신의 진동을 개선하고자 할 때
- 현재 주시하고 있는 것이 대부분 기분 좋게 느껴지지만, 그렇지 않은 부분도 있어서 그것을 기분 좋은 느낌으로 바꾸고자 할 때

☕ 현재의 감정 범위

'긍정 노트' 과정은 자신의 감정이 다음의 범위에 위치할 때 가장 큰 효과가 있습니다.

(1) 기쁨/앎/권능/자유/사랑/감사 ································· (10) 좌절/짜증/초조

긍정 노트

긍정 노트 과정을 시작하기 위해, 손에 들었을 때 좋은 느낌을 주는 노트 한 권을 구하십시오. 색깔이 맘에 드는지, 줄 간격이 자신의 필기 스타일에 맞는지, 글씨가 부드럽게 써지는 종이인지, 잘 펼쳐지는지 등을 고려합니다.

이 과정을 실행하게 되면, 당신은 의도하는 대상에 좀 더 명확하게 초점을 맞출 수 있게 되어, 더욱 명쾌하고 더욱 활기 넘치는 느낌을 갖게 될 것입니다.

자, 노트의 겉표지에 씁니다. '나의 긍정 노트'

이 과정을 시작하는 첫째 날에는 적어도 20분 정도를 할애하는 것이 좋습니다. 그 다음 날부터는 더 적은 시간이라도 충분합니다. 하지만 당신은 아마 더 많은 시간을 이 과정에 할애하고 싶어할 것입니다. 왜냐하면 이 과정이 너무나 좋은 결과를 가져다주는 동시에, 실행하는 동안에도 대단히 만족스러운 기분 좋은 느낌을 줄 것이기 때문입니다.

이제, 노트의 첫 페이지 상단에 항상 기분 좋은 느낌을 주는 사람이나 사물의 이름(또는 간단한 묘사)을 씁니다. 그것은 당신의 사랑스러운 고양이나 가장 좋아하는 친구 또는 사랑하는 연인의 이름이 될 수 있습니다. 또한 당신이 가장 좋아하는 도시나 맘에 드는 식당의 이름이 될 수도 있습니다. 그런 후, 그 이름이나 명칭에 초점을 맞추고 자신에게 다음과 같은 질문을 해봅니다.

"이 사람(또는 이것)의 어떤 점이 좋은가? 이 사람(또는 이것)을 내가 이토록 좋아하는 이유는 무엇일까? 이 사람의 긍정적인 면은 무엇일까?"

그리고 나서, 그 질문에 대한 대답으로 쉽게 떠오르는 생각을 쓰기 시작합니다. 생각을 억지로 짜내려고 하지는 마십시오. 자연스럽게 흘러나오도록 놓아두십시오. 생각이 흘러나오면 그것을 계속 적어나갑니다. 그런 다음, 자신이 쓴 것을 읽어보면서 그 내용을 즐깁니다.

이제, 다음 페이지로 넘어가서 기분 좋게 느껴지는 다른 사람이나 사물의 이름(또는 제목)을 씁니다. 이 과정을 위해 할애한 20분 동안 같은 과정을 반복합니다.

당신은 아마 시작하는 첫날부터 자신의 '긍정 노트'에 쓰고 싶은 이름이나 제목이 계속해서 떠오를 정도로 매우 강력한 감사와 웰빙의 진동이 자신 안에서 활성화되는 것을 느낄 수도 있습니다. 그럴 때는 시간이 허락되는 한 떠오르는 이름이나 제목들을 계속해서 그 다음 페이지의 상단에 적으십시오. 그리고 매 페이지 상단에 쓴 이름이나 제목을 보면서, 다음의 세 가지 질문을 계속 자문합니다.

• 이 사람의 어떤 점이 좋은가?
• 이 사람을 내가 이토록 좋아하는 이유는 무엇일까?

• 이 사람의 긍정적인 면은 무엇일까?

이런 과정을 시간적인 여유가 있을 때까지 계속하고, 그렇지 않다면 거기서 중단하고 다음 날로 넘깁니다.

긍정적인 측면들을 더 많이 찾고자 하면 그것들이 더 많이 발견될 것입니다. 더 많은 긍정적인 면을 발견하면 당신은 더욱 더 많이 찾기를 바라게 됩니다. 그리고 이 과정을 실행하는 동안에 당신은 웰빙의 고진동을 활성화시킵니다. 그것은 진정한 당신 자신과 조화를 이룬 상태입니다. 그래서 당신은 좋은 기분을 느끼게 됩니다. 그리고 보다 좋은 일은, 이 진동이 아주 익숙해져서 당신의 지배적인 진동이 되기 시작하고, 당신의 모든 경험들도 이런 고진동을 반영하기 시작할 거라는 사실입니다.

아마도 당신은 노트 한 권을 다 쓰게 되자마자, 다시 한 권을 그리고 또 다시 한 권을 사려고 하는 열성적인 자신을 발견할 것입니다. 글로 쓸 때는 강하게 집중시키는 힘이 있고, 기분 좋은 측면을 글로 쓸 때는 자신을 근원 에너지에 연결시키는 진정한 힘이 있기 때문이지요.

긍정 노트 과정은 유익한 점이 아주 많습니다. 즉, 이 과정을 실행하는 동안에 당신은 매우 좋은 기분을 느낄 것입니다. 당신이 끌어당기는 것은, 지금 어떤 상태에 있든 관계없이 계속해서 더 좋아질 것입니다. 글로 쓰고 있는 각각의 주제들에 대해서는 더욱 풍요롭고 만족스러운 경험을 하게 될 것입니다. 그리고 끌어당김의 법칙은 한층 더 큰 기쁨을 줄 사람, 장소, 경험 그리고 당신이 즐길 것들을 더욱 더 많이 가져다 줄 것입니다.

'긍정 노트'에 대해 좀 더 이야기해 주세요

아름다운 어떤 도시를 상상해보십시오. 이 도시는 그리 크지는 않지만 완벽합니다. 교통은 아주 원활하며, 아름다운 명소들도 많습니다. 이 도시에 살면서 일하는 것은 아주 멋진 일입니다. 이 도시에 대해 우리가 방금 묘사한 것들만을 고려한다면, 당신은 아마도 이렇게 생각하겠지요. "그곳에서는 정말 언제까지나 행복하게 살 수 있겠군." 하지만 그곳에는 우리가 미처 언급하지 못한 작은 문제가 하나 있습니다. 즉, 그 도시의 6번가 도로에는 아주 깊은 구덩이가 하나가 있다는 것입니다.

자, 만약 당신이 이 도시의 긍정적인 측면들에 초점을 맞추고 있다면, 당신은 이 도시에서 언제까지나 행복하게 살 것입니다. 그런데 대부분의 사람들은 자기 삶의 긍정적인 측면들만 이야기하는 사람들과 접촉하고 있지는 않습니다. 그 대신에 다음과 같은 이야기를 하는 사람들과 더 자주 접촉하고 있지요.

"6번가에 있는 깊은 구덩이를 조심하세요!"

그래서 자신들을 둘러싼 주변 사람들의 그런 부정적인 언급 때문에, 대부분의 사람들은 그 깊은 구덩이에 마음을 빼앗기고 맙니다.

예를 들어, 어떤 사람이 치명적인 병에 걸렸다는 진단을 받았다고 가정해봅시다. 의사가 그녀에게 사형선고를 내린 것이지요. 그렇지만 그녀의 신체는 99% 이상이 이 신기한 도시와 마찬가지로 제 기능을 잘 유지하고 있습니다. 순환계의 중추인 모든 동맥은 대단히 잘 기능하고 있지만, 단지 의사의 진단 때문에 그녀는 이제 자신의 모든 주의를 그 '구덩이'에 쏟고 있습니다. 그 구덩이가 결국 그녀의 도시 전체를 먹어 치울 때까지 말이죠.

도시의 '깊은 구덩이'에 더 이상 주의를 두지 않기

"원하는 것에 초점을 맞추고 있을 때, 나는 기분이 좋습니다. 그러나 원하는 것이 없다는 사실에 초점을 맞추고 있으면 기분이 나쁩니다."

자, 그 이야기를 조금 더 깊이 가져가 보지요. 당신은 한 번에 한 가지 이상의 일에 집중할 수 있습니까? 한 번에 한 가지 이상의 감정을 느낄 수 있습니까? 기분 좋게 느끼는 동시에 기분 나쁘게 느낄 수 있습니까? 당신은 절대로 그렇게 할 수 없을 것입니다. 그게 논리적이지 않나요? 다시 말해서, 끌어당김의 법칙의 가이드라인에 따라, '원하는' 것에 초점을 맞추고 있으면서 동시에 '원치 않는' 것에 초점을 맞출 수 없습니다.

원하는 것에 초점을 맞추고 있다면 당신은 기분이 좋을 것입니다. 그리고 당신의 기분이 좋다면, 당신은 긍정적인 것만을 끌어당기는 상태에 있습니다. 그렇다면 당신이 해야 할 가장 중요한 일은, 모든 것에서 긍정적인 면을 찾고, 모든 것에서 자신을 고양시키는 부분을 찾으며, 그리고 그 '깊은 구덩이'를 더 이상 주시하지 않는 일이 아닐까요?

의식적인 창조에 대해서 처음 배울 때, 때때로 사람들은 걱정합니다. 그들이 일으키는 모든 부정적인 생각들이 우주에 도달되어 자신의 삶 속에 부정적인 경험을 가져오지 않을까 두려워합니다. 그러나 다음의 사실을 상기함으로써 그 두려움을 진정시키기를 바랍니다. 요컨대, 당신들은 생각의 균형 속에서 살아가고 있으며, 따라서 어떤 것이 자신의 삶 속에 구현되기 위해서는 그것에 대해 꽤 많은 생각이 요구된다는 사실입니다. 하지만 주로 비판적이며, 잘못된 것만 따지고, 언제나 현실만 직시하기를 원하는 분위기가 만연한 사회에서 살고 있는 당신은, 자신의 개인적인 일을 생각할 때조차도 '모든 것이 잘 되어가고 있다'고 생각하기 보다는 주로 걱정을 하는 사람이 되었지요.

당신에게 권하고 싶은 것은 자신을 기분 좋게 만드는 일에 더 많은 주의를 기울이라는 것입니다. 그것은 자신의 모든 생각을 아주 철저히 통제해야 한다는 말이 아닙니다. 단지 자신이 보고 싶은 것만을 찾겠다는 결심을 하라는 것이지요. 그것은 어려운 결정이 아닙니다.

하지만 그런 결정이 당신의 삶 속에 가져다주는 것은 아주 크게 다를 것입니다.

기분 좋게 느껴지는 대상에 초점을 맞추어야 한다

사람들은 현실을 주시해야만 한다고 생각합니다. "그것은 진실입니다. 어쨌든 그것은 사실입니다. 그것을 문서화해야 하지 않을까요? 그것들을 계산해서 통계를 만들어야 하지 않을까요? 그 일에 대해 다른 사람들에게 이야기해야 하지 않을까요? 그 일에 대해 우리 아이들에게 조심시켜야 하지 않을까요?"

"그것들이 실제로 존재하고 있으니까, 우리가 원치 않는 그것들을 떠들썩하게 알려야 하지 않을까요?"

그러면 우리는 묻습니다. "왜 그런 일을 하려고 하지요? 왜 창조된 모든 것을 조사한 후, 그 중에서 자신이 바라는 현실만을 선택하여 그것을 떠들썩하게 알리려고 하지는 않습니까?"

하지만 대답은 결코 충분히 만족스럽지 않습니다. 사람들은 이렇게 대답합니다. "이것은 현실이니까요! 다른 누군가가 그렇게 했으니까 우리도 그렇게 해야 합니다."

만약 우리가 당신이라면, 단지 현실이라고 해서 그것을 주시하지는 않을 것입니다. 우리는 '그것의 느낌─진동이 어떤지'를 우리의 주시 근거로 삼을 것입니다. 그래서 우리가 하려는 일을 궁금해 하는 사람들에게 말할 것입니다. "그것이 기분 좋게 느껴진다면, 그것에 완전히 주의를 집중할 것입니다. 하지만 그렇지 않다면, 우리는 그것을 쳐다보지도 않을 것입니다."

그러면 그들은 이렇게 말할 것입니다. "당신은 현실을 직시해야만 해요." 그러면 우리는 다시 대답할 것입니다. "나는 직시합니다! 언제나 직시하지요. 다만, 나는 내가 대면하고자 하는 현실을 더욱 선택적으로 골라내게 되었을 뿐이지요. 그 이유는 지금 내가 말하고, 생각하고, 회상하고, 되씹고 있는 어떤 현실이든, 또한 내가 통계를 내고 있는 어떤 현실이든, 그리고 나의 진동 안에 아주 오래 동안 유지되고 있는 어떤 현실이든, 그게 어떤 현실이든 상관없이 내가 직시하는 그 현실이 바로 내 자신의 현실이 된다는 사실을 발견했기 때문입니다. 내가 현실을 창조할 수 있다는 사실을 막 발견했기 때문에 나는 삶 속에서 내가 주시하는 현실을 더욱 선택적으로 골라내게 되었습니다. 나는 현실을 창조할 수 있습니다. 또 내가 창조하고 있는 현실을 선택할 수 있습니다"

우리는 다음과 같이 말하는 것을 정말 좋아합니다. "당신은 창조자입니다. 당신은 원하는 어떤 것도 창조할 수 있습니다!" 이것을 더 정확히 표현하면 이렇습니다.

"당신은 주시하고 있는 그 어떤 것도 창조할 수 있고, 또한 창조하게 될 것입니다"

당신이 어디를 가든지 당신 자신을 데리고 간다

제리와 에스더는 텍사스의 오스틴에 있는 한 호텔에서 워크숍을 개최하곤 했는데, 그 호텔의 관계자들은 그들이 간다는 사실을 매번 잊어버리는 것 같았습니다. 심지어 계약서에 사인을 했고, 행사 당일에는 확인 전화까지 하고 가는데도 불구하고, 그들이 도착하기만 하면 프런트의 아가씨는 언제나 당황한 듯이 행동했습니다. 그리고 그때서야 워크숍에 필요한 것들을 준비하느라 허둥대었습니다. 결국 에스더가 우리에게 말했지요. "아마도 우리는 다른 호텔을 찾아야만 할 것 같아요."

그래서 우리는 말했습니다. "그것이 한 가지 해결책이 될 수도 있겠지요. 하지만 우리가 보기에, 당신은 어디를 가든지 당신 자신을 데리고 갈 것입니다. 당신이 가는 모든 곳마다 자신의 진동적인 습관들과 경향들을 함께 가져가기 때문이지요."

우리는 그들에게 노트 한 권을 준비하라고 말했습니다. 그리고 표지에 굵은 글자로 '나의 긍정 노트'라고 쓴 후, 첫 페이지 상단에 '오스틴 파크 호텔의 긍정적인 면들'이라고 쓰게 했습니다. 그런 후 에스더는 다음과 같이 쓰기 시작했습니다. "이 호텔은 훌륭한 시설을 가지고 있다. 이 호텔은 좋은 위치에 있어서 다른 여러 지방에서 오기에도 쉽고 사람들에게 안내하기도 쉽다. 주차장은 충분하고 편리하다. 방은 언제나 깨끗하다. 다양한 사이즈의 방들이 있어서 어떤 규모의 그룹이 참가하더라도 투숙시킬 수 있다……."

이런 사항들을 글로 써내려 갔을 때, 어느덧 에스더는 자신이 왜 새로운 호텔을 찾으려고 생각했었는지 의아했습니다. 다시 말해서, 긍정적 면들을 주목함에 따라 그녀는 그 호텔에 대해 기분 좋은 느낌을 갖게 되어, 그 호텔의 좋지 않은 면들은 더 이상 끌어당길 수 없게 된 것이지요. 바꿔 말하면, 노트에 의도적으로 긍정적인 면만을 쓰게 된 덕분에 에스더는 더 이상 그 '깊은 구덩이'에 주의를 두지 않게 된 것입니다.

'영감'에 의한 행동과 '자극'에 의한 행동

어떤 행동을 할 때 당신은 두 가지 다른 방식으로 바라볼 수 있습니다.

"내가 이런 일을 하면 이런 좋은 일이 일어날 거야." 또는 "내가 저런 일을 하지 않으면 저런 나쁜 일이 일어날 거야."

첫 번째 태도는, 긍정적인 지점에서부터 행동하도록 당신의 영감을 고취시킵니다. 두 번째 태도는, 부정적인 지점에서부터 행동하도록 당신을 자극시킵니다.

긍정 노트 과정은 당신이 어떤 소망을 갖고 있든 상관없이 부정적인 지점에서의 자극이 아닌, 영감에 고취된 긍정적인 느낌을 통해서 소망을 끌어당기는 자리로 당신을 점진적으로 데려갈 것입니다.

대본 쓰기

 이 연습 과정에 해당하는 감정 범위

22단계 감정 안내눈금

1 단계	기쁨 · 앎 · 권능 · 자유 · 사랑 · 감사	—— POWERFUL
2 단계	열정	
3 단계	열의 · 열망 · 행복	
4 단계	긍정적 기대 · 신념	
5 단계	낙관	
6 단계	희망	
7 단계	만족	
8 단계	권태	
9 단계	비관	
10단계	좌절 · 짜증 · 초조	
11단계	압도감	
12단계	실망	
13단계	의심	
14단계	걱정	
15단계	비난	
16단계	낙담	
17단계	화	
18단계	복수심	
19단계	증오 · 격노	
20단계	질투	
21단계	불안감 · 죄책감 · 무가치함	
22단계	두려움 · 비탄 · 암울 · 절망 · 무력감	—— POWERLESS

☕ 이 과정을 사용하는 때

- 현재 기분 좋은 상태에 있으면서, 특별히 바라는 어떤 것을 추가로 창조하고자 할 때
- 삶에서 경험하고 싶은 것들을 글로 쓴 후, 자신이 세부적으로 묘사한 것들을 우주가 배달해주는 것을 보는 흥분을 맛보고자 할 때
- 명료하게 초점 맞추어진 생각의 힘이 어떤 결과를 가져오는지를 의식적으로 체험해보고자 할 때

☕ 현재의 감정 범위

'대본쓰기' 과정은 자신의 감정이 다음 범위에 위치할 때 가장 큰 효과가 있습니다.

(2) 열정 ·· (6) 희망

대 본 쓰 기

어느 날 저녁, 에스더는 텔레비전을 켰습니다. 그녀는 이미 한참 방영되고 있는 어떤 영화에 곧바로 마음이 사로잡히게 되었습니다. 이 영화 속에서, 외관상 그다지 성공한 것 같아 보이지 않는 어떤 작가가 자신의 타자기에 마법 같은 힘이 있다는 사실을 이제 막 발견하는 중이었습니다. 그가 영화의 장면들을 묘사하고 배우들이 말할 대사를 쓰고 나면, 그와 똑같은 일들이 자신의 삶 속에 일어나는 것이었지요. 그래서 어떤 상황이 그가 바라는 대로 잘 진행이 되지 않을 땐 그 시나리오를 고쳤고, 그러면 고친 시나리오대로 일들이 자신의 삶 속에서 그대로 일어나는 것이었습니다.

에스더가 그 영화를 보고 있을 때 우리가 말했습니다.

"그것은 실제로 일들이 작동하는 방식입니다. 당신이 소망하는 대상에 명확히 초점을 맞추고 있고, 저항을 불러오는 모순된 (소망과 상충된) 진동을 갖고 있지만 않다면, 당신이 소망하는 것은 그게 무엇이든 반드시 이루어지게 됩니다. 요청하면 예외 없이 항상 주어지기 때문이지요."

만약 소망하는 것이 아직 이루어지지 않았다면, 그것은 단지 당신이 소망에 반하는 생각을 함으로써 그것을 허용하지 않고 있기 때문입니다. 그 외에 다른 어떤 것도 당신의 꿈이 실현되는 것을 막을 수 없습니다.

자, 대본 쓰기 과정은 다음과 같습니다.

당신 자신을 작가라고 상상합니다. 자신이 글로 쓰는 것은 어떤 것이든 쓴 그대로 정확히 자신의 현실에 나타난다고 상상하십시오. 당신이 해야 할 유일한 일은, 모든 것을 자신이 원하는 대로 정확하게 세부적으로 묘사하는 것입니다.

이 게임을 너무 심각하게 받아들이지 않고 그저 재미있게 즐기면서 실행할수록, 소망의 실현을 방해하는 신념이 활성화되는 일도 더욱 적어지게 될 것입니다. 말하자면, 당신은 마법 같은 힘이 있는 타자기나 워드프로세서 또는 컴퓨터나 노트를 가지고 있습니다. 따라서 자신이 글로 쓰는 것은 무엇이든 삶속에 실현된다고 상상함으로써 소망하는 것을 실현하기 위해 필요한 두 가지를 달성하게 됩니다. 즉 당신은 소망 렌즈의 초점을 정확히 맞추었고, 소망과 관련해 어떠한 저항도 발산하지 않게 되었습니다.

이 과정은 당신의 소망을 더 구체적이 되도록 돕습니다. 대본 쓰기 연습을 통해 삶 속에서 소망하는 것이 더욱 명확해지게 되면, 당신은 특정한 대상에 집중된 '초점의 힘'을 느끼게 될 것입니다.

어떤 주제에 대해 더 오래 집중할수록, 그리고 상세한 세부 사항을 부여할수록 에너지는 더욱 빠르게 움직입니다. 그러한 연습을 통해 자신의 소망이 가진 힘을 실제적으로 느낄 수 있게 됩니다. 또한 자신의 소망을 이루기 위해 우주의 에너지가 집중되는 것을 느낄 수 있게 될 것입니다. 그리고 문제가 해결되거나 소망이 실현되기 직전에, 당신은 단지 자신의 느낌을 통해서 그 사실을 알 수 있게 될 것입니다.

이 게임의 기발한 접근 방식으로 인해, 자신이 현재 초점을 맞추고 있는 일들을 불신하거나 의심하는 생각들이 더욱 적어질 것입니다. 이 게임을 가벼운 마음으로 놀이하듯이 즐기게 되면, 저항이 없는 상태에서 특정한 대상에 더 오랫동안 초점을 맞출 수 있게 됩니다. 그렇게 할 때, 당신은 무엇이든 창조할 수 있는 완벽한 균형을 달성하게 될 것입니다.

이 게임을 즐겁게 자주 실행한다면, 이 게임이 놀라운 힘을 가졌다는 증거들을 보기 시작할 것입니다. 마치 자신이 무대 위의 연극을 연출 중인 것처럼 이 게임을 하고 있다면, 글로 썼던 것들이 실제로 삶속에서 일어나기 시작할 것입니다. 또한 자신과 교류중인 누군가가 대본에 적었던 말을 그대로 하는 것을 보게 될 때, 당신은 자신의 의도가 지닌 힘을 인식하고 매우 기뻐할 것입니다.

당신은 자기 삶의 대본을 쓰는 진동적인 작가입니다. 우주의 모든 존재들은 당신이 그들에게 할당한 역할을 연기하고 있습니다. 당신은 자신이 바라는 삶의 어떠한 모습도 정확히 대본으로 쓸 수 있습니다. 그러면 우주는 당신이 결정한 그대로, 사람들, 장소들 그리고 사건들을 당신에게 가져다 줄 것입니다. 당신은 자기 삶의 창조자이기 때문에, 오직 당신이 그것들을 결정해야 하고 또한 그렇게 되도록 허용해야 합니다.

'대본 쓰기'에 대해 좀 더 설명해 주세요

대본 쓰기는 자신의 삶이 어떻게 펼쳐지길 바라는지를 우주에게 이야기하는 데 있어 도움을 주기 위해 제공하는 과정입니다. 만약 당신이 소망과 이미 진동적인 조화를 이룬 상태라면, 당신은 벌써 그 사실을 알고 있을 것입니다. 자신의 소망이 이미 물리적 현실로 구현되어 있을 테니까요.

  하지만 삶속에 아직 구현되지 않은 어떤 소망이 있다면, 대본 쓰기는 그것을 촉진시키는 좋은 방법이 될 것입니다. 대본 쓰기는 사물이나 일들의 현재 상태만을 이야기해오던 당신의 습관을 바꾸어, 그것들이 어떻게 바뀌기를 바라는지에 대해 이야기하도록 도울 것입니다. 또한 당신의 진동을 의식적으로 그리고 의도적으로 발산하도록 도와줄 것입니다.

대본의 줄거리는 자신이 살고 싶은 삶에 대해 써야 한다

우리가 대본 쓰기를 한다면, 먼저 우리 자신을 주인공으로 확인하는 것으로 시작할 것입니다. 그리고 시나리오 속의 다른 주요 배역들을 결정할 것입니다. 그런 다음 장면을 묘사하는 글을 쓸 것입니다. (그것을 글로 쓰는 것이 가장 효과적인데, 특히 처음 시작할 때는 더욱 그렇습니다. 글로 쓸 때 가장 강력한 집중을 일으키기 때문입니다. 하지만 그것을 반복해서 여러 번 쓸 필요는 없습니다.)

언젠가 어떤 부인이 자신이 쓴 대본에 대해 우리에게 이야기하면서 이런 표현을 한 적이 있습니다.

"나는 그 해변을 걸어 내려가고 있는 두 사람을 봅니다."

그래서 우리는 장난스레 질문을 던졌지요.

"좋아요. 당신이 그 두 사람 중 한 명입니까?"

그 때 우리가 말하고자 했던 요점은 이것입니다. 대본 쓰기의 핵심은, 자신이 원하는 삶을 실제로 자신이 체험중인 것처럼 느끼라는 것이지요.

이 과정의 목적은 자신이 체험하기를 바라는 삶의 '느낌'을 연습하는 것입니다. 우주는 당신이 현재 실제로 체험 중인 어떤 것에 대한 반응으로 진동하고 있는지, 아니면 상상하고 있는 어떤 것에 대한 반응으로 진동하고 있는지를 알지도 못할뿐더러 아예 상관하지도 않습니다. 어느 경우이든 우주는 당신이 내보내는 진동 그대로 당신에게 배달할 것입니다.

대본 쓰기를 충분히 자주 반복하면, 그 대본의 내용을 자신의 현실로 받아들이기 시작할 것입니다. 그래서 당신이 그 대본을 현실로 받아들이게 되면, 우주는 그것을 믿게 되고 그 대본대로 반응하게 됩니다.

내가 할 일, 우주가 할 일

☕ 이 연습 과정에 해당하는 감정 범위

22단계 감정 안내눈금

1 단계	기쁨 · 앎 · 권능 · 자유 · 사랑 · 감사	—— POWERFUL
2 단계	열정	
3 단계	열의 · 열망 · 행복	
4 단계	긍정적 기대 · 신념	
5 단계	낙관	
6 단계	희망	
7 단계	만족	
8 단계	권태	
9 단계	비관	
10단계	좌절 · 짜증 · 초조	
11단계	압도감	
12단계	실망	
13단계	의심	
14단계	걱정	
15단계	비난	
16단계	낙담	
17단계	화	
18단계	복수심	
19단계	증오 · 격노	
20단계	질투	
21단계	불안감 · 죄책감 · 무가치함	
22단계	두려움 · 비탄 · 암울 · 절망 · 무력감	—— POWERLESS

☕ 이 과정을 사용하는 때

- 할 일이 너무 많다고 느낄 때
- 자신을 기쁘게 하는 일들에 더 많은 시간을 갖고자 할 때
- 우주적 매니저를 더욱 효과적으로 이용하고자 할 때
- 자신의 현실을 주로 근원 에너지의 흐름을 통해 창조하고자 할 때
- 행동을 통해 현실을 창조하려는 노력을 줄이고자 할 때

☕ 현재의 감정 범위

'내가 할 일, 우주가 할 일' 과정은 자신의 감정이 다음 범위에 위치할 때 가장 큰 효과가 있습니다.

(2) 열정 ·· (11) 압도감

내가 할 일, 우주가 할 일

제리와 에스더의 생활이 발전되고 아이디어와 프로젝트가 많아짐에 따라, 에스더는 해야 할 일들을 노트에 적어서 가지고 다니기 시작했습니다. 그 노트에 적어놓은 일들의 목록이 여러 페이지로 늘어났습니다. 그런데 재미있게도 그 제목은 "오늘 할 일들"이라고 쓰여 있었습니다. 그 일들은 10명이 함께 한다고 해도 오늘 안에는 도저히 처리할 수 없는 분량이었는데도 말이죠.

에스더는 목록에 새로운 항목들을 추가할 때마다 마음이 더 무거워지고 자유가 더욱 제약받는 느낌이 들었습니다. 그녀는 책임감이 강했고 자발적인 천성을 가졌기 때문에, 해야 할 일들이 갈수록 많아지자 커다란 의무감에 짓눌려 자유로운 느낌이 사라지게 되었습니다.

어느 날 레스토랑에 앉아서 음식을 기다리는 동안, 에스더는 노트에 적어 놓은 일들의 목록을 살펴보고 있었습니다. 이미 끝낸 일들은 줄을 그어 지웠습니다. 하지만 하나를 지울 때마다 추가해야 할 세 가지 이상의 일이 떠올랐습니다. 절망감을 느끼게 된 그녀는 우리에게 물었습니다. "아브라함, 도대체 어떻게 해야 할까요?"

우리는 다음과 같이 말했습니다.

"커다란 종이매트place mat(식탁의 접시 밑에 까는 두꺼운 종이받침_역주)를 하나 가져오세요. 그 종이 중간에 세로로 선을 하나 내리 그으세요. 그리고 왼쪽 상단에 〈내가 할 일〉이라고 쓰고, 오른쪽 상단에는 〈우주가 할 일〉이라고 쓰세요."

"이제 당신이 길게 써 놓은 '오늘 할 일들'의 목록을 살펴본 후, 당신이 오늘 반드시 하고 싶은 일들만 골라내세요. 꼭 해야 한다고 느껴지는 일들, 자신이 진짜로 하고 싶은 일들, 어떤 일이 됐든 오늘 꼭 하고 싶은 일들만 골라서 〈내가 할 일〉 아래에 쓰세요. 그런 다음, 다른 모든 일들은 〈우주가 할 일〉 아래에 쓰세요."

에스더는 그 목록을 살펴보고 오늘 꼭 해야 할 일들 몇 개를 골라서 '그녀' 쪽에 써 넣었습니다. 그리고 남아있는 항목들은 '우주' 쪽에 옮겨 쓰기 시작했습니다. 그녀가 해야 할 과제들이 하나씩 하나씩 오른쪽으로 옮겨졌고, 과제들이 옮겨질 때마다 그녀의 마음은 점점 더 가벼워졌습니다.

우리는 에스더에게 설명했습니다. 어떤 일을 이루기 위해서는 단지 두 가지 일만 끝내면 된다는 것을. 즉, 자신이 소망하는 대상을 반드시 확인해야 한다는 것과, 그리고 그것이 일어나도록 허락하는 방법을 알아야만 한다는 것입니다. 당신이 요청할 때마다 그것은 언제나 주어지기 때문입니다.

에스더가 '해야 할 일들'에 대해 생각하고 있을 때는 창조과정의 1단계인 '요청하기'asking 부분을 확실히 증폭시키는 중이었습니다. 하지만 그녀의 혼란스러움과 압도된 느낌은 그녀가 요청해왔던 것을 허용하지 않는 진동상태에 있다는 것을 가리키는 확실한 감정적 지표였습니다.

일들의 여러 항목을 종이매트의 우주 쪽으로 옮기는 동안, 그녀의 저항이 낮아지기 시작했고 진동은 상승하기 시작했습니다. 비록 그 순간에는 깨닫지 못했지만 그녀의 끌어당김 자력은 강화되었으며, 그 즉시 그녀는 소망이 실현되는 것을 허용하기 시작했습니다.

그 후 며칠 동안 에스더가 경험한 일들은 놀라운 것이었습니다. 그녀는 처리 가능한 자신의 짧은 목록의 일들을 아주 쉽게 완수할 수 있었을 뿐만 아니라, 종이매트의 우주 쪽의 항목들도 이루어졌던 것입니다. 그것은 그녀가 별도로 시간을 내거나 신경을 쓰거나 행동을 하지도 않았던 일들이었지요. 전화로 연락이 잘되지 않았던 사람들이 먼저 전화를 걸어왔습니다. 그녀의 스텝들은 스스로 알아서 목록에 있는 일들을 처리한 후 그 결과를 보고하였습니다. 그런데 그 일들은 에스더가 특별히 신경 쓰지도 않았고 그들에게 요청하지도 않았던 일들이었습니다. 마치 더 많은 일들을 할 수 있도록 그녀의 시간이 늘어난 것처럼 느껴졌고, 그녀가 사람과 장소 또는 교통편에 대해서 시간을 안배하는 일도 극적으로 개선되었습니다.

'내가 할 일, 우주가 할 일' 과정을 통해 에스더는 자신의 특정 소망들에 더욱 집중할 수 있게 되었습니다. 그리고 처음으로 그 소망들에 대한 저항을 놓아버리게 되었습니다. 요청하면 그것은 언제나 주어집니다. 그렇지만 당신은 그것을 허용해야만 합니다.

'내가 할 일, 우주가 할 일' 과정에 대해 더 설명해 주세요

에스더와 제리가 점심식사를 할 때면 에스더는 자주 자신의 핸드백에서 커다란 종이를 꺼냅니다. 그녀는 그 종이의 중간에 세로로 줄을 내리그은 후 왼쪽 편에 이렇게 씁니다.

　　오늘의 할 일 : 제리와 에스더.

그리고 줄 오른쪽 편에는 이렇게 씁니다.

　　오늘의 할 일 : 우주.

그런 다음 '그들' 쪽에 자신들이 그날 실행할 예정인 일들을 쓰고, '우주' 쪽에는 우주가 맡아 처리해주기를 바라는 일들을 씁니다.

에스더는 언제나 할 일들에 대한 긴 목록을 만들고는 했습니다. 그녀는 '오늘의 할 일' 목록에 보통 열흘 분의 일을 써가지고 다녔습니다. 다시 말해서, 그녀의 목록에는 하루 동안 처리하기엔 불가능할 정도로 아주 많은 일들이 적혀있어서, 그녀를 의기소침하게 만들곤 했습니다. 하지만 이제 에스더가 새롭게 발견한 방법은 자신이 정말로 하고자 하는 일들만 목록에 적는 것입니다. 그렇게 하면 자신이 하려는 일들을 아주 중시하면서도 저항이 거의 없습니다. 그래서 그녀는 오늘 또는 1년 뒤 혹은 10년 뒤에라도 자신이 꼭 했으면 하는 일들 외에는 모두 목록의 오른쪽 편에 씁니다. 그리고 그것을 우주가 처리하도록 허용합니다.

언젠가 그들이 레스토랑을 나설 때 제리가 그녀에게 물었지요. "여보, '내가 할 일, 우주가 할 일' 종이를 가지고 갈 거예요?" 에스더가 대답했습니다. "이것의 가장 좋은 점은, 바로 뒤처리를 할 필요가 없다는 거예요." 그러면서 에스더는 그 목록을 식탁 위에 남겨 놓았습니다. 우주가 그것을 처리하도록 거기에 놓아두고 온 것이지요. 보시다시피, 뒤처리는 필요 없습니다. 더 이상 그녀를 이리저리 끌고 다니거나 괴롭히는 것은 없습니다. 따라서 이렇게 우주에게 위임하는 일은, 웰빙의 흐름이 자신을 향해 지속적으로 흐르고 있다는 사실을 이해하는 바탕에서 행동하는 것입니다.

당신이 "선택했어", "~를 좋아해", "~에 감사해", "~를 원해"라고 말할 때는 하늘이 당신 편이 되는 순간이며, 그리고 그 순간 비물리적 에너지들이 당신의 소망을 실현하기 위해 움직이기 시작합니다. 바로 그 순간, 근원 에너지가 말로 표현할 수 없을 정도로 빠르게 흐르기 시작하지요. 그리고 온갖 환경들과 사건들이 묘사할 수도 없는 방식으로 조직화되기 시작하면서, 당신이 원하는 것들을 정확히 가져다주기 위해서 자리 잡기 시작합니다. 따라서 당신이 저항하지만 않는다면, 일들은 정말로 빠르게 일어날 것입니다.

원하는 것을 명확히 알아야만 한다

당신은 원하는 것을 계속해서 이야기할 필요는 없습니다. 단지 한 번만 이야기해도 됩니다. 하지만 소망을 반복해서 이야기할 때의 장점은 자신의 소망이 더 명확해진다는 것입니다. 일반적으로 처음 진술할 때에는 자신이 원하는 모든 것을 명확하게 표현할 수 없습니다. 하지만 소망에 대해 더 자주 이야기할수록 소망을 더 명확하게 만듭니다. 그리고 당신이 "나는 그것을 원해"라고 말할 때 우주는 그것을 물질화시키기 시작합니다. 그 후 당신이 "나는 그것이 이런 방식이면 좋겠어."라고 말할 때, 우주는 그것을 수정합니다. 당신이 또 "이것도 조금 있었으면 좋겠어."라고 말하면, 우주는 또 다시 수정을 하게 됩니다. 일들은 그렇게 계속됩니다.

우리가 지금 무엇을 말하는지 이해하시겠지요? 일단 자신이 원하는 것에 대해 명료해지면, 즉 자신이 그것을 목표로 하고 있고, 그래서 원하는 것을 명확히 알고 있다면, 그것은 지금 당신에게 오고 있는 중입니다. 그것은 이루어진 것입니다. 그렇지만 그것의 물질화는 대체로 시간이 좀 흐른 뒤에 일어날 것입니다. 그 이유는 그것을 즉시 받지 못할 만큼 당신이 충분히 많이 저항하고 있기 때문입니다.

시간 마디별 의도하기

☕ 이 연습 과정에 해당하는 감정 범위

22단계 감정 안내눈금

1 단계	**기쁨 · 앎 · 권능 · 자유 · 사랑 · 감사** —— POWERFUL
2 단계	**열정**
3 단계	**열의 · 열망 · 행복**
4 단계	**긍정적 기대 · 신념**
5 단계	**낙관**
6 단계	**희망**
7 단계	**만족**
8 단계	**권태**
9 단계	**비관**
10단계	**좌절 · 짜증 · 초조**
11단계	**압도감**
12단계	**실망**
13단계	**의심**
14단계	**걱정**
15단계	**비난**
16단계	**낙담**
17단계	**화**
18단계	**복수심**
19단계	**증오 · 격노**
20단계	**질투**
21단계	**불안감 · 죄책감 · 무가치함**
22단계	**두려움 · 비탄 · 암울 · 절망 · 무력감** —— POWERLESS

☕ 이 과정을 사용하는 때

- 하루 중 어떤 특정 시간마디 동안에 자신이 주도적인 영향력을 발휘하고자 할 때
- 돈이나 시간이 특별히 필요해서 최대한 많이 확보하고자 할 때
- 뜻대로 잘 진행되지 않을 가능성이 있는 어떤 일을 자신이 바라는 대로 확실하게 진행
  되도록 하고 싶을 때

☕ 현재의 감정 범위

'시간마디별 의도하기' 과정은 자신의 감정이 다음 범위 안에 위치할 때 가장 큰 효
과가 있습니다.

(4) 긍정적 기대/신념 ·· (11) 압도감

시 간 마 디 별 의 도 하 기

이미 확장되어 강력해진 어떤 생각을 바꾸려고 하기보다는, 아직 강력하지 않은 새로운 생각을 가지고 시작해서 그 생각에 초점을 맞추어 확장시키는 일이 더 쉽습니다. 다시 말해, 자신이 현재 체험 중인 현실을 바꾸려고 하기보다는 개선된 미래 체험을 새롭게 창조하는 일이 훨씬 더 쉽다는 뜻입니다.

만약 현재 일어나는 삶의 상황을 주시하고 있다면, 당신은 현재 상황에 대한 주시를 통해 그것을 자신의 미래 체험 속에 투사하고 있는 중입니다. 하지만 현재 상황과는 다른 미래 체험에 초점을 맞추고 있다면, 당신은 지금 다른 체험을 활성화시키고 있는 중입니다. 따라서 그 변화된 체험을 미래 속으로 투사하고 있기에, 당신은 현재의 체험을 미래로 가져가지 않게 됩니다. 그것이 '시간 마디별 의도하기' 과정의 힘입니다. 이 과정은 자신이 옮겨가는 시간 마디의 진동적 특성을 정의하는 과정입니다. 이것은 진동적으로 미리 길을 내는 방식입니다. 말하자면 보다 쉽고 즐거운 여정을 만들기 위한 과정입니다.

현재 기분이 나쁜 상태라면 당신의 진동 파장 안에 상당히 강한 저항이 있다는 것을 의미합니다. 그러면 현재 상태와 아주 다른 생각을 하기 어렵기 때문에 보통 현재와 동일한 진동적 기대를 다음의 시간 마디 속으로 투사하게 됩니다. 그런 이유에서 우리는 어느 정도 기분 좋은 상태일 때 시간 마디별 의도하기를 실행할 것을 권합니다. 만일 지금 기분이 나쁜 상태라면 자신의 기분과 끌어당김 자력을 개선시킬 수 있는 다른 과정을 실행하십시오. 그래서 기분이 더 나아진 다음에 다시 이 강력한 시간 마디별 의도하기 과정을 실행한다면, 더욱 큰 효과가 있을 것입니다.

이 과정은 더 신중한 의도 속에서 자신의 생각에 초점을 맞추도록 도울 것입니다. 그리고 현재 어떤 생각을 품고 있는지 더 민감하게 알아차리도록 도울 것이며 또한 생각을 더욱 의식적으로 선택할 수 있도록 당신을 도와줄 것입니다. 시간이 흐르면서 당신은 새로운 마디에 들어설 때마다 아주 자연스럽게 잠시 멈추어 자신의 의도나 기대를 방향 잡아가게 될 것입니다.

당신이 의도를 바꾸는 순간에는 언제나 새로운 마디에 들어서게 됩니다. 즉, 접시를 닦고 있는데 전화벨이 울린다면 새로운 마디에 들어선 것입니다. 차에 올라타면 새로운 마디에 들어선 것입니다. 다른 사람이 방에 들어오면 당신은 새로운 마디에 들어선 것입니다.

새로운 시간 마디에 들어가기 전에 기대하는 것에 대해 생각해보는 시간을 갖는다면, 아무런 생각 없이 들어가서 이미 되어있는 어떤 것을 있는 그대로 관찰하는 것보다, 그 시간 마디를 좀 더 자신이 의도하는 방향으로 이끌어갈 수 있게 됩니다.

예를 들어보겠습니다.

당신은 지금 저녁식사를 위해 요리를 하는 중입니다. 식사준비를 하는 일의 리듬과 흐름을 즐기고 있습니다. 모든 것이 계획한 대로 진행되고 있고, 당신은 모든 일이 제대로 잘 되기만을 기대하고 있습니다.

이 때 전화벨이 울립니다(이제 당신은 새로운 마디에 들어섭니다). 당신은 그 전화를 받지 않겠다는 의도를 갖습니다. 나중에 시간이 있을 때 응답 전화를 하겠다고 생각합니다.

그래서 현재 자신이 하고 있는 식사준비의 리듬과 흐름은 흐트러지지 않았습니다. 즉, 당신의 시간 마디는 약간 바뀌었지만 당신은 균형을 그대로 유지하였습니다. 따라서 모든 일이 순조롭게 잘 진행됩니다.

그런데 또 전화벨이 울립니다(당신은 또 새로운 마디에 들어섭니다). 중요한 전화를 기다리고 있던 중이라는 사실이 생각났고 그 전화를 놓치고 싶지 않습니다. 그래서 이 새로운 시간 마디 안에서, 효율적인 간단한 통화로 필요한 정보를 예의바르게 빨리 얻어내겠다는 의도를 갖습니다. 이렇게 미리 확립해놓은 긍정적인 흐름 덕분에 당신의 긍정적인 기대는 그 흐름에 완벽하게 맞아떨어집니다. 전화기를 집어들기 전에 당신은 이미 자신의 기분 좋은 의도에 부합하는 대화를 준비합니다.

당신은 스스로 그렇게 하고 있다는 사실을 알아차리지 못하는 가운데 끊임없이 자신의 미래 체험에 대한 진동적인 길을 미리 내고 있는 중입니다. 자신의 기대를 미래 체험 속으로 쉼 없이 투사하고 있는 중이지요. 그렇기에 이 시간 마디별 의도하기는 자신이 미래 속으로 투사하고 있는 것을 의식적으로 숙고하도록 도와줍니다. 이 과정을 통해 당신은 미래의 시간 마디에 대한 통제력을 갖게 될 것입니다.

당신은 가까운 미래 체험이나 조금 먼 미래 체험들에 대해 미리 길을 낼 수 있습니다. 자신의 의도적인 생각이 자신의 체험에 어떤 긍정적인 영향을 주는지 볼 수 있는 기회를 갖게 되면, 당신은 이 과정을 더 자주 실행하려고 할 것입니다. 그리고 다른 모든 과정들과 마찬가지로 더 자주 실행할수록 더욱 숙달되게 되고, 한층 더 재미있어집니다. 그래서 더욱 더 좋은 결과를 얻게 됩니다.

만약 새롭게 맞이하게 될 마디 안에 당신이 전혀 좋아하지 않는 일이 포함되어 있을 때는 시간 마디별 의도하기를 실행하기에 적절한 시간이 아닙니다. 물론 전혀 의식적인 의도를 갖지 않고서 새로운 마디에 들어서는 것보다는 더 나을 수 있겠지만, 가능하다면 먼저 더 어려운 상황을 다루는 과정들(과정 13부터 22까지)중 하나를 실행하는 것이 더 나을 것입니다.

예를 들어, 시댁을 방문하려고 하는데 시어머니가 당신을 좋아하지 않는다고 스스로 믿고 있는 경우, 또는 사무실에 일하러 가는 중인데 함께 일하는 동료는 늘 여러 가지로 당신을 괴롭히는 경우가 이에 해당될 것입니다.

자신이 어떤 느낌을 원하는지 그리고 그 마디가 어떻게 펼쳐지면 좋을지를 결정하려고 할 때, 긍정적인 시나리오를 생각해내기 위해 애쓰고 있는 자신을 발견한다면 이 과정을 중단하는 것이 좋습니다. 그럴 때는 자신의 마음속에 있는 그 생각의 주제를 바꾸시기 바랍니다. 다른 즐거운 일에 대해 생각하십시오. 그런 다음 이 과정을 실행하십시오.

'시간 마디별 의도하기'에 대해 좀 더 이야기 해 주세요

당신은 지금 경이로운 물리적 시간대에 살고 있습니다. 당신은 세계의 모든 곳으로부터 오는 생각의 자극에 접근할 수 있는 고도의 첨단 기술 사회에 살고 있습니다. 이 모든 것들로부터 당신은 이익을 얻고 있는데, 그것들이 커다란 성장의 기회를 제공하기 때문입니다. 하지만 그 수많은 생각의 자극은 얼마간의 불이익도 주는데, 그것은 혼란의 형태로 옵니다. 그 이유는 한 주제에 집중적으로 초점을 맞출 때는 명료함을 느끼게 되지만 한꺼번에 수많은 주제에 초점을 맞추려고 할 때는 혼란스러워지기 때문입니다.

당신은 본성적으로 수용적인 존재입니다. 사고 과정은 매우 빠릅니다. 그리고 당신이 어떤 주제를 숙고할 때, 그것에 관한 어떤 것이라도 성취될 때까지 끌어당김의 법칙의 힘에 의해서 그 주제는 당신에게 더욱 더 명료해집니다. 하지만 사람들은 무수한 생각의 자극에 노출되어있기 때문에, 아주 극소수의 사람만이 그 주제가 훨씬 크게 발전할 만큼 충분히 오랫동안 집중된 상태를 유지합니다. 대다수의 사람들은 그처럼 많고 다양한 생각들로 인해 주의가 매우 분산되어 있기 때문에, 어떤 한 생각을 높은 단계까지 발전시키지 못합니다.

의식적인 창조를 위한 열쇠

시간 마디별 의도하기 과정의 핵심은 자신이 원하는 것을 명확하게 알아차리는 것입니다. 그래서 당신은 이 과정을 통해 원하는 것을 뜻대로 끌어당기기 시작할 수 있습니다.

여기 의식적인 창조를 하기 위한 열쇠가 있습니다.

자기 자신을 매 순간 자신의 기분과 일치하는 것을 끌어당기는 일종의 자석이라고 생각하십시오. 스스로 명료하고 통제력이 있다고 느낄 때, 명료한 상황들을 끌어당깁니다. 행복하다고 느낄 때 자신을 행복하게 해줄 상황들을 끌어당깁니다. 건강하다고 느낄 때 건강을 가져올 상황들을 끌어당깁니다. 성공적이라고 느낄 때 자신을 성공하게 만들 상황들을 끌어당깁니다. 자신이 사랑 받고 있다고 느낄 때 사랑 받을 수 있는 상황이나 환경을 끌어당깁니다. 이렇게 자신의 '느낌'이야말로 실제적인 끌어당김 자력인 것입니다.

따라서 시간마디별 의도하기 과정의 효과는 하루 중에 여러 번 잠깐씩 멈추고 다음과 같이 말하는 데 있습니다.

"이것은 내 삶에서 지금 이 순간부터 원하는 것이다. 나는 이것을 원하고 또 기대한다."

이런 강력한 말을 사용함으로써 당신은 우리가 '선택적으로 걸러내는 사람Selectives Sifter'이라고 부르는 존재가 됩니다. 이제 당신은 자신의 체험 속에 자신이 바라는 것만을 끌어당기게 됩니다.

시간 마디별 의도하기가 그러한 효과가 있는 이유는, 자신이 숙고하고 싶은 게 많을 지라도 그 모든 것을 동시에 생각하면 압도되고 혼란스러워지기 때문입니다. 시간의 마디들마다 의도하는 것의 유익한 점은, 한꺼번에 여러 가지를 의도하지 않는다는 것에 있습니다. 당신은 이렇게 말해야 합니다.

"지금 내가 원하는 것은 무엇인가?"

많은 것을 동시에 원하게 되면 혼란이 가중됩니다. 하지만 어느 순간에든 자신이 원하는 것에만 초점을 맞추면 자신의 창조에 명확성과 힘을 가져옵니다. 그래서 창조의 속도가 빨라집니다. 따라서 시간 마디별 의도하기의 핵심은, 새로운 마디에 들어설 때마다 잠시 멈추어서, 자신이 가장 원하는 것을 확인하고, 그것에 주의를 집중시키는 일입니다. 그래서 원하는 그것으로 힘을 끌어들이는 것이지요.

어떤 사람들은 하루 중에 몇 개의 마디 동안은 집중된 상태에 있습니다. 하지만 긴 시간 동안 집중 상태를 유지하는 사람은 매우 적습니다. 그러므로 각각의 마디를 알아차리고 그 마디에서 가장 중요한 것이 무엇인지 확인하려는 의도를 갖게 되면, 당신은 온종일 각각의 마디 안에서 자신의 의도대로 끌어당기는 사람 또는 창조자로 살아가게 됩니다.

이 과정을 통해 당신은 더욱 생산적이 될 뿐만 아니라, 더욱 행복하게 된다는 사실도 발견할 것입니다. 당신이 신중하게 의도하고 그런 다음 허용하고 받아들이게 될 때, 아주 큰 만족감을 느끼게 되기 때문이지요. 당신은 천성적으로 성장을 추구하는 존재입니다. 그렇기에 앞을 향해 나아갈 때 당신은 가장 행복합니다. 하지만 정체되어 있다고 느낄 때 당신은 행복한 상태에 있지 않습니다.

'시간 마디별 의도하기'의 예

어떤 하루를 예로 들어 이 과정을 설명하겠습니다.

하루를 보내면서, 당신은 옮겨가고 있는 시간 마디들을 알아차리고 각각의 새로운 마디마다 미리 자신이 원하는 것을 의식적으로 의도합니다. 그리고 하루 일과를 마치고 침대로 가기 직전에 이 과정을 적용하기로 결정했습니다.

당신은 잠자는 상태로 들어가는 것이 체험의 새로운 마디라는 것을 압니다. 그래서 잠들 준비를 하고 침대에 누워서 충만한 휴식을 가져다 줄 잠에 대한 의도를 세웁니다. 신체 기관들이 원기를 회복한다는 의도와 함께 다음날 상쾌한 기분으로 깨어나는 자신의 모습을 상상합니다.

다음 날 아침에 눈을 뜰 때, 당신은 체험의 새로운 마디에 들어섰음을 인식합니다. 그리고 침대에 그대로 누워있을 때부터 일어나서 움직이기 시작할 때 까지가 하나의 마디임을 알아차립니다. 그 마디를 위해 다음과 같이 의도합니다.

"여기 누워있는 동안에, 오늘 하루에 대한 명확한 그림을 그리고자 한다. 나는 오늘 더욱 활기차고 열정적인 하루를 보내게 되길 의도한다."

그런 생각을 하면서 누워 있으면, 다가오는 하루에 대해 상쾌한 기분과 활력이 느껴지기 시작할 것입니다.

침대에서 일어나면, 이제 새로운 마디에 들어섭니다. 이 마디는 오늘 하루를 위해 자신을 준비하는 시간입니다. 그래서 양치질하고 샤워를 하거나 또는 어떤 다른 행위를 할 때, 그 시간을 즐기고 자신을 고양시키는 시간으로 만들어 오늘 하루를 위해 자신을 잘 준비하는 마디가 되도록 하겠다는 의도를 갖습니다.

그런 다음 아침식사를 준비하는 마디에서 당신의 의도는, 식사준비를 효과적으로 하고 몸의 여러 기관들을 위해 영양소가 균형 잡힌 음식을 선택하는 것입니다. 또한 아침식사를 통해서 몸에 영양보충을 하고, 기운을 회복하고, 식사시간을 즐기는 것입니다. 이러한 의도를 세움에 따라, 아침식사를 하는 중에 자신이 재충전되고 기운을 되찾고 상쾌해진 것을 느낄 것입니다. 그래서 그런 의도를 갖지 않았을 때보다 음식을 더욱 맛있게 즐기게 됩니다.

전화벨이 울릴 때, 이제 또 새로운 마디에 들어선다는 것을 인식합니다. 수화기를 집어 들고 누가 전화했는지 확인합니다. 그리고 대화를 나누기 전에, 먼저 자신이 말하고자 하는 것을 명확하게 의도합니다.

차에 타거나 차를 몰고 일터나 다른 어딘가를 향해 가고 있을 때, 다음과 같이 의도합니다. 즉, 안전하게 이동하는 것과 이동하는 도중에 상쾌하고 행복하게 느끼고, 도로 상의 다른 운전자들의 의도를 잘 알아차려 안전하고도 효과적으로 교통 흐름을 따라 운전하겠다는 의도를 갖습니다.

차에서 내릴 때, 이제 또 다른 새로운 마디에 들어섰습니다. 그래서 잠시 멈추어 다음과 같은 자신의 모습을 상상합니다. 현재 있는 곳에서 가고자 하는 곳으로 걸어가면서 기분 좋게 느끼고 있는 자신의 모습을. 그리고 효율적이고 안전하게 움직이고자 하는 의도와, 신체기관들의 생명력과 사고체계의 명확성을 느껴보려는 의도를 가지고, 기분 좋게 걷고 있는 자신의 모습을 상상합니다.

그리고 이제 막 들어서려고 하는, 다음 마디에 대한 비전이나 의도를 세우는 자신의 모습을 상상합니다. 자신의 비서나 동료들 또는 사장에게 인사하는 모습을 상상합니다. 또한 늘 다른 사람을 고양시키고 항상 웃을 준비가 되어 있는 자신의 모습을 상상합니다. 그리고 자신이 만나게 될 모든 이들이 신중한 의도 속에서 살아가는 것은 아니라는 사실을 인식하고 있지만, 자신의 신중한 의도에 의해 자신의 모든 체험을 통제할 수 있게 되어 다른 사람의 의도나 영향력에 휩쓸리지 않을 것임을 잘 알고 있는 자신의 모습을 상상합니다.

물론, 당신의 시간 마디는 우리가 예를 든 것과 똑같지는 않을 것입니다. 그리고 시간의 마디들이 매일 똑같지도 않을 것입니다. 이 과정을 처음 시작했을 때는, 마디들이 그렇게 빨리 구분되지는 않겠지만 반복해서 자주 실행하다보면 점점 빨라지게 됩니다. 어떤 사람은 작은 노트를 가지고 다니면서, 실제로 가끔씩 멈추어 시간 마디를 확인한 후 자신의 의도를 글로 적는 것이 더 효과적이라는 사실을 발견할 것입니다. 글로 쓰고 있을 때 가장 명료해지고 가장 강하게 집중된 상태가 되기 때문이지요. 따라서 이 시간 마디별 의도하기를 처음 시작하는 단계에서는, 자신의 의도를 노트에 적는 것이 매우 큰 효과가 있다는 사실을 알게 될 것입니다.

당신이 그렇게 하루를 보내고 있을 때는 자신의 의도가 만들어내는 힘과 영향력을 느끼게 됩니다. 즉, 자신이 영광스러울 정도로 강한 힘을 가진 존재라는 느낌이 들 것입니다. 또한 스스로 삶의 체험을 창조적으로 통제하고 있는 자신의 모습을 반복해서 보게 됨에 따라, 자신이 될 수 없고, 할 수 없고, 가질 수 없는 것은 아무것도 없다는 것을 느끼게 될 것입니다.

감정 연습 III

부정에서 긍정으로

만약 ~ 라면 얼마나 멋질까

☕ 이 연습 과정에 해당하는 감정 범위

22단계 감정 안내눈금

1 단계	**기쁨 · 앎 · 권능 · 자유 · 사랑 · 감사**	—— POWERFUL
2 단계	**열정**	
3 단계	**열의 · 열망 · 행복**	
4 단계	**긍정적 기대 · 신념**	
5 단계	**낙관**	
6 단계	**희망**	
7 단계	**만족**	
8 단계	**권태**	
9 단계	**비관**	
10단계	**좌절 · 짜증 · 초조**	
11단계	**압도감**	
12단계	**실망**	
13단계	**의심**	
14단계	**걱정**	
15단계	**비난**	
16단계	**낙담**	
17단계	**화**	
18단계	**복수심**	
19단계	**증오 · 격노**	
20단계	**질투**	
21단계	**불안감 · 죄책감 · 무가치함**	
22단계	**두려움 · 비탄 · 암울 · 절망 · 무력감**	—— POWERLESS

☕ 이 과정을 사용하는 때

- 부정적인 생각 속에서 저항의 진동을 발산하고 있음을 깨닫고 생각을 긍정적인 방향으로 돌리고자 할 때
- 이미 기분 좋은 상태에서, 훨씬 더 기분 좋게 되기 위해 삶의 어떤 영역들에 특별히 더 집중하고자 할 때
- 어떤 부정적인 대화 또는 부정적이 될 가능성이 있는 대화를 긍정적인 방향으로 이끌어가고 싶을 때, 또는 다른 누군가를 긍정적인 방향으로 부드럽게 이끌어가고자 할 때

☕ 현재의 감정 범위

'만약 ~라면 얼마나 좋을까' 과정은 자신의 감정이 다음 범위에 위치할 때 가장 큰 효과가 있습니다.

(4) 긍정적 기대/신념 ·· (16) 낙담

만약 ～ 라면 얼마나 멋질까

"나는 아직까지 일어나지 않은 이 일이 일어나길 원해."라고 말할 때, 당신은 그 소망의 진동을 활성화시킬 뿐만 아니라, 소망이 결핍된 진동 또한 활성화시킵니다. 따라서 아무런 변화도 일어나지 않습니다. 당신이 그 말의 앞부분은 말하지 않은 채, 단지 "이 일이 일어나길 원해."라고만 말하더라도, 당신 내면에는 말해지지 않은 진동이 있어서 자신을 계속해서 소망을 허용하지 않는 진동 상태에 묶어두게 됩니다.

하지만 "만약 이 소망이 이루어진다면 얼마나 멋질까?"라고 말할 때, 당신은 본질적으로 저항이 훨씬 적은 다른 종류의 기대를 갖게 됩니다.

당신이 스스로에게 던지는 이 질문은 좀 더 긍정적이고 기대적인 반응을 자신으로부터 자연스럽게 이끌어냅니다. 단순하지만 강력한 효과가 있는 이 게임은, 당신을 자연스럽게 원하는 대상으로 향하도록 만들기 때문에 당신의 진동을 상승시키고 끌어당김 자력을 개선시킬 것입니다. '만약～라면 얼마나 멋질까' 게임*은 자신이 요청해

---

* 만약 ～라면 얼마나 멋질까? 게임은 뒷부분은 응용해서 '～라면 얼마나 좋을까?', '～라면 얼마나 행복할까?' 등으로 다양하게 사용할 수 있습니다_역주

왔던 온갖 다양한 것들을 삶 속으로 허용할 수 있도록 당신을 도울 것입니다.

- (만약) 내가 이 친구들과 지금까지 가졌던 시간 중 최고의 시간을 갖게 된다면 얼마나 멋질까?
- (만약) 교통 체증이 없이 여행을 즐길 수 있다면 얼마나 좋을까?
- (만약) 직장에서 하루를 효율적으로 보낸다면 얼마나 멋질까?

이 게임의 주제는 새로운 멋진 관계를 찾아내는 것이 될 수도 있습니다. 예를 들어,

- (만약) 내가 그를 사랑하는 것처럼 나를 사랑하는 최고로 멋진 파트너를 만나게 된다면 얼마나 행복할까?
- (만약) 새로운 연인을 만나 함께 해질녘까지 왈츠를 춘다면 얼마나 멋질까?
- (만약) 나와 꼭 같은 사람을 찾고 있는 누군가를 만난다면 얼마나 좋을까?

이 게임이 매우 중요하고 대단히 강력한 효과가 있는 이유는, '만약 ~라면 얼마나 멋질까?'라고 말할 때, 당신은 자신이 원하는 것을 선택하고 있으며, 그 원하는 대상에 대해 부드럽고 편안한 상태가 되어 있기 때문입니다. 요컨대, 그 순간 당신은 심각하지 않은 상태에

서 훨씬 더 부드러운 진동을 발산합니다.

또 다른 예로, 당신이 몸무게를 줄이길 원한다고 가정해봅니다.

- 확실한 효과가 있는 체중조절 방법을 발견한다면 얼마나 좋을까?
- 내 몸의 신진대사가 조금 더 원활해진다면 얼마나 좋을까?
- 내 오랜 소망들이 이루어진다면 얼마나 행복할까?
- 예전의 몸무게를 되찾게 된다면 얼마나 멋질까?
- 다이어트에 성공한 사람을 만나 그 방법을 배우게 된다면 얼마나 좋을까?
- 이 사진 속의 모습과 같아진다면 얼마나 행복할까?

그렇지만, 내면의 이성적인 논리는 이렇게 속삭일지도 모릅니다. "나는 아주 오랫동안 이런 상태잖아, 몸무게를 줄이는 방법을 알았거나 그럴 능력이 있었다면, 벌써 그렇게 됐을 거야." 이 때 당신은 소망을 방해하는 생각을 일으키고 있는 중입니다. 따라서 이전과 같은 진동에 자신을 붙들어 둡니다. 하지만 당신이 '만약 ~라면 얼마나 멋질까' 게임을 실행하면, 그런 저항의 진동이 대부분 사라질 것입니다.

- 몸이 내가 꿈꿔왔던 상태가 된다면 얼마나 멋질까?

- 예전에 비해 체중조절을 훨씬 더 쉽게 하는 방법을 발견한다면 얼마나 멋질까?
- 내가 근원 에너지에 정렬되어, 주위의 모든 것들도 근원 에너지와 진동적으로 조화를 이룬다면 얼마나 멋질까?
- 몸의 세포들이 내 마음속 그림대로 따라준다면 얼마나 좋을까?
- 내 몸에 대해 편안해질 수 있다면 얼마나 좋을까?
- 음식물에 대해 내 몸이 지금과 달리 반응한다면 얼마나 좋을까?
- 운동을 하고 싶은 의욕이 생긴다면 얼마나 멋질까?
- 몸의 소화기능이 최상의 상태가 되어 소화과정이 힘들지 않고 쉽게 이루어진다면 얼마나 행복할까?
- 음식물에 대한 나의 생각들이 근원과 조화를 이루어, 내 몸이 진정으로 원하고 필요로 하는 음식물을 섭취하는 기쁨을 맛볼 수 있다면 얼마나 행복할까?

이 게임을 가벼운 마음으로 실행해갈 때, 당신은 근원과 일치된 자리로 자신을 데려갑니다. 이 게임 이외에도 도움이 되는 또 다른 방법이 있습니다. 그것은 몸에 대한 관심을 끊고 더 이상 몸에 대해 생각을 하지 않는 것입니다. 하지만 당신은 어디를 가든 자신의 몸과 함께 가기에, 몸에 대해 생각하지 않는다는 것은 대단히 어려운 일입니다. 다시 말해서, 몸에 대한 생각을 마음에서 내려놓는다는 것은 그토록 어려운 일이기 때문에, '만약 ~라면 얼마나 멋질까?'라는 즐거운 생각을 지속적으로 선택해가는 것이 훨씬 더 효과적입니다.

이 게임을 하는데 있어 한 가지 더 말씀드리고 싶은 것은, 너무 즉각적인 결과를 기대하지는 말라는 것입니다. 원하는 결과는 그렇게 되기 위한 완벽한 시간에 올 것이기 때문입니다. 다시 말해서, 당신은 몸에 관한 자신의 생각과 행동을 통해서 작은 세포적 사회(자신의 물리적 몸)을 커지게 만들었는데, 이제 그것을 다시 줄이려고 합니다. 그에 따라 세포들 사이에 어떤 협력이 일어나기 시작하며, 모든 세포들이 그 일에 기꺼이 협력하고자 합니다. 그들은 희생되는 게 아닙니다. 그들은 커진 몸을 줄이기 위해 소멸되는 동료 세포들을 위한 세포 차원의 작은 장례식을 치르지도 않습니다. 세포들은 슬퍼하며 이렇게 말하지도 않습니다. "아, 그녀는 우리들 중에서 25퍼센트를 죽이려 하고 있어."

지금 일어나고 있는 일은 어떤 집단적인 조화입니다. 세포들은 준비하기 시작합니다. 그렇게 준비를 하고 또 준비되는 동안 필요한 모든 것들이 조화를 이루어가기 시작합니다. 그것은 당신이 이전에 시도했었지만 이룰 수 없었던 일입니다. 하지만 당신의 몸은 무엇을 해야 하는지 알고 있습니다. 몸은 이 모든 것을 이루기 위해 모든 세포들과 자발적인 합의와 일치를 이뤄내고 있습니다.

따라서 당신이 자신의 몸에 관해 '만약 ~라면 얼마나 멋질까' 게임을 유연한 방식으로 실행하면, 몸의 나머지 기관들은 세포차원의 앎속에서 자연스럽게 처리됩니다. 그것의 의미는 다음과 같습니다. 즉, 어떤 세포가 없어져야 할지를 당신이 결정하지 않듯이, 음식이나 운동에 대해 신경을 쓰는 것은 당신이 해야 할 일이 아니라는 것입니다. 세포적 앎의 차원에서 처리되는 일입니다. 당신이 바라는 대상이 무엇이든 '만약 ~라면 얼마나 멋질까?'라는 이 말에 대한 반응으로서 그 소망을 구현하기 위한 어떤 조직화가 자연스럽게 일어납니다. 그러니 이 게임을 실행할 때면 모든 것들이 조화를 이루게 된다는 사실을 신뢰하십시오. 그러면 반드시 그렇게 될 것입니다.

어떤 생각이 더 기분 좋게 느껴집니까?

☕ 이 연습 과정에 해당하는 감정 범위

22단계 감정 안내눈금

1 단계	**기쁨 · 앎 · 권능 · 자유 · 사랑 · 감사**	—— POWERFUL
2 단계	**열정**	
3 단계	**열의 · 열망 · 행복**	
4 단계	**긍정적 기대 · 신념**	
5 단계	**낙관**	
6 단계	**희망**	
7 단계	**만족**	
8 단계	**권태**	
9 단계	**비관**	
10단계	**좌절 · 짜증 · 초조**	
11단계	**압도감**	
12단계	**실망**	
13단계	**의심**	
14단계	**걱정**	
15단계	**비난**	
16단계	**낙담**	
17단계	**화**	
18단계	**복수심**	
19단계	**증오 · 격노**	
20단계	**질투**	
21단계	**불안감 · 죄책감 · 무가치함**	
22단계	**두려움 · 비탄 · 암울 · 절망 · 무력감**	—— POWERLESS

☕ 이 과정을 사용하는 때

- 부정적인 생각 속에서 저항의 진동을 발산하고 있음을 알게 되어, 생각을 긍정적인 방향으로 돌리고자 할 때
- 이미 기분 좋은 상태에서, 훨씬 더 기분 좋게 되기 위해서 삶의 어떤 영역들에 특별히 더 집중하고자 할 때
- 어떤 부정적인 대화 또는 부정적이 될 가능성이 있는 대화를 긍정적인 방향으로 이끌어가고 싶을 때, 또는 다른 누군가를 긍정적인 방향으로 부드럽게 이끌어가고자 할 때

☕ 현재의 감정 범위

'어떤 생각이 더 기분 좋게 느껴집니까?' 과정은 자신의 감정이 다음 범위에 위치할 때 가장 큰 효과가 있습니다.

(4) 긍정적 기대/신념 ··· (16) 낙담

어떤 생각이 더 기분 좋게 느껴집니까?

삶의 모든 주제는 사실상 두 가지뿐입니다. 그것은 자신이 '원하는 것'과 '원하는 것의 결핍'에 관한 것입니다. 만약 이 두 가지가 서로 아주 다른 진동주파수라는 사실을 알지 못한다면, 실제로는 자신이 결핍 쪽에 초점을 맞추고 있으면서도 소망하는 것에 초점을 맞추고 있다고 잘못 믿을 수도 있습니다.

어떤 사람은 병든 몸에 대한 두려움에 초점을 맞추고 있으면서도 자신이 건강한 몸에 초점을 맞추고 있다고 믿습니다. 또 어떤 사람은 돈을 충분히 갖고 있지 않다는 사실에 초점을 맞추고 있으면서도 재정상황의 개선에 대해 생각하고 있다고 믿습니다.

사람들은 돈이나 건강에 대해서 생각하고 있다는 이유로, 그 주제에 생각의 초점을 맞출 때는 언제나 자신이 원하는 것을 생각한다고 믿습니다. 그러나 실제로는 그렇게 하지 않을 때가 더 많습니다. 그들은 흔히 이렇게 말합니다. "나는 아주 오랫동안 이것을 원해왔었는데, 왜 아직도 이루어지지 않고 있는 거죠?" 그들이 이렇게 말하는 이유는 모든 주제는 오로지 두 가지 주제, 즉 원하는 것과 원하는 것의 결핍에 관한 것이라는 사실을 아직 깨닫지 못하고 있기 때문입니다.

예를 들어, 그들은 돈에 관해서 이야기하고 있기 때문에 자신이 원하는 것에 대해 이야기하고 있다고 생각합니다. 하지만 실제로는 원하는 것과 전혀 반대되는, 즉 돈이 없다는 사실에 초점을 맞추고 있습니다. 당신이 실제로 발산하고 있는 진동의 내용물이 무엇인지는, 자신이 어떻게 느끼고 있는지 알아차릴 때만 알 수 있습니다. 그런데 이제 당신은 약간의 연습을 통해서 자신이 어느 쪽에 초점을 맞추고 있는지 언제나 정확히 알 수 있게 될 것입니다.

'어떤 생각이 더 기분 좋게 느껴집니까?' 과정은 현재 자신이 품고 있는 생각의 진동주파수를 의식적으로 확인하는 데 도움이 됩니다.

이 게임은 혼자 있을 때 가장 효과적으로 실행할 수 있습니다. 어떤 생각이 자신에게 가장 기분 좋게 느껴지는지를 알 수 있거나 이해할 수 있는 사람은 다른 누구도 아닌 당신 자신이기 때문이지요. 다른 사람들과 어울리고 있을 때는 종종 어떤 생각이 자신에게 실제로 기분 좋게 느껴지는 것인지, 아니면 다른 누군가가 자신에게 그렇게 생각하기를 원하기에 선택한 것인지 혼란스러울 수 있습니다.

자신이 어떻게 느끼는지를 확인하는 동안에는, 다른 사람들의 생각, 소망, 견해, 신념들은 일체 옆으로 치워놓는 것이 중요합니다.

이 게임을 실행하기에 좋은 때는 언제일까

무한한 주제들에 대해 당신이 할 수 있는 생각들은 무한히 많습니다. 하지만 당신이 삶에서 겪는 경험과 대조적 환경은 초점을 맞추고 싶은 주제가 무엇인지 확인할 수 있도록 돕고 있습니다.

이 게임은 특별히 삶 속에서 강한 부정적인 감정을 불러일으키는 일이 발생했을 때 실행하면 큰 도움이 됩니다.

부정적인 감정이 저항의 표지임을 이해하고, 그리고 저항이야말로 원하는 것을 오지 못하게 가로막는 유일한 장애물이라는 사실을 깊이 이해하게 된다면, 당신은 자신의 새로운 주제에서 느껴지는 저항을 놓아버리기 위해 무언가를 하겠다고 결심하게 될 것입니다.

'어떤 생각이 더 기분 좋게 느껴집니까?' 게임의 예

이 과정은 몇 분 동안 자리에 앉아서 자신의 생각을 종이 위에 적을 때 가장 효과적입니다. 이 게임을 충분히 자주 실행하다보면, 그저 생각을 떠올리는 것만으로도 성공적으로 실행할 수 있을 것입니다. 하지만 종이 위에 쓰게 될 때는 초점이 훨씬 더 강력해지고, 자신이 선택한 생각의 방향을 더 쉽게 느낄 수 있습니다.

이 과정을 시작하기 위해, 먼저 적당한 주제를 하나 고른 다음 그것에 대해 자신이 지금 어떻게 느끼고 있는지에 대한 짤막한 진술문을 하나 적습니다. 어떤 일이 일어났는지를 묘사할 수도 있습니다. 하지만 여기서 가장 중요한 것은 자신이 그것에 대해 어떻게 느끼고 있는지를 진술하는 것입니다.

그런 다음, 자신의 느낌을 자세히 표현하는 또 다른 진술문을 적습니다. 이러한 진술은 당신이 이 과정을 실행함에 따라 기분이 조금이라도 나아졌을 때 그 사실을 더 쉽게 알아차리도록 도와줍니다.

예를 들어, 당신은 방금 딸과 말다툼을 했습니다. 딸이 집안정리를 전혀 도와주지 않기 때문입니다. 딸은 자신의 개인적인 물건들조차 치우지 않는데다 딸의 방은 그야말로 난장판입니다. 당신이 집안을 정리하고 청소하기 위해 노력하는데도 딸은 전혀 관심이 없는 듯합니다. 딸은 도와주지도 않을뿐더러 마치 의도적으로 당신을 방해하려는 듯해 보입니다. 그래서 다음과 같이 씁니다.

- 그 아이는(또는 딸의 이름을 씀) 의도적으로 나를 힘들게 하려고 해.
- 그 아이는 나를 전혀 배려하지 않고 있어.
- 그 아이는 심지어 자기 일조차 전혀 신경 쓰지 않아.

일단 자신이 지금 실제로 어떻게 느끼고 있는지를 보여주는 진술문을 몇 개 적었으면, 자신에게 다음과 같이 말하십시오.

"나는 이 주제에 대해서 조금이라도 더 기분이 좋아지는 다른 생각을 찾고자 한다."

그리고 이제 새로운 진술문을 적어 나갑니다. 그런 후, 당신이 적은 각각의 생각들이 처음 시작했을 때 가졌던 생각에 비해 더 기분 좋게 느껴지는지, 똑같은지, 아니면 더 기분 나쁘게 느껴지는지를 평가합니다.

- 그 아이는 내 말을 전혀 듣질 않아. (같음)
- 그 아이가 좀 더 책임감이 있었으면 좋겠어. (같음)
- 그 아이의 뒤를 따라다니며 흘린 것들을 치울 수만은 없어. (같음)
- 내가 그 아이를 좀 더 잘 가르쳤어야만 해. (더 나쁨)
- 애 아빠가 나를 좀 더 도와주면 좋겠어. (더 나쁨)
- 청결한 집은 나에게 중요해. (약간 더 좋음)
- 나는 그 아이가 생각이 많다는 것을 알아. (더 좋음)
- 내가 10대였을 때 어떠했는지 기억이 나. (더 좋음)
- 그 아이의 사랑스러웠던 어린 시절이 기억이 나. (더 좋음)
- 사랑스러웠던 어린 시절의 그 아이로 돌아갔으면 좋겠어. (더 나쁨)
- 이 상황을 어찌해야 할지 모르겠어. (더 나쁨)
- 그래, 이 일을 오늘 다 해결해야만 하는 건 아니지. (더 좋음)
- 그 아이는 내가 좋아하는 점들도 아주 많이 갖고 있지. (더 좋음)
- 삶에는 깨끗한 집보다 더 중요한 게 있다는 사실을 알아. (더 좋음)
- 내가 청결한 집을 원한다는 것을 그 아인 받아들여야만 해. (더 나쁨)
- 내가 청결한 집을 원하는 것은 옳은 일이야. (더 좋음)

• 그 애가 지금 그것에 대해 신경을 쓰지 않아도 괜찮아. (더 좋음)

기억하십시오. 여기에 맞거나 틀린 대답은 없습니다. 그리고 다른 사람은 그 누구든 당신에게 어떤 생각이 더 기분 좋은 느낌을 주는지 또는 더 기분 나쁜 느낌을 주는지 알 수 없습니다. 이 과정을 통해 당신은 자신의 생각에 따르는 느낌을 알아차리게 되어, 자신에게 더 기분 좋은 느낌을 주는 생각들을 선택하는 일에 더욱 능숙해질 것입니다.

많은 사람들은 이런 질문을 할 것입니다.
"하지만 딸의 막돼먹은 나쁜 습관들에 대해 기분 좋게 느끼는 것이 도대체 뭐가 좋습니까? 내가 생각을 바꾸더라도 딸은 행실을 바꾸지 않을 텐데요."
우리는 다음과 같은 사실을 말하고 싶습니다.
"당신의 생각은 당신과 관계있는 모든 것과 모든 사람들의 행동을 변화시킬 것입니다. 그 이유는 당신의 생각이 바로 당신의 끌어당김 자력과 절대적으로 동일하기 때문입니다. 그래서 당신의 기분이 더 좋아질수록 주위의 모든 것과 모든 사람도 더욱 좋아지게 됩니다. 당신의 느낌이 더 나아지는 그 순간에는 당신 주위의 상황과 환경도 그 느낌과 조화를 이루기 위해 변하기 시작합니다."

'어떤 생각이 더 기분 좋게 느껴집니까?' 게임은, 주위의 모든 것에 영향을 미치고 있는 당신의 생각이 가진 강력한 힘에 대해 깨닫기 시작하도록 도울 것입니다.

'어떤 생각이 더 기분 좋게 느껴집니까?'
과정에 대해 좀 더 이야기해 주세요

"내가 더 좋은 것을 추구하는 일을 언젠가는 멈추지 않을까요?"

그렇지 않습니다. 당신은 결코 멈추지 않을 것입니다. 당신이 시간이나 돈의 한계라는 사고 틀에서 벗어나게 될 때, 그리고 자신이 상상하는 모든 아이디어들을 충족시켜 주기 위해 우주가 협력하고 있다는 사실을 믿게 될 때, 당신은 아이디어들이 쏟아져 나오도록 허용하게 될 것입니다. 하지만 어떤 한계를 느끼고 있는 한, 당신은 스스로 그 아이디어들을 억제하고, 억제하고, 또 억제할 것입니다.

아마도 당신은 이렇게 물을 것입니다.

"그렇지만 현재 상황에선 내가 원하는 이 모든 것을 실행할 수 있는 돈이 없습니다. 나는 지금 부엌을 개조하고 싶지요. 하지만 그것을 위해 큰 빚을 지고 싶지는 않습니다. 이렇게 서로 상충되는 아이디어를 가지고 있을 때, 어떻게 하면 좋을까요?"

우리는 다음과 같이 말할 것입니다.

"당신은 그 모든 것이 지금 당장 이루어져야만 합니까? 아니면 그 아이디어들을 생각하는 자체만으로도 즐거움을 느낄 수 있습니까?"

우리의 이런 질문에 당신은 다음과 같이 말할 수 있는지요.

"좋아요, 꼭 지금이 아닐지라도 난 머지않아 이것을 해낼 거예요. 그 다음엔 또 다른 것을 해낼 거구요."

그렇게 할 때 그 소망의 아이디어들이 더욱 발전되어 갈 것이기에 삶이 즐거워지기 시작할 것입니다. 하지만 마감시간이 정해져 있는 일정표에 자신을 집어넣게 될 때, 당신은 매우 자주 시간이나 돈의 부족감에 시달리고 에너지가 상충됨으로 인해 고통스러울 것입니다. 또한 그 아이디어를 생각해낸 것 자체에 대해서도 후회하게 될 것입니다. 하지만 그러한 때에도 당신은 이렇게 말할 수 있습니다. "그래, 내 앞에는 일평생이라는 긴 시간이 있어. 지금까지 이 정도를 이룬 것만 해도 정말 만족스러워. 게다가 지금 나는 미래를 위해 멋진 아이디어들을 생각하고 있는 중이지."

그러면 미래의 어느 날, 당신은 아마 새로운 집으로 이사를 가고 나서 깜짝 놀랄지도 모릅니다. 그 집에 그 동안 상상해왔었던 모든 것들이 완벽히 갖추어져 있을 것이기 때문이지요. 그런 일은 당신이 돈과 시간에 대해 한계를 느끼지 않고 여유를 가지고 즐길 때 일어날 것입니다. 요컨대, 우주는 당신이 탄생시켜 자유롭게 흐르도록 허용하고 있는 아이디어들에 반응하면서 그것의 물질적인 구현을 완벽히 준비하고 있습니다.

만족감이 큰 것이 나에게 좋은 방식이다

이 모든 것에 접근하는 좋은 방식은 이렇습니다.

만일 자신의 소망이 기분 좋게 느껴진다면, 모든 일이 잘 진행될 것입니다. 하지만 소망이나 아이디어가 편안하게 느껴지지 않는다면, 그 소망에 대한 자신의 믿음이 너무 동떨어져있다는 것을 의미합니다. 하지만 그렇게 자신의 소망이 불편하게 느껴질 때는 다음과 같이 말함으로써 자신의 마음을 부드럽게 할 수 있습니다.

"이것을 지금 급하게 할 필요는 없어. 이것을 미래를 위한 아이디어로 간직할 거야. 이 아이디어를 버리지는 않을 거야. 난 이 아이디어가 좋은 것이라는 사실을 알기 때문이지. 이 아이디어는 지금의 나와는 완벽하게 조화를 이루진 않지만, 언젠가 조화를 이루게 될 거야. 지금은 이 정도만 해도 너무나 만족스러워."

당신이 그것을 바로 지금 갖기 위해 빚을 안게 되는 생각과, "오, 이것은 내가 장래에 갖고 싶은 그런 것이야!"라고 말하는 것 중에서, 당신은 어떤 생각이 더 기분 좋게 느껴집니까?

제리와 에스더는 줄곧 이 과정을 실행하곤 했는데, 에스더는 모든 것을 원하고 게다가 그것을 바로 당장 원했기 때문입니다. 그녀가 그것을 즉시 갖지 말아야 할 이유는 전혀 없지요. 다만 그녀가 '음미하는 것을 좋아하는 사람'과 결혼했다는 사실 외에는 말이죠. 한편으로 그녀의 남편인 제리는 돈이 바닥나는 것은 걱정하지 않지만 반면에 아이디어들이 소진될까봐 두려워합니다. 말하자면, 아이디어들을 너무 빨리 먹어 치우는 걸 원하지 않으며 각각의 아이디어들을 최대한 쥐어짜서 가능한 많은 것들을 얻고자 합니다. 하지만 에스더는 단숨에 건너뛰어 정점에 도달하기를 원합니다. 비유하자면, 에스더는 파이의 가장 맛있는 부분을 제일 먼저 먹지만 반면에 제리는 맛있는 부분을 맨 나중에 먹기 위해서 아낀다는 것입니다. 하지만 에스더는 그것을 나중으로 미뤘을 경우에 더 이상 먹고 싶지 않게 될까봐 그것을 맨 처음에 먹습니다.

그래서 두 사람은 각자 자신만의 방식을 발견했습니다. 거기에는 어떤 것이 더 옳다거나 그르다는 공식은 없습니다. 그런데 여기서 우리는 제리에게 말하고 싶은 게 있습니다. 그에게 아이디어가 완전히 소진되는 일은 절대로 일어나지 않을 것이며, 따라서 그가 원하기만 하면 단숨에 건너뛰어 꼭대기에 도달할 수 있는 것입니다. 그러면 그는 이렇게 말하겠지요.

"하지만 나는 그 아이디어의 발전에 내가 하고 있는 일이 연관되는 것을 좋아합니다. 왜냐하면 나의 창조 작업에 내가 더욱 깊이 관여할수록 더 큰 만족감을 얻기 때문이랍니다."

그러면 우리는 다음과 같이 말할 것입니다.

"그렇다면 그것이 당신을 위해서 좋은 방식입니다. 여기에는 옳거나 그른 것이 없습니다. 어떤 것이 더 기분 좋습니까? 어떤 것이 더 기분 좋게 느껴집니까?"

어떤 생각이 더 기분 좋게 느껴집니까?

빚을 지더라도 우선 실행하는 것, 또는 나중을 위해 기다리는 것?

— 나중을 위해 기다리는 것.

어떤 생각이 더 기분 좋게 느껴집니까?

'아직 이것은 충분치 않아'라고 말하는 것, 또는 '이것은 미래에 체험하게 될 것의 일부'라고 말하는 것?

— 이것은 미래에 체험하게 될 것의 일부라고 말하는 것.

어떤 생각이 더 기분 좋은 느낌을 줍니까?

자신이 부엌을 현대적으로 고칠 수 있었는데도 그렇게 하지 못했다고 스스로에게 몹시 화를 내는 것, 또는 그것이 지금은 나름대로 완벽한 부엌이고 자신이 늘 성장하는 것처럼, 그 부엌도 끊임없이 더 좋아진다는 사실을 받아들이는 것? 이 중에서 당신에겐, 어떤 생각이 더 기분 좋게 느껴집니까?

감사하기 또는 비난하기, 이 중에서 어떤 것이 더 기분 좋습니까?

자신이 해낸 일들에 대해 자신을 칭찬해주기 또는 자신이 충분히 해내지 못한 일들에 대해 비판적으로 느끼기, 어느 것이 더 기분 좋게 느껴집니까?

그것에 대해 생각해 보십시오!

– 어떤 생각이 더 기분 좋게 느껴집니까?

잡동사니 치우기

☕ 이 연습 과정에 해당하는 감정 범위

22단계 감정 안내눈금

1 단계	기쁨 · 앎 · 권능 · 자유 · 사랑 · 감사	——— POWERFUL
2 단계	열정	
3 단계	열의 · 열망 · 행복	
4 단계	긍정적 기대 · 신념	
5 단계	낙관	
6 단계	희망	
7 단계	만족	
8 단계	권태	
9 단계	비관	
10단계	좌절 · 짜증 · 초조	
11단계	압도감	
12단계	실망	
13단계	의심	
14단계	걱정	
15단계	비난	
16단계	낙담	
17단계	화	
18단계	복수심	
19단계	증오 · 격노	
20단계	질투	
21단계	불안감 · 죄책감 · 무가치함	
22단계	두려움 · 비탄 · 암울 · 절망 · 무력감	——— POWERLESS

☕ 이 과정을 사용하는 때

- 잘 정리되지 못한 환경 때문에 스트레스를 받을 때
- 무언가를 찾는 데 시간이 너무 오래 걸린다고 느낄 때
- 집이 아닌 다른 곳에 있을 때 더 기분이 좋기에, 집을 회피하는 자신을 발견할 때
- 해야 할 필요가 있는 모든 일을 할 시간이 충분하지 않다고 느낄 때

☕ 현재의 감정 범위

'잡동사니 치우기' 과정은 자신의 감정이 다음 범위에 위치할 때 가장 큰 효과가 있습니다.

잡 동 사 니   치 우 기

흐트러진 환경은 당신의 끌어당김 자력을 흐트러지게 만드는 원인이 될 수 있습니다. 만약 당신이 다음과 같은 것들로 둘러싸여 있다면 어떨까요? 지금 삶 속에서 끝내지 못한 일, 답장을 못한 편지들, 미완성의 프로젝트들, 지불되지 않은 청구서들, 처리하지 못한 일들, 정리되지 않은 서류뭉치들과 헝클어져있는 잡지 및 카탈로그들, 그리고 온갖 종류의 잡다한 것들에 파묻혀 있다면, 그것들은 당신의 경험에 부정적인 영향을 미치게 됩니다.

모든 사물은 그 자체의 진동을 가지고 있고, 당신은 삶 속에 있는 모든 것들과 진동적인 관계를 형성하고 있기에, 현재 가지고 있는 개인적인 물건들은 당신의 기분과 끌어당김 자력에 강한 영향을 끼칩니다.

어질러진 물건들을 치우려고 할 때는 주로 두 가지가 마음에 걸릴 것입니다. 첫 번째는, 치워버린 어떤 물건이 필요한 것이었다는 사실을 버린 후에 알아차렸던 기억이 떠오를 수 있습니다. 그래서 뭔가를 버리는 일이 별로 내키지 않게 되었습니다. 두 번째는, 잘 정리하기 위해서는 업무에 투자해야 하는 시간보다 훨씬 더 많은 시간을 소비해야한다는 사실을 알게 된 것입니다. 매번 정리하고자 시도했던 때마다 그 분류 단계부터 혼란에 빠지게 되어, 결국에는 시작했을 때보다도 더 크게 어질러진 상태로 끝나버렸기 때문입니다.

그러나 이 '잡동사니 치우기' 과정은 그런 장애 요소들을 없애줄 것입니다. 이 과정을 통해 당신은 나중에 필요할 수도 있는 귀중한 것들을 버릴 가능성 없이, 매우 빠르게 분류과정을 마칠 수 있기 때문입니다.

이 과정을 시작하기 위해서, 먼저 뚜껑이 달린 적당한 크기의 골판지 상자를 여러 개 구하십시오. 규격과 색깔이 같은 상자들이면 더욱 좋습니다. 가지런히 쌓아 올릴 수 있어서 보기에도 좋을 것이기 때문이지요. 우리는 최소한 20개 정도의 상자를 가지고 시작하기를 권합니다. 하지만 당신이 이 과정의 생산적인 힘을 깨닫게 되면 더 많은 상자를 사용하고자 할 수도 있습니다. 그리고 가나다순으로 된 목록 카드와 휴대용 녹음기를 구하십시오.

이제, 상자들을 모아서 정리하고자 하는 방의 한 가운데에 5개 내지 6개를 놓습니다. 각각의 상자에 고유 번호를 매깁니다. 그런 다음 방을 둘러보고 그 중 하나의 물건에 초점을 맞춘 채 자신에게 물어봅니다. "이 물건은 당장 필요한 것인가?" 만약 "그렇다."라는 대답이 나오면 그대로 두십시오. 하지만 "그렇지 않다."라는 대답이 나온다면, 그것을 상자에 집어넣습니다. 그리고 나서, 다른 물건을 집어 들고 같은 과정을 반복하면서 방 안의 모든 물건들을 차례로 정리합니다.

이 과정의 커다란 장점은 바로 당장 세세하게 분류하지 않아도 된다는 점입니다. 지금 당신이 있는 환경의 혼잡스러움을 아주 간단히 제거하는 과정입니다.

물건들을 상자 안에 넣을 때에는 녹음기에 다음과 같이 녹음을 합니다. 예를 들어, "뜯지 않은 기타 줄 묶음—1번 상자" 또는 "오래된 핸드폰—2번 상자."처럼. 다섯 개나 여섯 개의 상자를 가지고 일반적인 분류를 할 수 있습니다. 다시 말해서, 모든 잡지들은 같은 상자에 넣고, 의류들은 다른 상자에, 그리고 잡다한 작은 물건들은 또 다른 상자에 넣습니다. 하지만 분류작업에 너무 깊이 빠져들지는 마십시오. 단지 물건을 집어 들고 자신에게 당장 필요한 것인지 아닌지를 결정합니다. 그래서 필요하지 않은 물건이면 상자에 넣으면서 그것이 무엇이고 어떤 상자에 넣었는지를 녹음합니다. 그리고 나중에 시간을 내서 녹음을 들어보면서 그 내용을 가나다순으로 된 목록카드에 옮겨 적습니다. 이를테면, '가' 밑에는 '가방'을 쓰고, '나' 밑에는 '나침반'을 쓰고, '다' 밑에는 '등산용품'을 쓰는 식입니다.

이 과정은 철저히 분류하는 것이 아니기 때문에 매우 빨리 진행할 수 있습니다. 또한 자신의 공간이 점점 정리됨에 따라 기분이 더 좋아질 것입니다. 그리고 이전의 다른 경우처럼, 뭔가를 찾지 못하게 될까봐 걱정하지도 않을 것입니다. 모든 것들이 어디에 있는지를 정확히 기록했기 때문입니다.

이제, 이렇게 정리된 상자들을 집안의 창고나 차고 같은 곳에 쌓아 놓습니다. 그리고 자신에게 중요한 것은 어떤 것이든 다시 찾아낼 수 있다는 것을 기억하십시오. 예를 들어 '뜯지 않은 기타 줄 세트'가 필요하게 될 경우, 그것이 어느 상자에 있는지 당신의 목록카드에서 알아낼 수 있습니다.

그렇게 정리하고 나서 몇 주가 지난 후에는 예를 들어 3번 상자에 넣었던 것들이 전혀 필요치 않다고 깨닫게 될 수 있는데, 그럴 땐 그 상자를 집 밖의 보관 창고로 옮겨놓을 수도 있습니다. 아니면 그 안의 내용물들을 모두 버릴 수도 있는데, 그럴 경우 그 상자는 새롭게 생겨날 수도 있는 잡동사니들을 담는데 사용할 수 있습니다. 이러한 과정을 계속해가면서, 당신은 이제 자신의 환경을 통제할 수 있다는 사실을 알게 되기에 마음이 편안해지기 시작할 것입니다.

간혹 어질러진 것에 대해 신경 쓰지 않는다고 말하는 사람들이 있습니다. 그들에게는 이 과정이 필요하지 않습니다. 하지만 모든 사물은 그 자체의 진동을 지니고 있기 때문에 대부분의 사람들은 정돈된 환경 속에서 더 좋은 기분을 느낍니다.

'잡동사니 치우기'에 대해 좀 더 이야기해 주세요

사람들은 물건을 모으는 습관을 가지고 있습니다. 물건들을 모으는 이유는 그것이 자신의 성공여부를 나타내는 방식이며 시간을 보내는 방식이기 때문입니다. 다시 말해서, 당신은 물질적인 세상에 살고 있고, 또한 물질적 구현이 자신에게 중요하게 되었습니다. 하지만 당신은 한편으로 그렇게 물질화된 물건들 속에 파묻히게 되었습니다.

　대부분의 사람들은 단지 물건들을 찾는데 너무 많은 시간을 소비하고 있습니다. 그 이유는 정리해야 할 물건들을 너무 많이 가지고 있기 때문만이 아니라 자신의 선천적인 자유에 반하는 물건들을 모아 들이는 습관 때문입니다. 언젠가 우리는 존재의 공허함을 느끼는 슬픔에 대해 말한 적이 있습니다. 흔히 사람들은 물질로써 그 공허한 느낌을 메우려고 합니다. 사람들은 물건을 하나 더 사서 집으로 가져오거나 아니면 무언가를 먹어댑니다. 다시 말해서, 존재의 공허감을 메우고자 하는 다른 많은 방법들이 있다는 겁니다. 그래서 우리는 사람들에게 이렇게 권했던 것입니다.
　"삶에서 얻게 된 것들 중에서 현재 자신에게 꼭 필요하지 않은 것들은 모두 버리십시오."
　그것이 없어도 지낼 수 있다면, 더 이상 입지 않는 옷가지들과 사용하지 않는 물건들은 버리십시오. 그러한 것들은 놓아버리고 자신의 삶을 더욱 간편하게 만드십시오. 그렇게 하면, 지금의 자신과 더욱 조화를 이루는 것들이 삶 속으로 쉽게 흘러 들어올 것입니다. 모든 사람들은 끌어당기는 능력을 가지고 있습니다. 하지만 필요하지 않은 물건들로 인해 자신의 끌어당기는 능력이 방해받을 때, 새로운 것을 끌어당기는 과정은 지지부진해지고, 결국 당신은 좌절하거나 위축감에 빠져들고 맙니다.

잘 정리된 환경에 있는 자신의 모습을 상상하기

최근에 제리와 에스더는, 에너지가 더욱 빠르게 움직이기에 자신들의 아이디어도 한층 더 빨리 결실을 맺는다는 이야기를 한 적이 있습니다. 그것은 한편으로 그들이 온갖 물건들 속에 파묻히게 되었다는 사실을 의미합니다. 바꿔 말하면, 그들이 바라는 물건들이 그들에게 아주 빠르게 오고 있습니다. 온갖 종류의 물건들이 말이죠. 그래서 이제 그것들을 어떻게든 처리해야만 하는 상황입니다. 분류하거나, 철하거나, 읽거나, 버려야만 합니다. 즉, 그들은 그것들을 처리하기 위해 어떤 일을 해야만 한다는 것입니다.

당신은 아마 자신의 생활공간을 마음속으로 그려보는 일을 중요하게 여긴 적이 없었을 것입니다. 그렇다면 이제부터 상상해 보시길 바랍니다. 지금 이 순간, 아주 깨끗하고 잘 정리된 환경 속에 있는 자신을 상상하십시오. 모든 것들이 어디에 있는지 잘 알고 있기에 아주 편안하게 물건들을 정리하는 자신의 모습을 상상하십시오. 말하자면, 단지 그런 상상을 해보시라는 겁니다. 여기서 당신의 목표는 마음이 편안해지는 것입니다.

에스더는 자주 어머니의 모습을 상상해보고는 합니다. 그녀가 어렸을 때 어머니는 늘 하루 종일 일을 하셨지요. 그들은 아주 큰 집에서 살았습니다. 그녀의 어머니는 거대한 잔디밭 깎는 일을 대부분 직접 했는데, 그 당시에는 잔디 깎는 차가 없었습니다. 적어도 그것을 본 적이 없었지요. 그래서 에스더는 어머니가 잔디 깎는 기계로 직접 풀을 깎던 모습을 기억합니다. 그런데 가장 자주 회상하는 부분은, 어머니가 잔디 깎는 작업을 모두 마친 후 스프링클러가 잔디밭에 물을 뿌리는 동안에 현관에 앉아서 그것들을 바라보며 즐기고 계시는 장면입니다. 에스더는 어머니 옆에 앉아서 깎인 잔디의 신선한 풀냄새를 맡곤 했는데, 거기에는 그녀가 어머니에게서 전달받은 커다란 만족감이 늘 함께 있었습니다.

잔디 깎는 날은 에스더에게 언제나 행복한 날이었습니다. 그녀의 어머니가 모든 일을 마친 후 현관에 앉아 그것을 바라보며 즐기고 계실 때면, 무언가 매우 만족스러운 느낌이 있었기 때문입니다. 이와 비슷하게, 제리와 에스더는 자신들이 주최하는 워크숍이 끝날 때 자주 그런 느낌을 받습니다. 그것은 너무나 기분 좋은 느낌입니다. 일들이 순조롭게 잘 마무리된 것과 같습니다. 그것은 마치 모든 것이 조화를 이루게 된 느낌입니다.

따라서 우리가 당신이 하기를 바라는 것은, 미리 그런 느낌 자리 feeling-place를 찾아내라는 것입니다. 그렇게 할 때 에너지가 정렬됩니다. 그러면 물질적 구현이 일어나도록 명료함과 아이디어들, 그리고 온갖 도움들이 나타날 것입니다.

만약 물건들을 한 번에 하나씩 상자에 넣기 시작한다면, 당신은 단지 한 두 시간 안에도 어질러진 방을 깨끗이 치울 수 있습니다. 그리고 어디에 무엇이 있는지를 녹음기에 모두 녹음해 놓았기 때문에 분류작업까지 이미 마친 상태입니다. 시간적인 여유가 있을 때, 녹음 내용을 들으면서 무엇이 어느 상자에 있는지를 목록카드에 기록할 수 있습니다. 그러면 필요할 때는 언제든 목록카드를 보고서 찾고 있는 물건이 들어 있는 상자를 알아낼 수 있습니다.

'잡동사니 치우기' 과정의 힘은 당신이 그것을 아주 빠르게 해낼 수 있다는 데 있습니다. 그 작업은 저항이 별로 없을 것인데, 왜냐하면 원하는 모든 것이 당신의 손이 닿는 곳에 있을 것이기 때문입니다. 다시 말해서, 이제 당신은 모든 것을 찾을 수 있는 기록을 갖게 되는 것입니다.

우리가 이 과정을 실행했던 많은 사람들을 지켜 본 결과, 일단 어떤 것을 상자에 넣고 나면 그것을 다시 필요로 하는 경우가 아주 드물었습니다. 따라서 어떤 물건을 상자에 넣은 후 1~2년 동안 그것이 전혀 필요치 않았다는 사실을 깨닫게 되면, 그때는 자유롭게 그것을 누군가에게 준다거나 어떤 식으로든 버릴 수 있게 됩니다. 그러면 당신은 혼잡한 삶에서 벗어나게 되고, 그에 따라 자연스럽게 저항이 없는 상태가 될 것입니다.

10만 원 지갑 게임

☕ 이 연습 과정에 해당하는 감정 범위

22단계 감정 안내눈금

1 단계	**기쁨 · 앎 · 권능 · 자유 · 사랑 · 감사**	—— POWERFUL
2 단계	**열정**	
3 단계	**열의 · 열망 · 행복**	
4 단계	**긍정적 기대 · 신념**	
5 단계	**낙관**	
6 단계	**희망**	
7 단계	**만족**	
8 단계	**권태**	
9 단계	**비관**	
10단계	**좌절 · 짜증 · 초조**	
11단계	**압도감**	
12단계	**실망**	
13단계	**의심**	
14단계	**걱정**	
15단계	**비난**	
16단계	**낙담**	
17단계	**화**	
18단계	**복수심**	
19단계	**증오 · 격노**	
20단계	**질투**	
21단계	**불안감 · 죄책감 · 무가치함**	
22단계	**두려움 · 비탄 · 암울 · 절망 · 무력감**	—— POWERLESS

☕ 이 과정을 사용하는 때

- 더 많은 돈을 끌어당기기를 원할 때
- 돈이 충분치 않다고 느낄 때
- 더 많은 돈이 들어올 수 있도록 허용하기 위해 돈에 대한 자신의 느낌을 개선하고자 할 때
- 특정 소망이 점진적으로 부드럽게 실현되도록 만들고 싶을 때

☕ 현재의 감정 범위

'10만 원 지갑 게임' 과정은 자신의 감정이 다음 범위에 위치할 때 가장 큰 효과가 있습니다.

(6) 희망 ·· (16) 낙담

10만 원 지갑 게임

현대 사회에서 돈보다 더 큰 관심을 불러일으키는 주제는 없을 것입니다. 대부분의 사람들은 행복의 아주 큰 부분이 돈에 의해 좌우 된다고 생각하기 때문입니다.

그렇지만 많은 사람들은 자신이 그렇게 하고 있다는 사실을 깨닫지 못한 채, 돈이 충분한 상태보다는 돈이 부족한 상태에 초점을 맞추고 살아갑니다. 따라서 그들은 자신이 소망하는 것이 무엇인지 알고 있음에도 불구하고 소망이 이루어질 수 없는 자리에 그들 자신을 계속 붙잡아 두고 있습니다. 그들은 돈이 있는 상태보다 돈이 부족한 상태를 주시하는데 더 익숙해져 있기 때문입니다. 다시 말하지만, 모든 것은 실제로 단 두 가지 주제에 관한 것입니다. 즉 '원하는 것'과 '원하는 것의 결핍'에 관한 주제라는 사실을 기억하시기 바랍니다.

당신의 삶 속으로 온갖 종류의 풍요가 쉽게 흘러들어오는 것은 자연스러운 일입니다. 그리고 '10만 원 지갑 게임'은 당신이 돈을 밀쳐내는 대신에 돈을 받아들이는 진동을 발산하도록 도울 것입니다.

'10만 원 지갑 게임'은 다음과 같이 실행합니다.

먼저, 10만 원짜리 수표 또는 10만 원에 해당하는 지폐를 구해서 지갑이나 핸드백 안에 넣습니다. 그리고 그것을 항상 지니고 다닙니다. 지갑이나 핸드백을 집어들 때는 언제나 거기에 10만 원이 들어 있다는 사실을 기억합니다. 그것이 거기에 있다는 사실에 대해 기쁨을 느껴보면서, 그 돈이 가져다주는 재정적인 안정감을 종종 상기하시기 바랍니다.

이제 하루 일과 중에 자신이 그 10만 원으로 구입할 수 있는 많은 것들을 찾아봅니다. 예를 들어 근사한 레스토랑 옆을 지날 경우, 자신이 원한다면 그곳에서 맛있는 식사를 할 수 있다는 것을 생각합니다. 백화점에서 어떤 상품을 보았을 때는 자신이 원한다면 그것을 살 수 있다는 사실을 상기합니다. 지갑 안에 10만 원을 가지고 있기 때문이지요.

10만 원을 지니고 있고 또 그 돈을 바로 지출하지 않기에, 그것에 대해 생각할 때마다 당신은 10만 원을 쓴 것과 동일한 진동적인 효과를 얻게 됩니다. 다시 말해서, 지갑 안의 10만 원을 기억해내고 자신이 주목했던 첫 번째 상품을 사는데 그 돈을 지출해버린다면, 당신은 재정적인 풍요를 실감나게 느끼는 유익함을 단 한 차례밖에 누리지 못할 것입니다. 하지만 그 10만 원을 그날 하루 동안 20회 내지 30회 정도 마음속으로 사용한다면, 당신은 200만 원 내지 300만 원을 사용한 만큼의 진동적인 효과를 얻게 됩니다.

지갑 안에 있는 돈을 가지고 자신이 원하는 것을 사거나 할 수 있다는 사실을 알아차릴 때마다, 당신의 재정적인 풍요로운 느낌은 더 강해지고 끌어당김 자력도 상승하기 시작합니다.

이와 같이 풍요를 끌어당기기 위해서는 실제로 부유한 상태여야만 하는 것이 아니라, 자신이 풍요롭다고 느끼기만 하면 됩니다. 더 명확히 말하면, 당신이 느끼는 결핍감은 그게 어떤 것이든 풍요를 가로막는 저항의 원인이 됩니다.

따라서 마음속으로 10만 원을 반복해서 사용할 때마다 당신은 웰빙, 안전함, 풍요로움, 재정적 안정감과 같은 진동을 연습하게 됩니다. 그러면 우주는 당신이 성취한 새로운 진동에 반응하여, 그것과 일치되는 풍요를 물리적으로 구현시킵니다.

재정적 풍요의 느낌을 달성하자마자 마법처럼 보이는 일들이 일어나기 시작할 것입니다. 현재 자신이 벌어들이고 있는 돈이 한층 더 증가되는 것처럼 보일 것입니다. 기대하지 않았던 돈들이 다양한 방식으로 삶 속에 나타나기 시작합니다. 고용주가 급여를 올려주고 싶은 영감을 받는다거나, 구매했던 어떤 물건은 환불을 받게 됩니다. 심지어 알지도 못하는 사람들이 당신에게 돈을 제공할 것입니다. 또는 원해왔던 물건들이나 사고자 했던 물건들이 금전적인 지출 없이도 자신에게 오는 것을 경험하게 됩니다. 자신이 상상할 수 있는 모든 풍요를 얻게 되는 온갖 기회가 당신에게 제공될 것입니다. 시간이 지나면서, 당신은 마치 풍요의 수문이 열린 것처럼 느끼게 될 것입니다. 그리고 이 모든 풍요가 그 동안 어디에 숨어있었는지 놀라워하는 자신을 보게 될 것입니다.

당신은 이렇게 말하게 될 것입니다.

"나는 이것을 살 수 있어. 저것도 살 수 있어. 나는 뭐든 살 수 있는 능력이 있어. 그게 무엇이든 ….”

지갑 안에는 실제로 구입할 수 있는 수단이 있기 때문에, 그리고 사실이 아닌 것을 사실인듯 가장하는 게 아니기에, 이제 자신의 재정적 흐름을 혼탁하게 만들고 방해하는 어떠한 의심이나 불신도 사라지게 될 것입니다.

이 과정은 단순하지만 강력한 효과가 있습니다. 당신의 재정적인 끌어당김의 힘을 변화시킬 것입니다. 그래서 재정적인 상황이 개선될 때, 지갑에 보관하는 금액은 10만 원에서 100만 원으로 늘어나고, 또 1,000만 원으로, 그리고 1억 원 또는 그 이상으로 늘어날 수 있습니다. 비록 우주가 당신에게 제공하게 될 것에는 한계가 없다고 할지라도, 당신이 돈을 허용하기 위해서는 돈에 대해 기분 좋게 느껴야만 합니다.

거대한 풍요가 흘러드는 즐거움을 허용하기 위해서는 먼저 당신이 거대한 풍요에 대해 기분 좋게 느껴야만 합니다.

아브라함, ‘10만 원 지갑 게임’에 대해 좀 더 이야기 해 주세요

기억하세요. 당신은 항상 풍요의 진동에 있지 않고, 풍요와 결핍의 사이에서 어느 정도 오르내릴 것입니다. 그러므로 결핍에 대한 모든 생각들을 지금 당장 그만두어야 하는 것은 아닙니다. 주변의 영향력들 때문에 풍요의 생각들이 천천히 스며들어오기 때문입니다. 당신이 할 일은 에너지를 '풍요' 쪽으로 흐르게 하는 생각을 의식적으로 더 자주 일으키는 것입니다. 그래서 비물리적 에너지를 '풍요' 쪽으로 더 많이 흐를 수 있게 만드는 거지요. 10만 원으로 얼마나 많은 것들을 살 수 있는지를 생각하면서 하루를 보낸다면, 당신은 풍요로운 느낌을 증가시키기 위해 비물리적 에너지를 의식적으로 사용하고 있는 것과 같습니다.

언젠가 어떤 사람이 말했습니다.

"아브라함, 분명 당신은 최근에는 육체적 삶을 살지 않은 것 같군요. 10만 원으로는 그렇게 오래가지 못합니다."

그래서 우리가 말했습니다.

"당신은 핵심을 놓쳤습니다. 만약 10만 원을 하루에 천 번 사용하면, 1억 원을 쓴 것과 같습니다. 그것은 풍요롭다는 느낌을 강화시킵니다. 당신의 느낌이 바로 당신의 끌어당김 자력입니다."

또 다른 사람이 이렇게 말했습니다.

"그런데, 저는 10만 원을 실제로 제 지갑에 넣어 본 적이 없습니다. 하지만 지갑에 10만 원짜리 차용증서를 넣었답니다."

그래서 우리가 말했습니다.

"그렇다면 당신은 그 차용증서를 믿지 말아야 합니다. 그것은 풍요로운 느낌을 증진시키지 않기 때문입니다. 차용증서는 또 다른 빚을

진 것처럼 느끼게 하지요."

'10만 원 지갑 게임'은 의도적으로 기분 좋은 대상을 주시하게 만
들어 주는 또 하나의 좋은 도구입니다.

연습 16

선회하기

☕ 이 연습 과정에 해당하는 감정 범위

22단계 감정 안내눈금

1 단계	**기쁨 · 앎 · 권능 · 자유 · 사랑 · 감사**	—— POWERFUL
2 단계	**열정**	
3 단계	**열의 · 열망 · 행복**	
4 단계	**긍정적 기대 · 신념**	
5 단계	**낙관**	
6 단계	**희망**	
7 단계	**만족**	
8 단계	**권태**	
9 단계	**비관**	
10단계	**좌절 · 짜증 · 초조**	
11단계	**압도감**	
12단계	**실망**	
13단계	**의심**	
14단계	**걱정**	
15단계	**비난**	
16단계	**낙담**	
17단계	**화**	
18단계	**복수심**	
19단계	**증오 · 격노**	
20단계	**질투**	
21단계	**불안감 · 죄책감 · 무가치함**	
22단계	**두려움 · 비탄 · 암울 · 절망 · 무력감**	—— POWERLESS

☕ 이 과정을 사용하는 때

• 방금 자신이 했던 말이 삶 속으로 끌어오길 원하는 것과 반대되는 것임을 알아차렸을 때
• 자신의 끌어당김 자력을 개선시키고자 할 때
• 현재 기분이 꽤 좋지만 훨씬 더 좋아질 수 있다는 사실을 알기에, 바로 지금 그렇게 하고자 할 때

☕ 현재의 감정 범위

'선회하기' 과정은 자신의 감정이 다음 범위에 위치할 때 가장 큰 효과가 있습니다.

선 회 하 기

사람들은 자신이 그렇게 하고 있다는 사실을 알아차리지도 못한 채, 자신이 바라는 것과는 진동적으로 반대되는 것에 초점을 맞추고 있는 경우가 많습니다. 그것은 마치 양 끝이 있는 막대기를 집어들 때 한쪽 끝을 잡는 것과도 비슷합니다. '선회하기' 과정은 현재 자신이 막대기의 어느 쪽을 잡고 있는지를 더욱 잘 알아차릴 수 있도록 도와줍니다. 즉, 자신이 현재 활성화시킨 진동이 소망하는 쪽인지 아니면 소망하는 것이 없다는 쪽인지를 알아차리도록 말이지요.

이 시공간 현실의 대조contrast는 대단히 유용한 것입니다. 삶속의 대조적 상황은 자신의 생각을 초점 맞추도록 돕고 있기 때문입니다. 자신이 원하지 않는 것이 무엇인지를 알게 되면 원하는 것이 무엇인지 더욱 명확히 알게 됩니다. 또한 원하는 것을 알게 되면 원하지 않는 것도 더욱 명확히 알게 됩니다. 따라서 당신이 대조적 환경에 노출되어 있기에, 생각의 초점이 더욱 명료해지고 새로운 선호와 소망들이 태어나게 되는 것입니다. 이렇게 소중한 가치가 있는 '대조'는 '존재하는 모든 것'을 영원히 확장하도록 보장하고 있습니다.

선회하기는 자신이 바라는 것이 무엇인지 더욱 명확하게 알도록 도와주기에, 일반적으로 자신의 습관화된 진동을 바꾸기 위한 첫 단계로 활용하면 좋습니다. 하지만 보통 막대기의 양쪽 끝 사이에는 커다란 진동의 차이가 있기 때문에, 단지 소망을 진술하는 것만으로 자신의 진동을 한 순간에 바꿀 수는 없습니다.

예를 들어, 병이 났을 때 자신이 건강해지길 원한다는 사실을 분명히 알게 됩니다. 또는 돈이 부족할 때 더 많은 돈을 원한다는 사실을 아주 명확히 알게 됩니다. 그래서 자신이 원하는 방향으로 시선을 돌려, 원하는 것을 주시함으로써 그것과 동일한 진동을 발산하기 시작합니다.

먼저, 자신이 원하지 않는 것을 알아차리는 일은 원하는 것을 확인하는 데 도움이 됩니다. 다시 말해서, 소망에 대해 말할 때, 당신의 말과 당신의 실제 진동은 일치하지 않을 수도 있습니다. 하지만 다음과 같이 '선회하기'를 지속적으로 실행하면, 자신의 실제 진동이 소망과 일치하는 진동으로 바뀌게 됩니다. 즉, 원하지 않는 어떤 것에 집중하고 있음을 알려주는 부정적인 감정을 느낄 때는, 언제나 잠시 멈추어서 이렇게 말합니다.

"나는 내가 원하지 않는 것을 알고 있다. 그렇다면 내가 원하는 것은 무엇일까?"

이런 식으로 계속해가면, 시간이 지나면서 그 주제에 대한 당신의 진동이 바뀌게 됩니다. 당신은 진동의 방향을 조금씩 소망 쪽으로 바꾸게 되고 그렇게 해서 개선된 진동이 당신의 주도적인 생각으로 자리잡게 됩니다.

이 '선회하기' 과정은 자신의 끌어당김 자력을 점진적으로 변화시키는 과정입니다. 그러므로 필연적으로 뒤따를 긍정적인 결과들을 즐기시길 바랍니다. 자신이 원하는 것을 일관되게 주시하면서 그것을 받지 못하게 되는 일은 없습니다. 끌어당김의 법칙은, 당신이 주로 초점을 맞추고 있는 것은 무엇이든 당신의 체험 속으로 흘러 들어오는 것을 확실히 보증하고 있기 때문입니다.

'선회하기' 과정에 대해 좀 더 이야기해 주세요

당신이 바로 자신의 경험을 끌어당기고 있다는 사실을 기억하는 것이 가장 중요합니다. 당신은 생각을 통해 자신의 경험을 끌어당깁니다. 생각은 자석입니다. 어떤 생각을 할 때, 그 생각은 다른 생각, 또 다른 생각 그리고 또 다른 생각을 끌어당깁니다. 이러한 과정은 궁극적으로 자신이 주로 생각해 온 것과 진동적으로 본질이 같은 것이 물질화될 때까지 계속됩니다.

당신이 어떤 부정적인 감정을 체험한 적이 있다면(우리는 당신이 체험한 적이 있다는 것을 압니다. 당신은 그것을 두려움, 의심, 실망 또는 외로움이라고 표현할 수도 있습니다. 그러한 부정적인 감정을 묘사하는 많은 용어들이 있지요), 당신은 그 부정적인 감정 속에서 내면존재와 조화를 이루지 않은 진동파장을 가진 자신의 생각을 체험한 것입니다.

당신의 '내면존재' 또는 '총체적인 당신' 내지 '진정한 당신 자신'은, 물질적 내지 비물질적인 모든 체험들을 통과해 가면서 어떤 '앎'의 자리와 '소망'의 자리에 도달했습니다. 따라서 이 육체적인 몸속에 거하는 당신이, 내면존재가 알게 된 진실과 조화를 이루지 않는 생각에 의식적으로 초점을 맞추고 있을 때 당신 안에 생기는 느낌이 바로 부정적인 감정인 것입니다.

당신이 자신의 한쪽 발을 깔고 앉아서 혈액순환을 차단하거나 목을 눌러 산소공급을 제한한다면, 이러한 제한의 분명한 증거를 즉시 체험하게 됩니다. 이와 비슷하게 당신이 자신의 더 광대한 앎과 조화롭지 않은 생각을 할 때, 생명에너지의 흐름(내면존재로부터 당신의 육체적 몸으로 흐르고 있는 에너지)은 억눌리거나 제한받게 됩니다. 그 결과가 바로 당신이 느끼는 부정적인 감정입니다. 당신이 그런 부정적인 상태를 오랜 기간 허용하게 되면, 신체기관의 기능 저하를 가져옵니다. 그래서 우리는 '모든 병은 부정적인 감정을 허용한 결과'라고 말합니다.

부정적 에너지의 느낌은 자신이 내면존재의 광대한 앎과 부조화된 상태에 있다는 것을 알려주는 일종의 표지판이라는 것을 이해하게 될 때, 많은 사람들은 다음과 같이 말할 것입니다. "나는 언제나 기분이 좋기를 원해."

우리는 이것이야말로 진실로 중요한 알아차림이라고 말할 수 있습니다. 그 이유는 "나는 기분이 좋기를 원해"라고 말할 때, 실제로는 이렇게 말하는 것이기 때문입니다. "나는 긍정적인 끌어당김의 자리에 있기를 원해" 또는 "내가 하는 생각들이 나의 광대한 앎과 조화를 이루는 기분 좋은 자리에서 나오기를 원해."

원하지 않는 것에서 원하는 것으로 선회하기

만약 주변 환경 속에 부정적인 영향력이 많지 않다면, 당신이 기분 좋게 느끼는 일은 그리 어렵지 않을 것입니다(당신이 이 육체 속으로 들어오던 첫날에는 확실히 그랬습니다). 하지만 당신은 주변의 넘쳐나는 생각으로부터 매우 큰 영향을 받는 사회 속에서 살고 있기 때문에, 자신이 원치 않는 삶의 자리에서 원하는 삶의 자리로 옮겨가는데 도움이 되는 수단을 갖는 것은 아주 중요합니다. 선회하기 과정이 바로 그런 수단 중의 하나입니다.

　부정적인 감정을 느낄 때 당신은 자신이 원하는 것을 확인할 수 있는 아주 좋은 자리에 있습니다. 원하지 않는 것을 경험할 때 원하는 것을 더 명확히 알게 되기 때문입니다. 따라서 부정적인 감정을 느끼는 순간에는 언제나 잠시 멈추어서 이렇게 말하세요.

　"여기에 뭔가 중요한 것이 있군. 그렇지 않다면, 이런 부정적인 감정을 느끼지 않았을 테니까. 그러므로 이제부터 원하는 것에 초점을 맞출 필요가 있어."

그런 다음, 원하는 것으로 주의를 돌리게 되면 그 순간부터 부정적인 감정과 부정적인 끌어당김이 멈추게 됩니다. 부정적인 끌어당김이 멈추면, 그 즉시 긍정적인 끌어당김이 시작됩니다. 그리고 감정도 기분 좋지 않은 느낌에서 기분 좋은 느낌으로 변하게 됩니다. 이것이 바로 선회하기 과정입니다.

당신은 오로지 순수한 긍정적인 감정이나 순수한 긍정적인 에너지만이 존재하는 자리에 있을 수는 없습니다. 그 이유는, 자신이 원하는 모든 것들 안에는 원하는 것의 '결핍'이라는 자동적으로 균형을 잡는 반대되는 것이 존재하기 때문입니다. 따라서 당신이 할 일은 자신이 원하는 것을 알아낸 후, 생각을 의도적으로 소망 쪽으로 향하게 하는 것입니다. 그러면 긍정적이거나 부정적인 감정의 형태로 느껴지는 내면존재로부터의 감정적 안내가, 당신이 현재 평형상태의 어느 쪽에 위치하고 있는지를 알 수 있도록 도와줍니다. "당신은 지금 자신이 원하는 것을 생각하고 있습니까, 아니면 그것의 결핍에 대해 생각하고 있습니까?" 마치 이렇게 말하는 듯이 알려주고 있지요.

언젠가 어떤 사람이 전화로 이렇게 말했습니다. "아브라함, 나의 아들은 담요에다 오줌을 싸곤 합니다. 그럴 나이가 이미 지났는데도 그렇게 하고 있답니다. 제가 알고 있는 모든 방법을 다 써봤지만 소용이 없었습니다. 이젠 정말 어떻게 해야 할지 모르겠어요."

그래서 우리가 말했습니다. "아침에 아들의 방에 들어갈 때 어떤 일이 일어납니까?" 그가 말했습니다. "방에 들어설 때면 그 일이 또 벌어졌다는 것을 바로 압니다. 냄새로 말이죠."

우리가 말했습니다. "그러면 그 순간 어떤 느낌이 듭니까?" 그가 대답했습니다. "정말 실망스럽고, 화도 나고, 또 좌절감을 느낍니다. 왜냐하면 그런 일이 계속 반복되는데도 내가 무엇을 어떻게 해야 할 지를 모르고 있으니까요."

그래서 우리가 말했습니다. "아하, 당신은 아이가 계속 오줌을 싸게 만들고 있군요."

그가 물었습니다. "내가 어떻게 해야 하죠?"

우리가 말했습니다. "당신은 어린 아들에게 뭐라고 말합니까?"

"아들에게 젖은 옷을 벗고 욕조에 들어가라고 말합니다. 그리고 이제 이런 짓을 하기엔 너무 컸다는 이야기도 합니다. 이전에도 같은 이야기를 했었죠."

그래서 우리는 다시 말했습니다. "아이 방에 들어가서 원치 않는 일이 다시 일어났다는 사실을 알아차리고 부정적인 감정을 느낄 때, 잠시 멈추어서 자신에게 물어보십시오. '지금 내가 원하는 것은 무엇인가?' 라고. 그리고 아들에게 말을 하기 전에 생각의 초점을 그것에 맞추세요. 그러면 상황이 개선되는 것을 보게 될 겁니다."

그리고 나서, 우리는 이 젊은 아빠에게 그 체험을 통해 자신이 무엇을 원하는지를 알게 되었는지 물었습니다. 그는 이렇게 말했습니다. "나는 아들이 행복하게, 오줌을 싸지 않는 상태로, 자신을 자랑스럽게 생각하면서, 또한 당황하지 않으면서 일어나기를 원합니다."

우리가 말했습니다. "좋아요. 그런 생각을 할 때, 당신의 말과 행동은 자신이 원하는 것과 조화를 이룹니다. 조화를 이루지 않는 말과 행동은 하지 않게 되지요. 그러면 당신은 더욱 긍정적이고 강력하게 어린 아들에게 영향을 주게 됩니다. 그땐 당신은 이런 말을 하게 될 것입니다. 음, 이것은 자라는 과정이라서 그런 거란다. 모든 사람들이 이런 적이 있었지. 너는 아주 빨리 자라고 있구나. 이제 그 젖은 옷을 벗고 욕조에 들어가거라." 이런 대화가 있고 나서, 이 젊은 아빠는 채 몇 주도 지나지 않아 전화를 걸어와, 아들의 오줌 싸는 일이 끝났다고 말했습니다.

보다시피, 이것은 이렇게 간단한 일입니다. 기분 나쁠 때, 당신은 자신이 좋아하지 않는 어떤 것을 끌어당기는 중입니다. 그것은 언제나 자신이 원하는 것의 '결핍'에 초점을 맞추고 있기 때문에 일어나는 일입니다. 그러므로 선회하기란 자신이 무엇을 원하는지를 알아차리겠다고 의식적으로 결정하는 일입니다. 우리는 부정적인 감정이 나쁘다고 말하는 게 아닙니다. 왜냐하면 자신이 느끼는 부정적인 감정은 현재 부정적인 것을 끌어당기는 중이라는 사실을 경고하는 것이기 때문입니다. 그래서 부정적인 감정은 일종의 '경고 벨'과도 같습니다. 그것은 당신의 안내시스템의 일부분이지요.

우리는 당신에게 아주 강력히 권합니다. 자신이 부정적인 감정을 느끼고 있음을 알았을 때, 결코 자신을 비난하지 마십시오. 그 대신 잠시 멈추어 가능한 한 빨리 이렇게 말하십시오.

"지금 나는 어떤 부정적인 감정을 느끼고 있어. 그것은 내가 원치 않는 어떤 것을 끌어당기는 중이라는 의미야. 그렇다면, 내가 원하는 것은 무엇일까?"

아주 간단한 '선회하기' 과정은 이렇게 말하는 것입니다.

"나는 기분 좋기를 원한다!"

그리고 기분이 나쁠 때는 언제나 멈추어서 다음과 같이 말합니다.

"내가 원하는 것은 기분 좋게 느끼는 거야."

그렇게 말할 때, 평형상태의 긍정적인 쪽의 생각들이 당신에게 오기 시작합니다. 그에 따라 한 생각이 다른 생각을, 또 다른 생각을 끌어오기 때문에, 당신은 쉽고 빠르게 자신의 광대한 앎과 조화를 이루는 파장으로 진동하게 됩니다. 그 때 당신은 진실로 긍정적인 것만을 창조하게 될 것입니다.

**하나의 생각은 다른 생각에 연결되어 있고,
그것은 또 다른 생각에 연결되어 있다**

제리가 생각들이 서로 연결되어 있는 방식에 대해 가장 그럴듯하게 비유한 이야기가 있습니다. 그는 큰 배가 부두로 들어오는 광경을 묘사했습니다. 그 배에는 직경이 거의 30센티미터 정도나 되는 아주 굵은 밧줄이 매어져 있지요. 그 밧줄은 수면을 가로질러 던지기에는 너무나 크고 굵습니다. 그래서 작은 '노끈 뭉치'가 먼저 던져지는데 그 노끈 뭉치에는 작은 밧줄이 연결되어 있고, 그 밧줄은 조금 더 굵은 밧줄에, 그것은 또 조금 더 굵은 밧줄에, 그리고 다시 조금 더 굵은 밧줄에 순차적으로 연결되어 있습니다. 그래서 가장 굵은 밧줄은 마침내 넓은 수면을 가로질러 쉽게 끌려오게 됩니다. 생각들 또한 이런 식으로 하나가 다른 하나에 연결되어 있고, 또 그것이 다른 생각에 연결되어 있습니다.

어떤 주제들에 대해 당신은 부정적인 밧줄을 아주 오래 잡아당겨 왔기 때문에, 아주 쉽게 부정적인 쪽으로 빠져듭니다. 단지 약간의 암시나 언급 또는 무언가에 대한 기억만으로도 즉시 부정적인 상태에 빠질 수 있습니다. 따라서 때로는 그 부정적인 밧줄을 놓아버리는 일이 아주 어렵게 느껴질 수도 있습니다. 당신이 그것을 너무도 오래 붙잡고 있었기 때문입니다. 하지만 언제든 부정적인 감정을 느낄 때는 자신이 부정적인 것을 끌어당기는 중이라는 사실을 알아차리고, 자신의 주요한 의도는 더 기분 좋게 느끼는 것이라고 결정하면, 그 부정적인 밧줄을 훨씬 더 쉽게 놓을 수 있음을 발견할 것입니다.

'선회하기'와 '긍정노트' 과정은, 당신이 부정적인 '노끈뭉치'를 끌어당기는 중이라는 사실을 초기의 미약한 단계에서 알아차리도록 도와줄 것입니다. 이 두 과정을 통해서 당신은 아주 빠르게 '부정적인 노끈뭉치'를 놓아버리고 '긍정적인 노끈뭉치'를 잡을 수 있게 될 것입니다.

　한 생각이 다른 생각에 연결되어 있고, 그것이 또 다른 생각에, 그리고 또 다른 생각에 연이어 연결되어 있다는 이야기에서 당신이 놓치지 말아야 할 중요한 내용이 있습니다. 기분이 좋지 않은 상태에서 곧바로 기분 좋은 상태로 가는 것보다는, 기분 좋게 느껴지는 작은 생각에서 좀 더 기분 좋게 느껴지는 생각으로, 그리고 더욱 더 기분 좋게 느껴지는 생각으로 옮겨가는 것이 훨씬 더 쉽다는 것입니다.

세상을 구하려고 하지 말고, 자기 자신을 구하라

하나의 생각은 또 다른 많은 생각들을 자신에게 끌어당깁니다. 생각은 그와 같이 끌어당기는 성질이 있기 때문에 기분 좋게 느껴지지 않는 어떤 생각을 한번 방치하게 되면, 긍정적인 생각으로 선회하기 보다는 상당한 양의 부정적인 에너지가 흐르게 될 때까지 부정적인 생각에 초점을 맞춘 상태로 머무르기가 더 쉽습니다.

　그런 이유 때문에 우리는 '선회하기'를 최대한 자주 연습하기를 격려합니다. 다시 말해서, 모든 것에서 긍정적인 면들을 보겠다는 결심과 함께 하루를 시작하는 것이 훨씬 더 생산적입니다. 그렇지 않고, 자신이 원하는 것을 명확하게 알지 못한 상태로 하루를 시작한 후에 좋아하지 않는 어떤 것의 영향을 받아서 부정적인 감정을 느끼고 나서야 선회하기를 시작한다면, 그것은 훨씬 더 어렵고 비효율적이기 때문입니다.

세상을 구하려 하지 말고 먼저 자신을 구하십시오. 이 말은 자신에게 기분 좋게 느껴지는 것에 초점을 맞추라는 뜻입니다. '선회하기' 연습은 당신이 원하는 것을 가져다주는 도구입니다. 이것은 의식적으로 이렇게 결정하는 과정입니다. "맞아. 나는 내가 원하는 것만 보기를 원해. 이제 더 이상 원하는 것이 결핍된 쪽은 바라보지 않을 거야!"

선회하기는 매 시간 매 마디마다 꾸준히 지속적으로 긍정적인 것을 선택하는 과정입니다. 자신의 기분을 좋아지게 만드는 방법입니다. 그래서 원하는 것은 무엇이든 가질 수 있게 해주는 또 하나의 도구입니다.

초점바퀴

☕ 이 연습 과정에 해당하는 감정 범위

22단계 감정 안내눈금

1 단계	**기쁨 · 앎 · 권능 · 자유 · 사랑 · 감사**	—— POWERFUL
2 단계	**열정**	
3 단계	**열의 · 열망 · 행복**	
4 단계	**긍정적 기대 · 신념**	
5 단계	**낙관**	
6 단계	**희망**	
7 단계	**만족**	
8 단계	**권태**	
9 단계	**비관**	
10단계	**좌절 · 짜증 · 초조**	
11단계	**압도감**	
12단계	**실망**	
13단계	**의심**	
14단계	**걱정**	
15단계	**비난**	
16단계	**낙담**	
17단계	**화**	
18단계	**복수심**	
19단계	**증오 · 격노**	
20단계	**질투**	
21단계	**불안감 · 죄책감 · 무가치함**	
22단계	**두려움 · 비탄 · 암울 · 절망 · 무력감**	—— POWERLESS

☕ 이 과정을 사용하는 때

• 현재 자신의 진동적인 끌어당김 자력이 바라는 상태가 아니라는 것을 알아차렸을 때
• 중요한 어떤 일에 대해 부정적으로 느끼고 있음을 알게 되어, 그것에 대해 긍정적으로 느끼고자 할 때
• 좋아하지 않는 어떤 일이 일어났는데, 마음속에 계속 남아있어서 그 일에 대해 숙고해 보길 원할 때, 또 그런 일이 재발하지 않도록 자신의 끌어당김 자력을 변화시키고자 할 때
• 마음이 더 편안해지는 안도감을 느끼고 싶을 때

☕ 현재의 감정 범위

'초점바퀴' 과정은 자신의 감정이 다음 범위에 위치할 때 가장 큰 효과가 있습니다.

초 점 바 퀴

사람들은 각자의 체험 속에서 어떤 신념들을 갖게 되는데, 흔히 그
신념들은 소망하는 것을 받아들이지 못하게 하는 진동 패턴을 만들
어냅니다. 하지만 그런 신념들이 그들에게 전혀 도움이 되지 않음에
도 불구하고 많은 사람들은 유쾌하지도 않은 그 신념들을 계속 유지
하기 위해 변명하면서 주장합니다. "어쨌든 그것은 사실입니다"

우리는 당신이 다음과 같은 진실을 기억하길 바랍니다. 어떤 것이
물질화되고, 만져서 알 수 있게 되고, 정의할 수 있는 현실(또는 사실)
로 구현된 유일한 이유는, 누군가가 그렇게 되도록 그것에 충분히 주
의를 기울였기 때문입니다. 하지만 단지 누군가가 그렇게 그의 사실
(현실)을 창조했기 때문에, 당신이 또는 당신이 앞으로 창조할 것들이
그것과 어떤 관계를 가져야 한다는 것을 의미하지는 않습니다.

당신은 이 시기의 사실과 사건들을 문서화하는 시도 속에서, 자신
이 그렇게 하고 있다는 것도 모른 채 종종 그 사실을 더 확실하게 만
드는 진동상태에 머뭅니다. 그래서 당신이 조사하고 문서화하고 있
는 그 '사실'을 자신의 체험 속에서 다시 확인하게 됩니다. 그런데 그
렇게 되는 이유는, 그 사실이 당신 삶의 체험에서도 확인된 부인할

수 없는 진실이기 때문이 아니라, 당신이 그 사실을 주시하면서 그것과 진동적인 조화를 이루었기 때문입니다. 따라서 끌어당김의 법칙이 당신의 삶속에 그에 부합되는 체험을 가져다 준 것입니다.

때때로 어떤 사람은 이렇게 말합니다. "그렇지만 아브라함, 나는 이것을 무시할 수 없어요. 이것은 사실이니까요" 그러면 우리는 말합니다. "단지 누군가가 그것을 주시하여 사실로 만들었을 뿐이랍니다." 그런데 여기서 그 사람이 실제로 이야기하는 내용은 이것입니다. "누군가가 이것에 주의를 기울여왔고, 끌어당김의 법칙에 의해 그것을 자신들의 체험 속으로 끌어왔지요. 그래서 나도 그렇게 해야 한다고 생각합니다. 다시 말해서, 나는 그것을 원하지 않지만 누군가가 그렇게 했기 때문에 나 또한 그와 같은 것을 내 현실에 창조해야만 한다고 생각합니다."

이 세상에는 당신이 원하는 사실도 많고, 당신이 원하지 않는 사실도 많습니다. 우리는 당신이 원하는 것들만 주시해서 당신이 원하는 그것들을 삶의 사실로 만들어나가기를 바랍니다.

그렇지만 대부분의 사람들은 기분 좋은 것만을 의도적으로 생각하지 않습니다. 그래서 그들은 자신이 그렇게 하고 있다는 사실을 알지도 못한 채, 지금까지 품어온 생각을 습관적으로 반복하고 있습니다.

물론, 당신의 생각 경향 중에서 어떤 것들은 당신에게 지극히 유익합니다. 하지만 어떤 것들은 그렇지 않습니다. 그래서 이 '초점바퀴' 과정은 자신에게 유익하지 않은 주제들에 대해 자신의 진동 경향을 바꾸는 데 도움이 되도록 고안되었습니다. 이것은 자신의 생각을 글로 표현하면서 더 기분 좋은 생각을 찾는 연습을 하는 과정입니다. 그래서 자신의 끌어당김 자력을 더 개선시키는 과정입니다.

과거에 일어난 어떤 일에 대해 강한 부정적인 감정을 느끼고 있을 때, 또는 자신의 느낌이 더욱 명료해지기를 바랄 때는 언제라도 이 과정을 15분에서 20분 정도 실행하기를 권합니다.

부정적인 감정을 강하게 느낄 때는 어떤 주제에 대해 자신의 에너지를 상승시킬 수 있는 좋은 기회입니다. 그 이유는, 삶에서 경험하고 있는 어떤 일로 인해 당신이 그 주제에 특별히 초점을 맞추게 되었기 때문입니다. 따라서 그 주제에 대해 초점바퀴 과정을 적용하면, 부정적인 감정이 쉽게 개선되는 것을 보게 될 것입니다. 따라서 당신이 원하지 않는 어떤 것을 예민하게 알아차리고 있을 때는 언제든지 이 '초점바퀴' 과정을 실행하기를 권합니다.

이 과정에서 당신은 자신의 소망과 일치하는 보편적인 진술을 만들어 냅니다. 다시 말해서, 소망과 조화를 이루는 진술을 찾아냅니다. 당신이 그러한 진술을 찾았다면 그것을 어떻게 알 수 있을까요? 자신의 마음이 더 편안해지는 느낌을 통해 알 수 있습니다. 즉, 소망과 조화를 이루는 진술은 당신의 기분을 달래서 좀 더 좋은 기분이 되게 합니다. 그래서 당신이 일단 그런 진술을 찾아내 잠시라도 초점을 맞출 수 있다면, 심지어 그 진술을 더 증폭시키거나 확장시킬 수 있다면, 혹은 그 진술과 관련된 뭔가를 기억해낼 수 있다면, 요컨대 당신이 온화하고 위안이 되는 진술을 찾아내 거기에 또 다른 생각이 가세할 수 있도록 최소한 17초 정도 집중할 수만 있다면, 이제 그 새로운 신념(진술)은 추진력을 갖게 됩니다.

'초점바퀴' 과정의 예

초점바퀴 과정은 이렇게 시작합니다.

한 장의 종이 위에 커다란 원을 그린 다음, 그 원의 한 가운데에 직경이 5cm 정도 되는 작은 원을 그립니다. 그런 다음 뒤로 물러나서 그 작은 원을 바라봅니다. 그리고 자신의 눈이 그 원에 초점을 맞추고 있음을 느껴봅니다.

이제 잠시 동안 눈을 감고, 자신에게 부정적인 감정을 일으키게 했던 과거의 한 사건을 생각합니다. 그리고 자신이 원하지 않는 것이 무엇인지 정확히 알아냅니다.

이 시점에서 자신에게 말합니다.

"좋아. 이제 나는 내가 원하지 않는 것을 명확히 알아. 그렇다면 내가 원하는 것은 무엇일까?"

그 주제와 관련해 자신이 원하는 느낌이 무엇인지 알기 위해서, 원하는 것뿐만 아니라 원하지 않는 것까지 알아내고자 하는 것이 더 도움이 될 것입니다. 예를 들어 보겠습니다.

- 나는 뚱뚱하게 느낀다. 그래서 날씬한 느낌을 원하다.
- 나는 가난하게 느낀다. 그래서 풍요로움을 느끼고 싶다.
- 나는 사랑받지 못한다고 느낀다. 그래서 사랑받는 느낌을 원한다.
- 나는 무시당하는 느낌이 든다. 그래서 존중받는 느낌을 원한다.
- 나는 아픈 느낌이 든다. 그래서 건강함을 느끼고 싶다.
- 나는 무기력함을 느낀다. 그래서 내 자신의 힘을 느끼고 싶다.

그 다음에, 자신이 원하는 것과 일치를 이루는 진술을 찾아내 커다란 원의 바깥쪽 둘레에 적습니다. 원하는 것과 충분히 가깝게 일치하는 진술을 찾게 될 때, 당신은 그것을 알게 됩니다. 다시 말해 느낌으로 알게 될 것입니다. 말하자면 당신의 진술이 소망과 일치되지 않아서 당신을 바퀴(원이 두 개 그려져 있는 모습을 지칭해 바퀴라는 용어를 사용함_역자)에서 나가떨어지게 만드는지, 아니면 그 진술이 자신의 소망에 충분히 가까워서 그 바퀴에 머무르게 하는지를 느끼게 된다는 것입니다.

초점바퀴 과정이 매우 효과적인 이유는, 당신이 어떤 진술을 쓸 때 의식적으로 선택해서 쓰기 때문입니다. 그 진술은 평소에 당신이 믿고 있던 보편적인 진술이며 소망과도 조화를 이루는 것입니다. 그리고 그것이 효과적으로 작동하는 이유는 끌어당김의 법칙이 대단히 강력하기 때문입니다. 즉, 당신이 어떤 생각에 적어도 17초 정도 집중하면 그 생각과 비슷한 다른 생각이 가세하게 되고, 그 생각들이

합쳐지면서 그 생각을 한층 더 강력하게 만드는 연쇄작용이 일어나기 때문입니다.

사람들은 보통 어떤 특정 진술을 할 때보다 보편적인 진술을 할 때 더 순수한 생각을 합니다. 그래서 '초점바퀴' 과정의 힘은 자신이 이미 사실이라고 믿고 있는 보편적인 진술을 하는 데에 있습니다. 그리고 그 보편적 진술을 17초 또는 그 이상 유지하게 되면, 자신의 소망과 더욱 가까운 순수한 진동을 발산하게 됩니다.

예를 들어, 당신이 이 과정을 실행할 준비를 하는 중이고 당신의 목표가 궁극적으로 다음과 같이 쓰는 것이라고 가정해봅시다.

"나는 몸 상태가 기분 좋게 느껴져." 또는 "내 무릎은 튼튼해."

하지만 당신이 거기서부터 시작해 첫 진술부터 "나는 몸 상태가 기분 좋게 느껴져."라고 쓴다면, 당신은 에너지가 흐르지 않는다는 사실을 기분을 통해 알 수 있습니다. 그 진술은 자신을 비참하게 만들고, 자신의 현재 상태인 뚱뚱한 느낌이나 아픈 무릎에 대한 느낌을 더욱 악화시키기 때문입니다. 따라서 그것은 보편적 진술이 아니라 너무나 특정한 진술이었습니다.

달리 표현하면, 그것은 아주 빠르게 달리고 있는 열차에 올라타려다가 튕겨져 나가는 것과도 같습니다. 아주 빠르게 돌고 있는 회전목마에 올라타려고 시도하는 모습을 상상해보세요. 너무 빨라서 탈 수가 없을 것입니다. 하지만 회전목마의 속도를 늦추면 탈 수가 있고, 그런 다음에 속도를 다시 올릴 수 있겠지요. 그렇게 하면 이제 속도가 빨라져도 그 위에서 편안히 앉아 있을 수 있습니다. 초점바퀴 과정을 통해 당신이 하고자 하는 것은 '바퀴'의 속도를 늦추고 자신의 신념의 속도를 느리게 하는 것입니다. 그러면 거기에 올라타는 것이지요. 그렇게 한 후, 당신은 진동의 속도를 높일 수 있습니다.

이제, 시행착오를 통해서 당신은 다른 진술을 선택할 수 있습니다. 다음과 같은 진술을 할 수도 있습니다.

"나는 몸이 나의 생각에 반응한다는 것을 안다."

좋습니다. 그것은 좀 더 부드러운 진술입니다. 당신은 그것을 믿고 있습니다. 하지만 그 진술은 당신 자신에 대해 약간 화나게 만듭니다. 그래서 그것 역시도 정말로 좋은 시작 지점은 아닙니다. 당신은 또 다른 진술을 찾아서 느껴본 후 이렇게 말합니다.

"내 몸의 대부분은 잘 기능하고 있다."

좋습니다. 지금 당신은 그것을 믿고 있지요. 그 진술은 괜찮게 느껴집니다. 그래서 당신은 회전목마에 머무를 수 있습니다.

그 진술을 원 주위에 쓴 후 거기에 초점을 맞출 때, 당신의 기분은 꽤 좋습니다. 그러면 또 다른 진술을 합니다. 당신은 이렇게 말합니다.

"나는 우주가 우리의 진동과 조화를 이룬다는 것을 믿는다."

자신이 그것을 절대적으로 믿기에, 그 진술은 바퀴에 그대로 머물게 됩니다. 그러면 당신은 또 다른 진술을 합니다.

"몸은 나를 위해 잘 기능해왔다."

당신은 그것을 믿습니다. 그 진술은 머무릅니다. 당신은 조금 더 기분이 좋아지기 시작합니다. 마음이 좀 더 편안해지는 것을 느끼기 시작합니다. 자신에 대해 그렇게 화가 많이 나지 않습니다. 당신의 진동은 상승하고 있습니다.

이렇게 '초점바퀴' 과정의 힘을 증가시키는 일을 계속해갑니다. 다시 말해 기분 좋게 느껴지는 생각을 찾아내면, 계속해서 그 진술을 커다란 원(바퀴)의 둘레에 써 내려갑니다. 시계로 보았을 때, 12시 방향에서 시작하여 1시 방향, 2시 방향을 지나 계속해서 자신에게 기분 좋게 느껴지는 진술문이 12개가 될 때까지 씁니다.

당신의 생각들은 때때로 어떻게 해볼 수 없을 정도로 그 힘과 운동량이 충분히 강해져서, 자신이 그것을 변화시키길 원하는데도 변화가 일어나지 않습니다. 그런 경우에 이 '초점바퀴' 게임을 통해서 자신의 현재 상태와 충분히 가까운 생각들을 찾아냄으로써 원하는 느낌 쪽으로 점진적으로 움직여갈 수 있습니다. 그렇게 하면 스스로 믿지 않는 생각들로 진술함으로써 숲 속으로 내던져 변화 없이 끝나는 일이 없을 것입니다. 그렇기에 이 과정은 자신의 현재 상태에 진동적인 다리를 놓아주는 놀라운 도구입니다.

예를 들어 보겠습니다. 당신이 현재 스스로 뚱뚱하게 느끼고 있다고 가정해봅니다. 그런데 그 느낌을 더욱 악화시키는 어떤 일이 일어났습니다. 그 순간 당신은 강한 부정적인 감정을 느끼게 되었습니다. 그런 경우에는 종이를 한 장 가져와서 한 가운데에 원을 그립니다. 그리고 그 원 안에 다음과 같이 씁니다.

"나는 날씬한 느낌을 원해."

이제, 이 주제에 초점을 맞추고 자신이 원하는 느낌과 조화를 이루는 생각을, 즉 그것을 숙고할 때 기분 좋게 느껴지는 생각을 찾아냅니다. 계속해서 자신을 숲 속으로 내팽개치지 않을 생각을 찾습니다.

"다시 날씬해질 수 있어."

(이 생각은 자신이 실제 믿고 있는 것으로부터 너무 멀리 떨어져 있기 때문에 그것을 믿고 싶어도 믿어지지가 않습니다. 그럴 수 없다는 것을 느낍니다. 그렇기 때문에 이 생각은 기분 좋게 느껴지지 않으며, 당신을 숲 속으로 내던지는 진술입니다)

"내 여자 형제들은 날씬하고 예뻐."

(이 생각 역시 기분 좋게 느껴지지 않습니다. 이것은 그들의 성공을 가리키고 있고, 자신이 성공하지 못했음을 더 깊이 실감하게 만듭니다. 이 생각은 당신을 숲 속으로 내던집니다)

"나는 효과가 있는 무언가를 찾아낼 거야."

(이 생각은 앞의 생각들보다는 약간 더 낫게 느껴지지만, 여전히 기분 좋게 느껴지지 않습니다. 당신은 자신이 여러 가지를 시도해 보았지만 효과가 있는 것을 찾지 못했다고 믿고 있습니다. 따라서 이 생각은 단지 과거의 실패를 가리키고 있을 뿐입니다. 이 생각은 당신을 숲 속으로 내던집니다)

"지금의 나와 같은 상태였지만, 효과가 있는 방법을 찾아냈던 사람들이 있어."

(이 생각에서는 아마 마음이 편안해질 것입니다. 기분이 약간 더 나아지는 것을 느낍니다. 하지만 기억하십시오. 당신은 여기서 완전한 해결책을 찾고자 하는 게 아닙니다. 오로지 바퀴에 머물러있게 할 만큼 충분히 기분 좋게 느껴지는 생각을 찾고 있을 뿐입니다. 그리고 이 생각은 당신을 숲 속으로 내던지지 않습니다. 그래서 그것을 12시 방향에 씁니다. 그런 다음 다시 좀 더 기분 좋게 느껴지는 생각들을 찾아봅니다)

"그것을 오늘 다 해야만 하는 건 아니지."

(그것은 또 다른 머물러있게 하는 생각입니다. 그것을 1시 방향에 씁니다.)

" 효과가 있는 다이어트 방법을 찾아낼 거야."

(숲 속으로 내던져집니다)

"옷을 입을 때 기분 좋게 느껴지질 않아."

(숲 속으로 내던져집니다)

"새 옷을 사는 것은 재미있을 거야."

(2시 방향에 씁니다. 그것은 머물러 있게 합니다)

"내 몸이 더욱 상쾌하게 느껴질 거야."

(3시 방향에 씁니다. 머무릅니다.)

"더욱 활력 있게 느끼게 될 거야."

(4시 방향에 씁니다. 머무릅니다)

"새로운 아이디어들이 내게로 오고 있어."

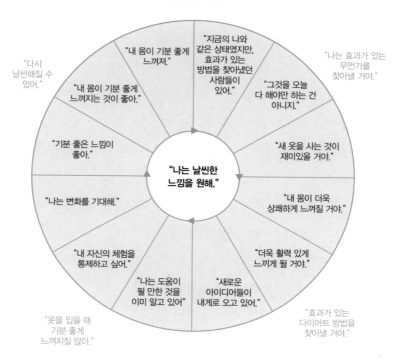

"내 여자 형제들은
날씬하고 예뻐."

"지금의 나와
같은 상태였지만,
효과가 있는
방법을 찾아냈던
사람들이
있어."

"내 몸이 기분 좋게
느껴져."

"다시
날씬해질 수
있어."

"나는 효과가 있는
무언가를
찾아낼 거야."

"내 몸이 기분 좋게
느껴지는 것이 좋아."

"그것을 오늘
다 해야만 하는 건
아니지."

"기분 좋은 느낌이
좋아."

"새 옷을 사는 것이
재미있을 거야."

"나는 날씬한
느낌을 원해."

"나는 변화를 기대해."

"내 몸이 더욱
상쾌하게 느껴질 거야."

"내 자신의 체험을
통제하고 싶어."

"더욱 활력 있게
느끼게 될 거야."

"나는 도움이
될 만한 것을
이미 알고 있어"

"새로운
아이디어들이
내게로 오고 있어."

"옷을 입을 때
기분 좋게
느껴지질 않아."

"효과가 있는
다이어트 방법을
찾아낼 거야."

(5시 방향에 씁니다. 당신은 이제 움직이고 있습니다)

"나는 도움이 될 만한 것을 이미 알고 있어"

(6시 방향에 씁니다. 기분이 더 좋습니다)

"내 자신의 체험을 통제하고 싶어."

(7시 방향에 씁니다. 머무릅니다)

"나는 변화를 기대해."

(8시 방향에 씁니다. 머무릅니다)

"기분 좋은 느낌이 좋아."

(머무르게 하는 생각입니다. 9시 방향에 씁니다)

"내 몸이 기분 좋게 느껴지는 것이 좋아."

(10시 방향에 씁니다. 머무릅니다)

"내 몸이 기분 좋게 느껴져."

(그것을 11시 방향에 쓰고 난 후, 처음에 초점바퀴 한 가운데 적었던 문구에 강조하기 위해 동그라미를 칩니다. 그리고 자신이 이제 그 처음 생각과 더욱 진동적인 조화를 느낀다는 사실을 주목합니다. 몇 분 전만 해도 당신은 그 진동 근처에도 있지 않았지요.)

'초점바퀴' 과정에 대해 좀 더 이야기해 주세요

아마 우리가 이렇게 말했던 것을 기억하실 겁니다.

"당신이 가진 힘의 핵심은 현재에 있습니다. 당신이 과거를 생각하거나, 현재를 생각하거나, 또는 미래를 생각하더라도, 그것을 모두 바로 '지금NOW' 하고 있기 때문입니다."

당신은 지금 진동하고 있습니다. 그 파동은 지금 존재합니다. 진동의 발산은 지금 일어나고 있습니다. 따라서 '지금' 일어나고 있는 일은 근원의 생명력을 호출하는 것과 그것이 자신을 통해 흐르도록 허용하는 것 사이에서 창조를 위한 상호 작용이 일어나고 있는 것입니다. 그 모든 일들이 바로 '지금' 여기에서 일어나고 있습니다.

따라서 여기서 우리는 당신이 다음 며칠간 초점을 맞추길 바라는 단어를 제시합니다. 이곳에서 지금 당신은 새로운fresh 자리에 서있습니다. 우리는 당신이 서있는 자리의 새로움을 사랑합니다. 그리고 지금 당신이 어떻게 이 새로운 자리에 서 있을 수 있는지, 그리고 쉽게 새로운 결과들을 가져다 줄 새로운 소망에 당신의 새로운 에너지를 어떻게 정렬시킬 수 있는지를 보여드리고 싶습니다.

초점바퀴 과정은 당신의 진동이 소망과 일치되도록 신념에 다리를 놓는 것을 돕기 위해 우리가 찾아낸 최상의 도구입니다. 이 과정을 통해 말하고자 하는 것은 다음과 같습니다. 즉, 어떤 것을 창조하기 위한 공식이 있다는 겁니다. 세무신고를 즐겁게 하는 것을 창조하는 일에도 적용되는 창조 공식은 다음과 같습니다.

"소망을 확인세요, 그런 다음 소망과 진동의 조화를 이루십시오."

'초점바퀴' 과정의 다른 예

자, 바퀴 위에 머무르게 할 문구를 찾는 일부터 시작합니다. 자신이 이미 믿고 있는 사실에 충분히 가까워서 자신을 숲 속으로 내던져지지 않게 할 만한 문구를 적으십시오.

예를 들어, 당신이 "세무신고를 준비하는 것이 즐거워!"라고 적는다면 숲 속으로 내던져집니다. 또 "정부가 내 돈을 가지고 가서 쓸모 없는 데 낭비를 하는 것은 멋진 일이야."라고 적는다면 숲 속으로 내던져집니다. 당신의 목표는 자신의 소망과 조화를 이루는, 더 기분 좋게 느껴지는 문구를 찾아내는 일입니다.

따라서 당신은 다음과 같이 적습니다.

"나는 최고로 멋진 삶을 살고 싶어. 내가 할 일을 완수하는 것은 기분 좋은 일이야. 제시간에 일을 해내는 것이 좋아. 정리된 느낌과 체계 잡힌 느낌이 좋아."

아마도 어떤 것은 너무 강력한 진술이었습니다. 당신은 기분을 통해 그 진술이 당신을 머무르게 하는지 그렇지 않은지를 알 수 있습니다. 그렇게 시행착오를 거치면서 계속해나갑니다.

이제 당신은 다음과 같이 진술합니다.

"내가 지금 느끼는 것처럼 느꼈던 수많은 사람들이 있었지. 그들은 아마 지금은 이런 일을 해결했을 거야." 이 진술은 당신을 초점바퀴 위에 태웁니다!

"국세청의 과세 체계는 완벽하지는 않지만, 우리 정부는 그런 체계를 통해 움직이지." 자, 당신은 이 말에 의해 숲 속에 내던져졌습니까? 아니면 바퀴에 머무르고 있습니까?

그리고 이 진술은 어떻습니까?

"해가 갈수록 나는 이 일을 더 잘해가고 있어. 일을 더 쉽게 처리하고 있지. 그리고 앞으로도 계속 일을 더욱 쉽게 처리하는 법을 찾게 될 거야. 세금은 일들을 체계화시키고 해결해가도록 나를 돕고 있는 좋은 자극제 역할을 하고 있어"

기분 좋을수록 더 좋은 결과를 얻게 된다

이제, 당신에게 알려드리고자 하는 것이 있습니다. 우리는 여기서 어떤 일을 처리한 것이 아닙니다. 다시 말해서 삶의 환경이 실제로 바뀐 것은 없습니다. 당신은 여전히 내야 할 세금이 있습니다. 하지만 이제 당신은 이전에 있었던 자리와는 전혀 다른 자리에 있다는 사실을 아시기 바랍니다. 이 초점바퀴 과정을 통해 당신은 모든 것을 전보다 더 쉽고 명료하게 알게 됩니다. 그리고 더 쉽게 기억이 떠오릅니다. 잊어버리고 있던 어떤 것들이 더욱 쉽게 기억납니다. 요컨대, 파일 속, 서류함 속, 폴더 속, 또는 가방 밑바닥에 흩어져 있는 당신 삶의 조각들이(여기 저기 흩어져 있는 모든 정보 조각들이) 당신의 마음속에서 하나로 모아집니다. 다시 말해서 당신의 내면존재가 도움을 주고자 일관되게 작동하기 시작한 것입니다. 그것은 당신이 자신의 에너지를 소망에 일치시키기 위해 약간의 시간을 내기 전까지는 일어나지 않았던 방식입니다.

당신이 거대한 성을 주시하든 조그만 단추를 주시하든 상관없이 주시하는 행위를 통해 당신은 생명력을 불러옵니다. 그런 생명력의 느낌이야 말로 삶의 본질입니다. 생명력을 불러오는 이유는 중요하지 않습니다. 요컨대, 태평양을 횡단하는 크루즈 여행 계획을 세우는 것에서 느끼는 기쁨만큼이나 세무신고 준비를 하는 것에서도 큰 기쁨을 느낄 수 있습니다.

지금 우리가 하는 말을 당신은 믿지 않을 수도 있습니다. 하지만 그것은 당신을 통해서 그 주시의 대상으로 막힘없이 흐르고자 하는 근원 에너지를 허용하지 않았기 때문입니다. 당신은 자신이 해야만 하는 어떤 일을 하기 위해서 근원 에너지를 호출하지만, 그런 다음에 스스로 에너지의 방향을 바꾸어버립니다. 그 이유는 근원 에너지가 흘러드는 것을 방해하는 온갖 습관들이나 익숙한 진술들을 당신이 이미 지니고 있기 때문입니다. 당신을 통해 흐르고자 하는 에너지가 있지만 당신이 그것을 허락하지 않을 때, 그 에너지는 당신을 아주 세차게 휘저어놓게 됩니다. 하지만 이제 초점바퀴 과정을 통해 기분 좋게 느껴지는 생각을 의식적으로 찾아서 전보다 더 오래 특정한 주제에 초점을 맞추게 되었기 때문에, 당신의 끌어당김 자력이 변하게 됩니다.

단순하지만 강력한 힘이 있는 초점바퀴 과정을 삶의 갖가지 주제들에 적용할 때, 당신은 자신에게 중요한 모든 것들을 더욱 효과적으로 끌어당기게 될 것입니다.

느낌 자리 찾아내기

☕ 이 연습 과정에 해당하는 감정 범위

22단계 감정 안내눈금

1 단계	**기쁨 · 앎 · 권능 · 자유 · 사랑 · 감사**	—— POWERFUL
2 단계	**열정**	
3 단계	**열의 · 열망 · 행복**	
4 단계	**긍정적 기대 · 신념**	
5 단계	**낙관**	
6 단계	**희망**	
7 단계	**만족**	
8 단계	**권태**	
9 단계	**비관**	
10단계	**좌절 · 짜증 · 초조**	
11단계	**압도감**	
12단계	**실망**	
13단계	**의심**	
14단계	**걱정**	
15단계	**비난**	
16단계	**낙담**	
17단계	**화**	
18단계	**복수심**	
19단계	**증오 · 격노**	
20단계	**질투**	
21단계	**불안감 · 죄책감 · 무가치함**	
22단계	**두려움 · 비탄 · 암울 · 절망 · 무력감**	—— POWERLESS

☕ 이 과정을 사용하는 때

• 어떤 상황을 더 나아지게 하고 싶을 때

• 더 많은 돈을 원할 때

• 더 나은 직장을 원할 때

• 더 행복한 관계를 원할 때

• 더 기분 좋은 몸을 원할 때

☕ 현재의 감정 범위

'느낌 자리 찾아내기' 과정은 자신의 감정이 다음 범위에 위치할 때 가장 큰 효과가 있습니다.

(9) 비관 ·· (17) 화

느 낌 자 리 찾 아 내 기

일반적으로 사람들은 자신이 바라거나 상상하는 현실 보다는 현재 삶에 더 많이 주의를 기울입니다. 그 결과 자신의 현재 삶에서 더 많은 진동적 영향을 받습니다. 다시 말해서, 지금 당신이 날씬해지기를 바라고 있는데 아주 뚱뚱한 상태라면, 자신의 소망을 시각화한 모습에서 보다는 현재 실제로 체험하고 있는 뚱뚱한 모습에서 더 많은 진동적 영향을 받을 것입니다.

흔히 사람들은 말합니다. "나는 여기에서는 행복하지 않습니다. 그러니 저기에 있게 되기를 바랍니다." 하지만 그들은 원하는 '저기'에 대해 질문을 받게 되면 일반적으로 여기의 잘못된 것들만을 설명합니다. 비록 그들이 "저기에 있고 싶어요.", "저기에 있는 것들을 원해요"라고 말을 하더라도, 그들은 자신이 바라는 '저기'보다는 현재 살고 있는 '여기'에 대한 진동을 훨씬 더 많이 발산합니다.

우리는 앞에서 언급한 '연료게이지' 비유에서, 텅 빈 연료탱크의 계기판을 보지 않으려고 '스마일 스티커'를 붙여서 가리는 게 아무런 도움이 되지 않는다는 사실을 이야기했습니다. 마찬가지로 당신이 지금 불행한 느낌에 있으면서 행복한 척 말하는 것은 전혀 도움이 되지 않습니다. 끌어당김의 법칙은 당신의 말에 반응하지 않고 당신의 진동에 반응하기 때문입니다. 당신은 온갖 좋게 들리는 말을 하고 있지만 자신의 행복에 대해 강한 저항의 상태에 있을 수 있습니다. 하지만 당신이 하는 말이 아니라 어떻게 느끼고 있는지가 중요한 것입니다.

느낌자리 찾아내기 과정은, 현재 자신이 발산하는 진동이 유익한 것인지를 확인할 때 가장 큰 도움이 됩니다. 이 과정은 자신이 실제로 무엇을 끌어당기는지 깨닫도록 돕기 때문입니다. 이것은 상상력을 이용해서 자신의 소망이 이미 이루어진 것처럼, 그리고 그 소망의 세부사항을 지금 체험하며 살고 있는 것처럼 느껴보는 과정입니다.

소망이 이루어진 느낌에 초점을 맞추면서 동시에 소망하는 것이 결핍된 느낌을 가질 수는 없습니다. 따라서 이 과정을 연습해가면 감정눈금의 위쪽으로 옮겨갈 수 있습니다. 그래서 당신은 소망이 아직 이루어지지 않은 상태에서도 이미 그것이 이루어진 것과 같은 진동을 발산하게 됩니다. 그러면 그것은 반드시 이루어집니다.

다시 말하지만, 우주는 당신이 현재 살고 있는 삶 때문에 진동을 발산하는지, 아니면 살고 싶은 삶을 상상하기 때문에 진동을 발산하는지를 구분하지 못합니다. 어느 경우이건 상관없이 우주는 당신이 발산하는 진동에 응답합니다. 그리고 그에 따른 물리적인 구현이 반드시 뒤따르게 됩니다.

예를 들어, 당신이 우편함에서 지불하지 않은 청구서의 두 번째 독촉장을 발견했다고 가정해 봅시다. 봉투를 뜯는 순간에 당신은 매우 불편해지는 것을 느낍니다. 당장 그것을 어떻게 지불해야 할지 막막하기 때문이지요. 이미 청구서의 지불기한은 지났고, 게다가 아직 지불하지 못한 청구서들이 몇 개 더 있습니다. 그래서 당신은 의기소침해지고 낙담하게 됩니다. 당신은 말합니다. "돈이 더 있으면 좋겠어." 한층 더 강조해서 말합니다. "돈이 아주 많으면 좋겠어." 하지만 당신은 자신이 끌어당기는 것에 아무런 영향을 미치지 못하는, 무의미하고 공허한 말을 하고 있습니다. 그 말이 끌어당기는 힘으로 작용하지 않기 때문입니다. 당신이 발산하는 진동이 당신의 끌어당김 자력이며, 당신의 감정은 무엇을 끌어당기고 있는지를 알려주는 실제적인 표지판입니다. 그렇기에, 여기서 당신은 충분한 돈을 갖지 못한 현재 상태와 일치된 감정 속에서 진동하고 있는 것입니다.

느낌 자리 찾아내기 과정의 목표는 돈을 허용하는 진동을 발산하게 하는 이미지를 상상해보는 것입니다. 당신의 목표는 기분 좋게 느껴지는 그림을 마음속으로 창조하는 일입니다. 돈을 충분히 가졌을 때 어떤 느낌일지 그 느낌자리를 찾아내는 것입니다. 돈을 충분히 갖지 않을 때의 느낌자리를 찾는 것이 아닙니다.

당신은 더 많은 돈을 가지고 있었던 때의 기억을 떠올릴 수 있습니다. 또는 많은 돈이 필요하지 않았거나, 적어도 지나치게 많은 청구서로 인해 스트레스를 받지 않았던 때를 기억해도 좋습니다. 그런 기억을 찾아냈을 때는 그 순간의 느낌을 더욱 더 많이 느낄 수 있도록 가능한 더 많은 세부 사항들을 기억해 보십시오.

당신은 어디에 써야할지 모를 만큼 많은 돈을 가지고 있는 모습을 상상할 수도 있습니다. 즉, 어디에 보관해야 할지 모를 정도의 엄청난 돈을 가지고 있다고 상상합니다. 그 막대한 양의 돈이 옷장을 가득 메우고, 침대 밑에 넘쳐나는 모습을 떠올려보십시오. 동전이 가득한 양동이들을 차에 싣고 지폐로 바꾸기 위해 은행에 가는 자신의 모습을 떠올려보십시오. 단지 보관상의 편의를 위해 은행에서 5달러, 10달러, 20달러 지폐들을 전부 100달러 지폐로 바꾸고 있는 자신을 그려 보십시오.

　당신은 지불이 용이하고 잔고가 무한한 신용카드를 자신이 가졌다고 상상할 수도 있습니다. 그것은 날마다 몇 번이고 사용해도 되는 아주 유용한 일종의 마법의 신용카드입니다. 그래서 당신은 매달 한 번씩 아무런 부담 없이 자신이 썼던 모든 금액을 지불하는 수표를 한 장 발행합니다. 당신의 은행 잔고는 매 달 사용하는 이 신용카드의 금액에 비해 엄청나게 많아서, 그 청구서를 지불하는 것은 전혀 대수롭지 않은 일이라고 상상해 보십시오.

　이 '느낌 자리 찾아내기' 과정을 자주 실행할수록 더 능숙해지고 더 재미있게 느껴질 것입니다. 마음속으로 어떤 좋은 것을 상상하거나 또는 선택적으로 무언가를 회상하고 있을 때, 당신은 새로운 진동을 활성화시킵니다. 그때 당신의 끌어당김 자력도 더 강해집니다. 그렇게 해서 자신의 끌어당기는 힘이 강해졌을 때, 당신의 새로운 느낌 자리와 관계가 있는 삶의 모든 부분이 더욱 더 좋아질 것입니다.

감정 연습 IV

불안함에서 평온함으로

풍요를 위해 저항 내려놓기

☕ 이 연습 과정에 해당하는 감정 범위

22단계 감정 안내눈금

1 단계	**기쁨 · 앎 · 권능 · 자유 · 사랑 · 감사**	—— POWERFUL
2 단계	**열정**	
3 단계	**열의 · 열망 · 행복**	
4 단계	**긍정적 기대 · 신념**	
5 단계	**낙관**	
6 단계	**희망**	
7 단계	**만족**	
8 단계	**권태**	
9 단계	**비관**	
10단계	**좌절 · 짜증 · 초조**	
11단계	**압도감**	
12단계	**실망**	
13단계	**의심**	
14단계	**걱정**	
15단계	**비난**	
16단계	**낙담**	
17단계	**화**	
18단계	**복수심**	
19단계	**증오 · 격노**	
20단계	**질투**	
21단계	**불안감 · 죄책감 · 무가치함**	
22단계	**두려움 · 비탄 · 암울 · 절망 · 무력감**	—— POWERLESS

☕ 이 과정을 사용하는 때

- 빚이 없는 상태의 편안한 느낌을 체험하고자 할 때
- 가계 수입과 지출에서 흑자를 창조하고자 할 때
- 돈에 대해 더 기분 좋게 느끼고 싶을 때
- 삶 속에 돈의 흐름을 늘리기를 원할 때

☕ 현재의 감정 범위

'풍요를 위해 저항 내려놓기' 과정은 자신의 감정이 다음 범위에 위치할 때, 가장 큰
효과가 있습니다.

(10) 좌절/짜증/초조 ····························· (22) 두려움/비탄/암울/절망/무력감

풍요를 위해 저항 내려놓기

'풍요를 위해 저항 내려놓기' 과정을 시작하기 위해 자신의 월별 지출 항목 만큼의 칸이 있는 그래프 용지를 구합니다. 먼저, 맨 왼쪽 칸에 자신의 월별 지출 항목 중 가장 큰 금액의 내역을 적습니다. 예를 들어, 매달 지출하는 가장 큰 금액이 집세라면 '집세'라고 씁니다. 그 아래 줄에는 집세의 금액을 씁니다. 그리고 당신이 매달 의무적으로 내야하는 돈을 나타내는 금액에 동그라미로 표시를 합니다. 그런 다음, 그 아래 줄에 현재까지 밀린 '집세'의 합계를 씁니다.

같은 방식으로 두 번째 세로 칸에다 월정 지출항목 중 두 번째로 큰 지불 내역을 써넣고, 세 번째 칸에는 세 번째로 큰 지불 내역을 써 넣는 식으로 계속합니다. 그리고 나서, 이 그래프용지의 맨 위에다 다음과 같은 선언문을 씁니다.

"이 모든 재정적인 의무를 완수하는 것이 나의 소망이다. 어떤 경우에는 지불해야 할 금액의 두 배라도 지불하겠다."

청구서를 받을 때마다, 필요한 경우엔 그래프 용지를 꺼내 지불해야 할 가장 적은 월 지출액을 고칩니다. 청구서 금액이 같다면, 같은 금액을 씁니다.

그 용지의 가장 오른쪽 칸에 있는 항목(매달 내는 것 중 가장 적은 금액에 해당되는 지출항목)에 대한 청구서를 받았거나 또는 내야 할 때가 되면, 그 항목의 두 번째 줄에 정확히 지불할 금액의 두 배를 씁니다. 그런 다음, 밑으로 세 번째 줄의 미지불 금액 합계를 새롭게 계산해서 고칩니다. (서양에서는 모든 지불을 은행을 통해서 하고, 지불한 금액은 은행 및 상대 회사 컴퓨터에 기록이 되기 때문에, 두 배를 내도 기록이 남아 그 돈이 없어지지 않습니다. 그런 상황을 감안하여 이 과정을 실행하시기 바랍니다_역자)

이 게임을 처음 시작할 때는 약간 이상하게 생각될 수도 있습니다. 하지만 용지에 적혀있는 모든 채무를 이행할 돈이 충분하지 않는 때에도, 맨 오른쪽 칸에 있는 항목에는 여전히 지불할 금액의 두 배를 기입하십시오. 그리고 모든 채무를 이행하기 위해 최선을 다하겠고, 어떤 경우에는 그 두 배까지 지불하겠다고 했던 자신의 새로운 약속을 지켰다는 것에 대해 기쁨을 느껴 보십시오.

| '풍요를 위해 저항 내려놓기' 예시 |

**"이 모든 재정적인 의무를 완수하는 것이 나의 소망이다.
어떤 경우에는 지불해야 할 금액의 두 배라도 지불하겠다."**

〈2014년 11월〉

	집세	융자 이자	관리비	통신비	…	교통비	합계
지불 금액	50만 원	40만 원	16만 원	8만 원		~~6만 원~~ 12만 원	
미지불 금액	30만 원	40만 원	0	4만 원		0	74만 원

〈2014년 12월〉

	집세	융자 이자	관리비	통신비	…	교통비	합계
지불 금액	50만 원	40만 원	19만 원	9만 원		~~6만 원~~ 12만 원	
미지불 금액	0	40만 원	0	0		0	40만 원

이 게임을 실행해가면서 자신의 재정 상태를 새로운 관점에서 보기 시작함에 따라, 당신의 진동은 즉시 상승하기 시작합니다. 지불 약속을 지켰다는 사실에 대해 미미하게라도 자부심을 느낄 때, 당신의 진동이 상승됩니다. 어떤 경우에는 두 배라도 지불하겠다고 했던 약속을 지켰을 때, 당신의 진동은 더욱 상승합니다. 비록 미미하게라도 진동이 상승하면 당신의 재정적 상황이 바뀌기 시작합니다.

채무를 지고 있는 모든 내역을 그래프 용지에 실제로 써 넣을 때, 당신의 변화된 관점에 따라 재정적 상황이 긍정적으로 변화되기 시작합니다. 우편함에서 또 다른 청구서를 발견했을 때, 당신은 이제 낙담하는 대신 지불 금액을 그래프 용지에 써넣고 싶은 열망을 느끼게 될 것입니다. 이렇게 당신의 자세가 긍정적으로 바뀌면서 진동이 상승되며 재정적 상황도 변화되기 시작합니다.

기대하지 않았던 돈이 나타날 것입니다. 할인해 주는 일들이 생겨나서 가진 돈이 예상보다 더 오래 갈 것입니다. 재정적으로 도움이 되는 예상치 못한 온갖 일들이 일어날 것입니다. 그런 일들이 생길 때, 그 일들은 당신이 주의를 기울이는 대상을 바꾼 것에 대한 반응으로 당신의 진동이 상승하였기 때문에 일어난 결과라는 것을 아십시오.

여분의 돈이 생겼을 때, 맨 오른쪽 칸의 또 다른 항목을 지불하려고 하는 열성적인 자신을 발견하게 될 것입니다. 그리고 이내 그 빚을 갚아버리고, 그 항목을 그래프 용지에서 지워버릴 수도 있습니다. 나가는 돈보다 들어오는 돈이 더 늘어나면서 지불 항목들이 점점 사라져 없어질 것입니다. 풍요의 느낌은 이 게임을 실행하는 첫 날부터 더 나아질 것입니다. 이 게임을 진지하게 실행한다면, 돈에 대한 당신의 진동은 아주 괄목할만한 상승을 하게 되어, 만일 채무 변제가 당신의 소망이라면, 짧은 기간 내에 빚이 없어지게 될 것입니다.

빚이 잘못된 것은 아닙니다. 하지만 빚을 무거운 짐이라고 여긴다면 돈에 대한 당신의 진동은 저항적이 됩니다. 그 짐을 내려놓을 때, 그래서 더 가볍고 더 자유로운 느낌이 될 때, 저항이 사라집니다. 그러면 당신은 근원의 웰빙이 삶 속으로 풍요롭게 흐르도록 허용하는 자리에 있게 됩니다.

'돈과 경제'에 대해서 좀 더 이야기해 주세요

이 책의 연습 17(초점 바퀴)에서 언급한 것과 같이, 거대한 성을 창조하는 일도 조그마한 단추를 창조하는 일만큼이나 쉽습니다. 그것은 단지 어디에 초점을 맞추느냐의 문제일 뿐입니다. 하지만 성을 창조하는 것만큼이나 단추를 창조하는 것도 자신에게 만족스러운 일입니다. 그리고 거대한 성이 됐든 조그만 단추가 됐든, 당신이 그것을 주시의 대상으로 삼을 때, 그것은 생명력을 불러옵니다. 그런 생명력의 느낌이야 말로 삶의 본질입니다. 당신이 생명력을 불러오는 이유는 중요하지 않습니다.

그렇다면, 재정적 풍요라는 매우 긍정적인 흐름을 창조하는 일은 어떻습니까? 돈이 자신을 통해 쉽게 흐르는 모습을 시각화하는 일에 능숙해지는 것은 어떻습니까? 돈을 소비하여 더 많은 사람들에게 기회를 주는 것은 어떻습니까? 돈을 저축하는 것보다는 더 많은 사람들에게 일자리를 주도록 그 돈을 소비하는 게 더 좋은 길이 아닐까요? 당신이 돈을 더 많이 쓸수록 더 많은 사람들이 이로움을 얻게 되고, 더 많은 사람들이 그 유통구조에 참여하게 되어 당신과 긴밀히 연결됩니다.

당신이 할 일은 에너지를 사용하는 것입니다. 그것이 바로 당신이 존재하는 이유입니다. 당신은 에너지를 흐르게 하는 존재입니다. 당신은 초점을 맞추는 존재이며, 인식하는 존재입니다. 그리고 당신은 창조자입니다. 소망이 쉽게 탄생되는 어마어마한 대조적 환경 속에 들어와서, 자신의 소망을 향해 에너지가 흐르는 것을 허용하지 않는 것보다 더 나쁜 일은 이 우주 어디에도 없습니다. 진정 그것이야말로 삶의 낭비입니다.

고상한 일이나 저급한 일이란 없습니다. 단지 어디에 초점을 맞추느냐의 차이일 뿐입니다. 어떤 일에서도 성취감과 만족감을 느낄 수 있습니다. 당신은 생각의 최선단Leading Edge of thought에 존재하고 있고, 당신이 무엇을 위해 노력하는 지와 관계없이 근원이 당신을 통해 흐르고 있기 때문입니다. 에너지가 흐르도록 허용하기 위해 결심하는 어떤 노력에서도 당신은 기쁨을 느낄 수 있습니다. 이것은 영적인 것과 물질적인 것을 선택하는 문제가 아닙니다.

물질적인 삶의 모든 것이 영적인 것입니다. 물질적으로 구현된 이 모든 것은 영Spirit이 만들어 낸 것입니다. 이 모두가 영의 최종적 산물입니다. 당신은 그 무엇도 입증할 필요가 없습니다. 그저 영적인 자신으로 존재하십시오. 그리고 창조의 달인처럼 창조하십시오.

당신이 가난해진다고 해서 가난한 이들이 부자가 되는 것은 아니다

지구상에서, 수백 년 전의 경제 상황이 어땠는지 생각해보십시오. 무엇이 바뀌었습니까? 더 많은 자원들이 다른 행성에서 운반되어 왔습니까? 아니면, 지구상에 긴 세월 동안 존재해왔던 아주 많은 사람들이 단지 소망하는 많은 것들을 정의했을 뿐인데, 끝없이 무한한 비물리적 근원 에너지가 그 모든 것을 공급하지 않았습니까?

우리는 사람들이 이렇게 말하는 것을 들어보지 못했습니다.

"자, 나는 아주 오랫동안 건강하게 지내왔으니까, 이제 다른 사람들이 내 대신 건강하도록 이제부터 내가 얼마동안 아파야겠다고 결정했답니다."

이렇게 말하지 않는 이유는, 자신의 건강은 다른 사람의 건강과 아무런 관계가 없다는 사실을 알기 때문이지요. 건강은 당신이 사용해서 없애는 것이 아닐뿐더러, 다른 사람에게서 빼앗아오는 것도 아닙니다. 그것은 풍요에 대해서도 같습니다. 풍요와 진동적인 조화를 찾아내 풍요를 자신에게 흘러들게 하고 자신을 통해서 흐르게 한 부유한 사람들은, 그런 풍요를 다른 사람에게서 빼앗고 있는 게 아닙니다.

당신은 가난한 사람이 부자가 되도록 돕기 위해서 가난해질 수 없습니다. 당신이 다른 사람에게 뭔가를 줄 수 있는 때는 오직 자신이 풍요로울 때입니다. 다른 사람들에게 도움이 되기를 원한다면, 자신이 풍요롭게 될 수 있도록 가능한 더 조화롭고, 더 조율이 되고, 더 활기찬 존재가 되십시오.

풍요의 본보기가 되는 사람들에게 감사를 느끼기 바랍니다. 당신의 주위에 그런 풍요의 증거가 없었다면 번영이 가능하다는 사실을 어떻게 알 수 있었겠습니까? 그것은 모두 자신의 소망이 명확해지는 데 도움이 되는 대조의 일부분입니다.

돈은 행복의 근원이 아닙니다. 하지만 악의 근원도 아닙니다. 돈은 누군가가 에너지를 어떻게 사용했는지에 대한 결과물일 뿐입니다. 당신이 돈을 원하지 않는다면 그것을 끌어당기지 마십시오. 하지만 당신이 알아야 할 것은, 돈을 가진 사람들에 대한 비판은 행복과 건강, 명료함 그리고 풍요와 같이 자신이 원하는 것들을 자신에게 올 수 없게 하는 진동의 자리에 당신을 붙잡아 둔다는 사실입니다.

당신이 돈에 관한 생각을 할 때 불편한 느낌이 든다면 돈에 관련된 강한 소망을 가졌다는 것이고, 돈이 정말로, 정말로, 정말로 자신에게 중요한 문제라는 뜻입니다. 따라서 당신이 해야 할 일은 돈을 생각하는 방식을 바꾸고 돈을 기분 좋게 느끼는 방법을 찾는 것입니다. 돈이 아닌 다른 대상을 생각하면서 기분 좋게 느끼는 것도 똑같이 효과적입니다. 그런 순간에도 돈이 들어오도록 허용하기 때문입니다.

자신의 삶 속으로 돈이 흘러들게 하기 위해서 반드시 돈에 대해서만 생각해야 하는 것은 아닙니다. 단지 돈의 '결핍'에 대해서만 생각하지 않으면 됩니다. 그러면 돈이 들어오도록 허용하게 됩니다.

성공은 당신이 느끼는 기쁨에 관한 것이다

우리는 당신이 다른 사람의 성공에 대해 박수치는 것을 보고 기뻐합니다. 당신이 다른 이들의 성공을 보고 순수하게 감동받을 때, 그것은 당신이 성공으로 향하는 길 위에 있음을 의미하기 때문입니다. 많은 사람들은 성공이란 자신이 원하는 모든 것을 얻게 되는 걸 의미한다고 생각합니다. 그러면 우리는, 죽음이 그와 같은 것인데 본질적으로 죽음 같은 것은 없다고 말합니다.

성공은 무언가를 끝내는 일이 아닙니다. 그것은 여전히 꿈꾸면서도 그 꿈이 펼쳐지는 과정에서 맛보는 긍정적인 느낌에 관한 것입니다. 인생에서 성공의 기준은 돈이나 물건이 아닙니다. 성공의 기준은 절대적으로 당신이 느끼는 기쁨의 양입니다.

당신은 이렇게 말할 수도 있습니다. "내가 성공한 사람들(부자이거나 행복한 사람을 의미하는데)을 바라볼 때, 때때로 그들은 부유하면서도 행복해. 내가 성공한 사람들을 이야기할 때, 진짜로 의미하는 것은 진정으로 행복한 사람들이지. 다시 말해 진실로 기쁨 속에서 살아가고 삶의 매일을 열정적으로 살아가는 사람들이지. 그들은 거의 대부분 예외 없이 처음엔 매우 힘들게 시작을 했고 그래서 현실에 강하게 저항했었지. 그런 후에 결국 그들은 본래 타고난 자신의 풍요를 자연스럽게 허용하는 길을 발견했어."

성공은 행복한 삶에 관한 것입니다. 행복한 삶은 단지 행복한 순간들의 연속입니다. 하지만 대부분의 사람들은 행복한 순간들을 허용하지 않습니다. 그들은 행복한 삶을 얻기 위해 너무나 바쁘기 때문입니다.

풍요는 '벌어들이는' 것이 아니라 '허용하는' 것이다

풍요는 육체적 행위와 아무런 관계가 없습니다! 풍요는 자신의 진동에 대한 반응으로 주어집니다. 물론 당신의 신념은 당신 진동의 일부입니다. 그렇기에 만약 당신이 '행위가 풍요를 가져온다'고 믿고 있다면, 그 신념은 당신이 해결해야만 합니다. 당신의 단어장에서, 그리고 당신의 전체적인 앎에서 '벌어들이다'라는 단어를 떠나보내기 바랍니다. 그것을 '허용하다'로 대체하기를 우리는 바랍니다. 당신이 자신의 선천적인 웰빙(풍요)을 허용할 수 있게 되기를 원합니다, 그것은 당신이 벌어들여야 하는 어떤 것이 아닙니다. 당신이 할 일은, 자신이 경험하고 싶은 것을 결정하고, 그것을 받도록 허용하는 일입니다. 풍요는 그것을 얻기 위해 몸부림치면서 고투해야만 하는 어떤 것이 아닙니다. 당신들 모두는 이미 가치 있는 존재이기에, 마땅히 풍요를 받을 자격이 있습니다.

늘 원해 왔고 필요로 하는 모든 자원들이 당신의 손이 닿는 곳에 있습니다. 당신이 해야 할 모든 일은, 하고 싶은 일을 확인한 후 그 일이 이루어졌을 때 어떤 느낌이 드는지 그 느낌자리를 연습하는 것입니다. 당신이 될 수 없고, 할 수 없고, 가질 수 없는 것은 아무것도 없습니다. 당신은 축복받은 존재입니다. 당신은 창조하기 위해 이 물리적 환경 속으로 들어왔습니다. 상충된 생각들 외에는 아무것도 당신을 뒤로 잡아당기지 않습니다. 그리고 감정은 당신이 상충되는 생각을 할 때면 언제나 알려줍니다.

삶은 재밌고 즐거운 것입니다. 삶은 기분 좋아야 마땅합니다! 당신은 강력한 창조자입니다. 그리고 당신은 예정대로 잘해 가고 있습니다.

문제를 찾고 고치려는 일은 적게 하고, 보다 더 많은 삶의 풍미를 맛보십시오. 더 적게 울고 더 많이 웃으십시오. 긍정적인 기대를 더 많이 하고, 부정적인 생각이나 걱정은 더 적게 하십시오. 당신이 기분 좋은 것보다 더 중요한 일은 없습니다. 오로지 기분 좋은 느낌 속에 있으면서 무슨 일이 일어나는지 지켜 보십시오.

매니저에게 맡기기

 이 연습 과정에 해당하는 감정 범위

22단계 감정 안내눈금

1 단계	**기쁨 · 앎 · 권능 · 자유 · 사랑 · 감사**	——— POWERFUL
2 단계	**열정**	
3 단계	**열의 · 열망 · 행복**	
4 단계	**긍정적 기대 · 신념**	
5 단계	**낙관**	
6 단계	**희망**	
7 단계	**만족**	
8 단계	**권태**	
9 단계	**비관**	
10단계	**좌절 · 짜증 · 초조**	
11단계	**압도감**	
12단계	**실망**	
13단계	**의심**	
14단계	**걱정**	
15단계	**비난**	
16단계	**낙담**	
17단계	**화**	
18단계	**복수심**	
19단계	**증오 · 격노**	
20단계	**질투**	
21단계	**불안감 · 죄책감 · 무가치함**	
22단계	**두려움 · 비탄 · 암울 · 절망 · 무력감**	——— POWERLESS

☕ 이 과정을 사용하는 때

- 할 일이 너무 많다고 느낄 때
- 자신이 좋아하는 일을 하기 위한 시간을 더 많이 갖고자 할 때
- 세상에 태어날 때 의도한 대로 강력한 창조자가 되기를 바랄 때

☕ 현재의 감정 범위

'매니저에게 맡기기' 과정은 자신의 감정이 다음 범위에 위치할 때 가장 큰 효과가
있습니다.

(10) 좌절/짜증/초조 ⋯⋯⋯⋯⋯⋯⋯⋯⋯⋯⋯⋯⋯⋯⋯⋯⋯⋯⋯ (17) 화

매니저에게 맡기기

당신이 규모가 매우 큰 기업의 사장이고, 그곳에는 수천 명의 직원들이 당신을 위해 일하고 있다고 상상해보십시오. 그곳엔 생산부서와 영업부서 직원들이 있으며, 또한 재무부서와 회계부서 직원들 그리고 고문들이 있습니다. 또한 아티스트들과 광고 전문가들이 있습니다. 수천 명의 모든 직원들이 당신의 회사를 성공적으로 만들기 위해 일하고 있지요.

이제, 이 모든 직원들 중 그 누구도 당신이 직접적으로 관리하지 않는다고 상상하십시오. 당신을 위해 그 모든 일을 대신 해주는 매니저가 있는데, 그는 모든 직원들을 알고 있고 그들에게 조언을 하고 그들을 감독하고 있습니다. 따라서 당신은 언제든지 새로운 아이디어가 떠오르면 매니저에게 이야기합니다. 그러면 그는 "곧바로 처리하겠습니다."라는 말과 함께 즉시 그 일을 처리합니다. 매니저는 당신이 바라는 일을 효율적이고도 효과적으로 그리고 정확하게 처리합니다.

아마 당신은 스스로 이렇게 말할지도 모릅니다.

"나에게도 나를 대신해 모든 일을 맡아줄 그런 믿음직스러운 매니저가 있다면 정말 좋을 텐데."

그러면 우리는 당신에게 말할 것입니다.

"당신은 그런 일뿐만이 아니라 훨씬 많은 다른 일까지 해주는 매니저를 가지고 있습니다. 끊임없이 당신을 대신해서 일을 하는 '끌어당김의 법칙'이라고 부르는 매니저를 가지고 있지요. 그리고 이 우주 매니저를 당신의 요구대로 움직이게 하려면 당신은 단지 요청하기만 하면 됩니다."

하지만 대부분의 사람들은 자신의 매니저를 이런 식으로 보지 않습니다. 사람들은 이러한 매니저가 있음에도 계속해서 스스로 모든 책임을 떠맡고 있습니다. 다시 말해 이렇게 말하고 있지요. "네, 끌어당김의 법칙이 저 바깥에 있군요. 하지만 나는 모든 일을 내가 떠맡았답니다." 그러면 우리는 그들에게, "좋습니다, 그렇다면 당신들에게 끌어당김의 법칙의 유익한 점은 뭔가요?"라고 물어볼 것입니다. 그것은 마치 당신이 연봉 50만 달러를 지급하는 매니저를 고용하고 있는데, 그 매니저가 "저에게 시키실 일이 있습니까?"라고 물어볼 때, "아니요, 아니요. 아무것도 없어요! 나는 단지 당신이 매니저라는 직책을 가지고 있도록 돈을 지불하는 일에 만족한답니다."라고 대답하는 것과도 같습니다. 그러면서 사람들은 모든 일을 혼자 떠맡아 애를 쓰고 있는 중입니다. 그들은 자신을 잊어버릴 정도로, 그리고 탈진할 정도로 언제나 일만 하고 있습니다. 그들의 매니저가 해변 어딘가에서 일광욕을 즐기고 있는 동안에도 말이지요.

아마 당신이라면 그렇게 하지는 않을 것입니다. 그렇지 않습니까? 당신은 자신의 매니저에게 일을 시킬 것입니다. 당신이 바라는 좋은 결과를 기대를 하면서 매니저에게 일을 맡길 테지요. 그것이 바로 끌어당김의 법칙을 다루는 방식입니다. 바라는 결과를 기대하면서 그저 요구하십시오.

그런 방식으로 우주 매니저에게 일을 맡길 때, 당신은 의식적 창조에 필요한 두 가지 일을 하고 있는 중입니다. 즉, 당신은 소망의 대상을 확인하고 있으며 그리고 우주가 당신에게 가져다주는 것을 허용하고 있습니다.

따라서 목표를 설정하는 일은, 우주 매니저에게 자신의 일을 위임하는 것과 같습니다. 그리고 허용의 진동을 달성하는 것은 뒤로 물러서서 자신의 매니저가 일을 하도록 신뢰하는 것과 같습니다. 또한 허용의 진동을 성취하는 것은 당신이 뭔가가 필요할 때 매니저가 당신에게 그것에 집중하게 한다는 것을 믿는 것과 같습니다. 다시 말해서, 새로운 결정을 해야 할 필요가 있을 때 당신은 그것을 알게 될 것입니다.

당신은 자신의 삶을 누군가에게 맡기고 있는 게 아닙니다. 자신의 삶을 창조하는 중입니다. 그리고 당신은 창조 방식에 있어서 '행동하는 사람'actionary보다는 '상상하는 사람'visionary이 되어가고 있는 중입니다. 하지만 당신은 여전히 많은 일들을 스스로 하고자 할 것입니다. 우리는 당신을 행동에서 멀어지게 하려는 게 아닙니다. 행동은 즐거운 것입니다. 온 우주를 통틀어 자신의 소망과 진동적으로 일치된 상태가 되는 것, 즉 자신이 근원 에너지와 연결된 존재 상태에서 영감에 고취된 행동을 하는 것보다 더 감미로운 것은 없습니다. 그것이 바로 창조 과정이 가장 멀리까지 확장된 상태입니다. 온 우주를 통틀어 영감에 의해 고취된 행동보다 더 감미로운 행동은 없습니다.

본연의 건강 회복하기

☕ 이 연습 과정에 해당하는 감정 범위

22단계 감정 안내눈금

1 단계	**기쁨 · 앎 · 권능 · 자유 · 사랑 · 감사**	—— POWERFUL
2 단계	**열정**	
3 단계	**열의 · 열망 · 행복**	
4 단계	**긍정적 기대 · 신념**	
5 단계	**낙관**	
6 단계	**희망**	
7 단계	**만족**	
8 단계	**권태**	
9 단계	**비관**	
10단계	**좌절 · 짜증 · 초조**	
11단계	**압도감**	
12단계	**실망**	
13단계	**의심**	
14단계	**걱정**	
15단계	**비난**	
16단계	**낙담**	
17단계	**화**	
18단계	**복수심**	
19단계	**증오 · 격노**	
20단계	**질투**	
21단계	**불안감 · 죄책감 · 무가치함**	
22단계	**두려움 · 비탄 · 암울 · 절망 · 무력감**	—— POWERLESS

☕ 이 과정을 사용하는 때

- 건강하지 않을 때
- 불안하게 하는 건강진단을 받았을 때
- 육체적인 고통을 느낄 때
- 더 활기찬 느낌을 원할 때
- 건강에 대해 막연한 불안감을 느낄 때

☕ 현재의 감정 범위

'본연의 건강 회복하기'는 자신의 감정이 다음 범위에 위치할 때 가장 큰 효과가 있습니다.

(10) 좌절/짜증/초조 ·························· (22) 두려움/비탄/암울/절망/무력감

본연의 건강 회복하기

이 과정은 편안한 장소에 누워서 실행합니다. 편안할수록 더 좋습니다. 누군가로부터 방해받지 않을 것 같은 시간에, 대략 15분 정도를 할애하십시오.

이제, 다음과 같은 짧은 문장들을 종이에 씁니다. 그리고 자리에 누웠을 때 그것을 천천히 자신에게 읽어줍니다.

- 내 몸은 건강한 것이 자연스럽다.
- 나는 건강해지기 위해서 무엇을 해야 하는지 모를지라도 내 몸은 알고 있다.
- 나는 개별적인 의식을 가진 수조 개의 세포들을 가졌고, 그 세포들은 각자의 균형을 어떻게 유지하는지 알고 있다.
- 이 병이 시작됐을 때, 나는 지금 알고 있는 것을 알지 못했었다.
- 지금 알고 있는 것을 그때 알았더라면, 이 병은 시작되지 않았을 것이다.
- 이 병의 원인을 알 필요가 없다.
- 어떻게 해서 이 병에 걸리게 됐는지 설명할 필요는 없다.
- 단지 이 병을 궁극적으로 부드럽게 놓아주기만 하면 된다.

- 이 병이 시작됐다는 것은 문제가 되지 않는다. 그것은 바로 지금 방향을 바꾸고 있기 때문이다.
- 건강 쪽으로 바뀐 내 생각에 내 몸이 조화를 이루는 데 다소 시간이 걸리는 것은 자연스러운 일이다.
- 어떤 일도 서두를 필요가 없다.
- 몸은 무엇을 해야 하는지를 알고 있다.
- 건강이 나에게 자연스러운 것이다.
- 내면존재는 내 몸의 미세한 부분까지 알고 있다.
- 내 몸의 세포들은 번성하기 위해 필요한 것들을 요청하고 있고, 근원 에너지는 거기에 응답하고 있다.
- 나는 근원의 믿음직한 치유력 안에 있다.
- 나는 이제 긴장을 풀고, 내 몸과 근원 사이의 소통을 허용할 것이다.
- 내가 해야 할 유일한 일은 긴장을 풀고 호흡하는 것이다.
- 나는 할 수 있다.
- 나는 쉽게 할 수 있다.

이제, 가만히 누워서 자신이 누워 있는 매트리스의 편안함을 즐깁니다. 그리고 들어오고 나가고 들어오고 나가는 자신의 호흡에 초점을 맞춥니다. 당신의 목표는 최대한 편안해지는 것입니다.

편안한 상태를 유지하면서, 할 수 있는 한 깊이 호흡을 합니다. 억지로 하지는 마십시오. 어떤 일이 일어나게 만들려고 애쓰지 마십시오. 긴장을 풀고 편안하게 호흡하는 일 이외에 당신이 해야 할 일은 없습니다.

자신의 몸 안에서 부드럽고 온화한 감각이 느껴지기 시작할 것입니다. 그러면 미소로 감사를 표하십시오. 이것은 근원 에너지가 몸 안의 세포들의 특정한 요청에 응답하고 있는 것입니다. 당신은 지금 치유 과정이 진행되는 것을 느끼고 있습니다. 그 과정을 돕거나 강화시키려는 어떤 시도도 하지 마십시오. 단지 편안히 긴장을 풀고 호흡하시기 바랍니다. 그리고 그것을 허용하십시오.

만약 누워 있는 동안에 몸의 통증을 느꼈다면, 같은 과정을 반복하십시오. 그럼에도 불구하고 여전히 통증을 느낀다면, 처음에 적었던 내용에다 다음의 문장들을 추가하면 도움이 될 것입니다.

- 이 통증은 에너지를 요구하는 세포들의 요청에 근원이 응답하고 있다는 표시다.
- 이 통증은 근원의 도움이 주어지고 있다는 놀라운 표시다.
- 나는 이 통증 속에서도 편안히 긴장을 풀 것이다. 그것은 내 몸이 나아지고 있다는 신호임을 알기 때문이다.

이제, 가능하면 잠 속으로 빠져드십시오. 모든 것이 잘 되고 있다는 앎 속에서 미소를 지으십시오. 호흡을 하면서 긴장을 풀고, 그리고 신뢰하십시오.

278 ·

'본연의 건강 회복하기'에 대해서 좀 더 이야기해 주세요

어떤 불편함을 느끼게 될 때에는, 잠시 멈추어 자신에게 말하십시오. "내가 느끼고 있는 이 불편함은 내가 가진 저항을 알아차린 것 외에 다른 것이 아니다. 지금은 긴장을 풀고 호흡할 때다. 긴장을 풀고 호흡하자, 긴장을 풀고 호흡하자!" 그러면 금방 편안함을 회복할 수 있을 것입니다.

몸 안의 모든 세포들은 창조를 일으키는 생명에너지와 직접적인 관계를 맺고 있으며 각각의 세포들은 독자적으로 반응합니다. 기쁨을 느끼고 있을 때는, 모든 회로들이 열려서 근원의 생명에너지를 완전히 받아들일 수 있게 됩니다. 죄책감, 비난, 두려움, 분노를 느낄 때는, 회로들이 방해를 받게 되어 생명에너지가 효율적으로 흐를 수 없습니다. 물리적 체험이란 그 회로들을 지켜보면서 가능한 한 열려 있도록 유지시키는 일입니다. 세포들은 무엇을 해야 하는지 알고 있습니다. 그들은 근원 에너지를 불러오고 있습니다.

어떠한 그림이라도 덧칠해 수정할 수 있듯이, 당신은 어떠한 상황도 더 좋은 상태로 바꿀 수 있습니다. 인간의 환경 속에는 제한적인 생각들이 많이 있습니다. 그래서 소위 말하는 불치병이라든가 또는 바뀔 수 없는 불가항력의 상황이라는 것들이, 결코 변화될 수 없는 것처럼 보일 수 있습니다. 하지만 그것들은 사람들이 그렇게 믿고 있기 때문에 "변할 수 없는 것"일 뿐입니다.

어떤 사람이 최근에 이렇게 물었습니다. "몸의 치유 능력에는 어떤 한계가 있습니까?"

우리가 대답했지요. "어떤 한계도 없습니다. 당신이 지니고 있는 '한계가 있다'는 믿음 외에는."

그가 다시 물었습니다. "그렇다면 왜 사람들의 팔다리는 새롭게 자라나지 않습니까?"

우리는 대답했습니다. "왜냐하면 어느 누구도 그렇게 할 수 있다고 믿지 않기 때문입니다."

하지만 건강하지 못한 어린 아기는 어떻게 된 것인가

자주 받는 질문이 있습니다. "그런데 어린 아기들의 경우는 어떻게 된 것입니까? 건강하게 태어나지 못한 어린 아기들은요?"

우리는 다음과 같이 대답합니다. 그 아기들은, 지금까지 심지어 자궁 속에서 조차도 어떤 진동에 노출되어 왔으며 그것이 그들로 하여금 건강을 허용하지 못하게 하는 원인이 되었습니다. 그렇지 않았다면 그들은 건강했을 것입니다. 하지만 그들이 어떠한 신체적 이상을 지닌 채 태어났더라도, 그들이 건강을 허용하는 생각을 하도록 고무된다면 비록 신체가 완전히 형성된 뒤라도 다시 본래의 건강한 몸으로 바뀔 수 있습니다.

절대적으로 건강한 것이 자연스러운 상태입니다. 풍요로운 것이 자연스러운 상태입니다. 기분 좋은 것이 자연스러운 상태입니다. 명료함을 느끼는 것이 자연스러운 상태입니다. 혼란을 느끼거나, 충분히 가지고 있지 못하거나, 결핍이나 비난을 느끼는 것은 진실로 당신의 자연스러운 상태가 아닙니다. 이러한 것들은 진정한 당신 자신의 본래 상태가 아닙니다. 하지만 대다수의 사람들이 삶의 경험 속에서 얻게 된 그런 부자연스런 상태가 자신들의 자연스러운 경향인 것처럼 보이게 되었습니다.

당신이 어떤 불편함을 느낄 때, 그것이 정신적 고통이든 신체적 고통이든 그것은 언제나 다음과 같은 한 가지 사실만을 의미할 뿐입니다. "나는 에너지를 호출해내는 소망을 가지고 있지만, 그것을 허용하지 않는 믿음을 가지고 있다. 그래서 내 몸 안에 저항을 창조했다." 그 때 불편함이나 고통을 놓아버릴 수 있는 해결책은, 긴장을 풀고 마음이 편안해지는 느낌을 찾는 것입니다.

우리는 이런 질문을 받습니다. "질병의 근원이 없다면, 어떻게 병든 사람들이 그렇게도 많습니까?" 그 이유는, 그들이 자신을 건강과 진동적으로 조화롭지 못하게 하는 수많은 핑계거리를 찾아냈기 때문입니다. 그들은 존재 본연의 건강한 웰빙을 받아들이지 않고 있습니다. 그들이 웰빙을 받아들이지 않을 때는 마치 병든 것처럼 건강이 존재하지 않는 듯해 보입니다. 그리고 아주 많은 사람들이 그렇게 할 때 당신은 말합니다. "오, 질병의 근원이 있는 게 틀림없어요. 사실에 입각해 그것에 이름을 붙이도록 합시다. 그것을 '암'이라고 부릅시다. 그것에 온갖 종류의 무시무시한 이름을 붙여서, 그것이 사람들의 체험 속으로 뛰어 들어간다는 것을 일깨워줍시다." 그러면 우리는, 그것은 결코 어느 누구의 체험 속으로도 뛰어 들어가지 않는다고 말합니다. 그것은 사람들이 삶의 시행착오를 통해서 그리고 암과 같은 것이 얼마나 무서운 것인지 서로에게 떠들고 다님으로써, 단지 웰빙을 받아들이지 않는 사고방식들을 배우게 된 것뿐입니다.

당신이 웰빙을 허용하지 않을 때, 그것은 삶 뒤편에서 육체적인 질병이나 원하는 것의 부족 내지 결핍으로 나타납니다. 그러면 시간이 흐르면서 당신은 그것이 어딘가에 근원이 있는 하나의 '실재'라고 믿기에 이릅니다. 그리고 그때부터, 결코 존재하지 않는 "악의 근원"으로부터 자신을 지키기 위해 그에 대한 완벽한 정보를 개발합니다.

당신이 무서운 진단을 받았다면

만약 당신이 결코 듣고 싶지 않은 병의 진단을 받았다면 아마도 이렇게 말할 것입니다. "오, 맙소사! 어떻게 내가 그토록 원했던 것과 이렇게도 동떨어진 것을 얻게 될 수가 있지?"

그러면 우리는 말합니다. 그것은 한 번에 일어난 하나의 큰 일이 전혀 아니랍니다. 작은 일들이 연속된 결과였습니다. 그것이 의미하는 것은 이렇습니다. "나는 기분 좋은 생각을 선택할 수도 있었고, 그다지 기분 좋지 않은 생각도 선택할 수도 있었습니다. 하지만 나는 주로 기분 나쁜 생각을 선택해 왔지요. 그래서 웰빙을 받아들이는 상태에 있지 못하게 하는 선택을 매일 해온 결과가 그렇게 큰 일로 나타난 것입니다."

그것이 일어난 일의 진상입니다! 그러므로 자신을 두려움 속에 있게 하는 그 어떤 느낌자리도 허락하지 마십시오. 병은 자신이 근원 에너지와 조화를 이룬 정도에 따라 나타난 것일 뿐입니다. 병은 자신이 원하는 것을 더 명확하게 알게 해줍니다. 그리고 가장 중요한 것은, 당신이 근원 에너지를 받아들이고 있는지 아니면 거부하고 있는지를 아주 예민하게 알려준다는 사실입니다. 건강함을 허용하거나 거부하는 일은 모두 자신의 사고방식, 분위기, 마음자세 그리고 습관적인 생각들에 달려 있습니다. 어떤 사람이나 동물에게도 예외가 없습니다. 하지만 당신은 그것들은 언제든 다시 바꿀 수 있기 때문에, 자신의 마음이 자연스러운 리듬으로 되돌아갈 다른 길을 찾아내게 될 것입니다.

몸을 다루는 것은 실제로는 마음을 다루는 것에 관한 일입니다. 모든 병은 전적으로 정신적인 문제에서 옵니다. 결코 예외가 없습니다.

근원의 웰빙 쪽으로 새롭게 방향을 바꿀 수 없는 경우란 없습니다. 하지만 그러기 위해서는 기분 좋게 느껴지는 대상에만 주의를 기울이겠다는 결단이 필요합니다. 그래서 우리는 다음과 같은 도전적인 진술을 제시하고자 합니다. "어떤 질병이라도 며칠 안에 치료될 수 있습니다. 그 어떤 병이라도 말이죠. 당신이 그 병을 더 이상 의식하지 않게 되고, 그 병과 다른 새로운 진동이 주도적인 진동이 되게 할 수만 있다면 가능한 일입니다. 치유하는 데 걸리는 시간은, 병을 어느 정도 의식하지 않게 되는지와 얼마나 빨리 병과 다른 진동을 달성하는지에 달려 있습니다. 몸에 나타난 어떠한 만성적 질병도 그것을 놓아버리는데 걸리는 시간보다, 몸에 드러나는데 더 오랜 시간이 걸렸기 때문입니다."

부정적인 감정이 불러오는 질병

육체적인 고통은 단지 감정이 발전된 것에 불과합니다. 감정에는 단지 두 가지가 있는데, 하나는 기분 좋은 것이고 또 하나는 기분 나쁜 것입니다. 이 두 가지 감정이 뜻하는 것은, 당신이 근원 에너지의 흐름을 허용하는지 아니면 허용하지 않는지를 보여주는 것입니다.

몸의 질병이나 아픔은 단지 부정적인 감정이 발전된 것일 뿐입니다. 그리고 당신이 그 병이나 아픔에 대해 더 이상 어떤 저항도 느끼지 않게 될 때, 그것은 문제가 되지 않습니다.

당신의 몸이 원하는 상태가 되도록 하기 위해서 특별히 몸에 대한 긍정적인 생각들을 해야만 할까요? 그렇지 않습니다. 하지만 몸에 대해 특별히 부정적인 생각들은 하지 말아야 합니다. 만약 자신의 몸에 대해 아무런 생각도 하지 않고 오직 즐거운 일만 생각한다면, 당신의 몸은 자연적인 건강상태를 되찾을 것입니다.

자신을 통해 생명을 불러오는 소망을 가지고 있는 한, 편안하고, 기뿜에 넘치며, 활기차고, 건강하게 살 수 있습니다. 사람들은 세월이 흘렀기 때문에 죽는 것이 아닙니다. 이곳에서 활기차게 살고자 하는 결심을 더 이상 하지 않기 때문에 죽습니다. 여태껏 사람들이 죽게 된 유일한 이유는, 단지 그들이 이곳에 존재하고자 하는 결심을 중단했거나 또는 그들이 비물리적 존재가 되기로 결심했기 때문입니다.

당신은 이 몸에 영원히 머무를 수 있다

"자신의 몸을 최상의 상태로 만들어서, 살아가는 내내 그 최상의 몸 상태를 계속 유지할 수 있을까요?"

우리는 절대적으로 가능하다고 말합니다. 그것은 당신이 최상의 상태에 도달한 후, 같은 날 벼랑으로 굴러 떨어지는 것을 의미하지는 않지요. 최상의 몸 상태에 도달해 계속해서 그 감미로움을 만끽하는 것을 의미합니다. 그런데 왜 사람들이 일반적으로 그렇지 못한 체험들을 하게 될까요? 그 이유는, 거의 모든 사람들이 자신의 주위를 둘러보면서 단지 눈에 보이는 것에 대한 반응으로 진동하기 때문입니다.

그렇다면 해결책은 무엇일까요? 주위를 더 적게 둘러보고, 더 많이 상상하는 것입니다. 더 적게 둘러보고, 더 많이 상상하십시오. 당신이 상상하는 건강한 모습이 가장 친숙한 진동이 될 때까지 말이지요.

당신은 이 몸에 무한정 머무를 수 있습니다. 만일 당신의 환경이 새롭고, 지속적이고, 생명을 불러일으키는, 저항이 없는 순수한 소망들을 계속해서 탄생시키는 일을 당신이 허용하기만 한다면, 진실로 무한정 머무를 수가 있습니다. 당신은 자신의 모든 가능성을 열어놓고 새로운 소망들을 끊임없이 찾아내는 사람이 될 수 있습니다. 그러면 그 소망들은 당신을 통해서 지속적으로 생명에너지를 불러올 것입니다. 요컨대, 당신은 거침없이 살아갑니다. 즐겁게 살아갑니다. 활기차게 살아갑니다. 또한 열정적으로 살아갑니다…. 그리고 나서, 당신은 그와 동일한 구도 속에서 이 물질 세계의 삶에서 비물질 세계의 삶으로 옮겨가는 일을 의식적으로 결정하게 됩니다.

모든 죽음은 스스로 부과하는 것입니다

사람들이 비물리적인 존재 상태로 옮겨가는 가장 큰 이유는 육체적 존재 상태가 괴롭기 때문이 아닙니다. 육체상태에서 할 일이 끝났다는 감각을 느끼고, 이제 다른 전망의 자리로 가고자 하기 때문입니다. 죽음이란 '의식의 거두어들임'인데, 그것은 이곳에 주의를 두다가 다른 곳으로 주의를 옮기는 것과 같습니다.

　모든 죽음은 그 존재의 진동이 정점인 상태에서 일어납니다. 그것에는 어떠한 예외도 없습니다. 동물이나 인간은 모두 그들 내면의 진동적인 합의 속에서 비물질 상태로 옮겨갑니다. 그렇기에 모든 죽음은 자살이라고 말할 수 있습니다. 스스로 자신에게 부과하는 것이기 때문이지요.

당신은 항상 비물질 세계로부터 투사되고 있는 영원한 존재이며, 그리고 때때로 그런 투사됨이 하나의 육체적 개인으로 나타나는 것입니다. 그 육체적 개인이 이번 생의 완결 지점에 이르렀을 때, 이곳에 초점을 맞추고 있던 의식을 거두어들이게 됩니다. 비유하자면 이런 것입니다. 당신이 이곳에 앉아있고, 때때로 어떤 영화 속으로 들어간다고 상상해보십시오. 또 때로는 그 영화 바깥으로 빠져 나오기도 합니다. 하지만 당신이 영화 속에 있든 영화 바깥에 있든, 언제나 당신은 그 영화 속으로 들어갔던 바로 그 '자신'인 것입니다.

자, 여기 당신에게 도움이 될 만한 최고의 규칙이 있습니다. 당신이 좋다고 믿는 어떤 일을 하면, 그것은 당신에게 이롭습니다. 당신이 나쁘다고 믿는 어떤 일을 하면, 그것은 당신에게 매우 해로운 경험이 됩니다. 그래서 자신이 부적절하다고 믿는 어떤 일을 하는 것이야말로 자신에게 가장 큰 해를 끼치는 일입니다. 따라서 어떤 것을 선택하든 그것을 명확히 확인하고, 그것에 대해 행복한 느낌을 가지십시오. 왜냐하면 자신의 모순적 행동이 진동적인 상충을 불러일으키는 주요한 원인이기 때문입니다.

자신이 원하는 것을 결정하고 그것에 주의를 집중하십시오. 그리고 그것의 느낌자리를 찾으십시오. 그러면 당신은 즉시 그곳에 있게 됩니다. 어떤 것을 향해 가는 길에서 또는 그것을 통과해가는 과정에서, 당신이 괴로워하거나 고투해야 할 이유는 없습니다.

감정 눈금 위쪽으로 옮겨가기

☕ 이 연습 과정에 해당하는 감정 범위

22단계 감정 안내눈금

1 단계	**기쁨 · 앎 · 권능 · 자유 · 사랑 · 감사**	—— POWERFUL
2 단계	**열정**	
3 단계	**열의 · 열망 · 행복**	
4 단계	**긍정적 기대 · 신념**	
5 단계	**낙관**	
6 단계	**희망**	
7 단계	**만족**	
8 단계	**권태**	
9 단계	**비관**	
10단계	**좌절 · 짜증 · 초조**	
11단계	**압도감**	
12단계	**실망**	
13단계	**의심**	
14단계	**걱정**	
15단계	**비난**	
16단계	**낙담**	
17단계	**화**	
18단계	**복수심**	
19단계	**증오 · 격노**	
20단계	**질투**	
21단계	**불안감 · 죄책감 · 무가치함**	
22단계	**두려움 · 비탄 · 암울 · 절망 · 무력감**	—— POWERLESS

☕ 이 과정을 사용하는 때

- 현재 기분이 좋지 않은데, 더 나은 기분이 되기가 어려울 때
- 최근에 아주 절망스러운 어떤 일이 자신이나 가까운 이에게 일어났을 때
  (누군가 죽었다거나, 애인과 헤어졌다거나, 자신의 개가 차에 치였다거나 등등)
- 위기상황을 다루어 나가야 할 때
- 무서운 병의 진단을 받았을 때
- 사랑하는 사람이 무서운 병의 진단을 받았을 때
- 자신의 자녀 또는 아주 가까운 이가 심각한 상해나 위기에 처해 있을 때

☕ 현재의 감정 범위

'감정눈금 위쪽으로 옮겨가기' 과정은 자신의 감정이 다음의 범위에 위치할 때 가장
큰 효과가 있습니다.

(17) 화 ⋯⋯⋯⋯⋯⋯⋯⋯⋯⋯⋯⋯⋯⋯ (22) 두려움/비탄/암울/절망/무력감

감정 눈금 위쪽으로 옮겨가기

삶의 대조적 환경은 자신의 선호와 소망을 확인하는 일에 도움이 됩니다. 그리고 당신이 큰 소리로 이야기하든 그렇지 않든, 근원은 당신의 모든 선호와 소망들(그것이 크게 느껴지든 작게 느껴지든 관계없이)을 듣고 있고, 또한 응답하고 있습니다. 그리고 끌어당김의 법칙이라고 불리는 우주 매니저는 소망을 성취하는 데 도움이 되도록 상황들, 사건들, 사람들 및 온갖 종류의 일들을 준비시켜 놓고 있습니다. 다시 말해서, 당신은 요청을 하였고 그것은 진동적으로 이미 주어졌습니다. 하지만 이제 당신이 그것을 받아들여야만 합니다.

기억하십시오. 어둠이나 병, 혼란이나 악의 비물리적인 근원은 존재하지 않습니다. 오로지 웰빙의 흐름만이 존재하며, 또한 그것은 언제나 당신을 향해 흐르고 있습니다. 당신이 거부하는 진동을 발산하지 않는 한 그것을 전부 받게 될 것입니다. 그리고 감정은, 자신이 그 흐름을 얼마나 허용하는지 아니면 저항하는지를 알 수 있도록 당신을 돕고 있습니다. 다시 말해서, 기분이 더 좋을수록 더 적게 저항하고 있고, 기분이 더 나쁠수록 더 많이 저항하고 있는 것입니다.

이 '감정 눈금 위쪽으로 옮겨가기' 과정은, 당신이 현재 어떤 자리에 있든, 무엇을 창조하고 있든, 어떻게 느끼고 있든, 그와 상관없이 자신의 저항 상태를 낮추는 데 도움을 줄 것입니다. 그래서 당신은 허용의 상태를 강화시킬 것입니다. 또한 이 과정 중에 느끼는 마음이 편안해지는 느낌은 당신이 저항을 놓아버렸다는 것을 알려주는 표지가 됩니다.

그리고 의식적인 창조란 진실로 자신의 감정 상태를 의도적으로 성취하는 일임을 이해하시기 바랍니다.

예를 들어보겠습니다.

- 당신은 돈이 충분하지 않을 때 더 많은 돈을 원합니다. 하지만 당신이 옮겨가야 할 곳은 '돈이 충분치 않음'에서 '돈이 충분히 있음'으로가 아닙니다. '재정적인 불안감'에서 '재정적인 안전한 느낌'으로 옮겨가야 합니다. 일단 당신이 더 안전한 느낌을 주는 생각들을 지속적으로 연습하게 되면, 돈은 반드시 뒤따르게 됩니다.

- 당신은 병에 걸렸을 때 건강하기를 바랍니다. 하지만 당신이 옮겨가야 할 곳은 '병'에서 '건강함'으로가 아닙니다. '두려움'에서 '확신' 또는 '신뢰'의 느낌으로 옮겨가야 합니다. 일단 당신이 자신의 건강에 대해 더 확신을 주는 생각들을 지속적으로 연습하게 되면, 건강의 호전이 반드시 뒤따르게 됩니다.

- 배우자가 없어서 누군가를 만나게 되길 원할 때, 실제로 옮겨가

야 할 곳은 '외로운 존재'라는 느낌에서 삶에 대한 '흥분 또는 만족스러운 느낌'입니다. 일단 자신의 삶에 대해 흥분과 설레는 기대감을 느끼게 하는 생각들을 지속적으로 연습하게 되면 이상적인 배우자가 반드시 나타나게 됩니다.

당신은 이렇게 말할 지도 모릅니다. "새 차를 원합니다." 하지만 우주는 이렇게 알아듣습니다.

- 지금의 내 차로는 행복하지 않습니다.
- 지금의 내 차는 창피합니다.
- 더 좋은 차를 갖고 있지 못해서 실망스럽습니다.
- 훨씬 좋은 차를 가지고 있는 이웃에게 질투심을 느낍니다.
- 더 좋은 차를 살만한 경제적 여유가 없어서 화가 납니다.

또 이렇게 말할지도 모릅니다. "건강해지기를 원합니다." 하지만 우주는 이렇게 알아듣습니다.

- 내 몸이 걱정스럽습니다.
- 내 자신이 실망스럽습니다.
- 내 건강이 걱정됩니다.
- 나는 어머니처럼 나쁜 경험을 하게 될까봐 두렵습니다.
- 내 자신을 잘 돌보지 못한 것에 대해 화가 납니다.

당신은 이렇게 말할지도 모릅니다. "다른 직장을 찾기를 원합니다." 하지만 우주는 이렇게 알아듣습니다.

- 지금의 고용주가 나의 가치를 알아주지 않아서 화가 납니다.
- 현재 일에 대해 지루함을 느낍니다.
- 현재 내 월급으로는 불행합니다.
- 그들을 이해시키지 못해 좌절감을 느낍니다.
- 할 일이 너무 많아 압도감을 느낍니다.

사람들이 어떤 것을 원하는 이유는, 그것을 얻게 되면 기분이 더 좋아질 거라고 생각하기 때문입니다. 이외에 다른 이유는 없습니다.

자신의 현재 감정 상태를 의식적으로 확인하면, 현재 자신이 품고 있는 생각이 자신을 소망하는 목적지에 가까워지게 하는지 아니면 멀어지게 하는지를 더욱 쉽게 알 수 있습니다. 따라서 당신이 더 나은 느낌이나 더 나은 감정을 갖는 것을 진정한 목적지로 삼는다면, 소망하는 모든 것들이 빠르게 뒤따를 것입니다.

다음은 감정들의 기본 목록입니다. 이 목록은 저항이 가장 작은 감정부터 저항이 가장 큰 감정까지를 나타내고 있습니다. 비슷한 진동을 갖고 있는 감정들은 같은 단계의 감정으로 표시하였습니다. 이 감정들은 당신이 근원 에너지를 최대한 강하게 허용하는 상태에서부터 근원 에너지를 최대한 강하게 거부하는 상태까지 나타내고 있습니다. 감정 눈금 상의 한쪽 끝에는 '권능', 기쁨' 같은 단어들로 표시되어 있고, 다른 한쪽 끝에는 '암울', '무력감'같은 단어들로 표시되어 있습니다.

이러한 감정들에 붙여진 이름이나 명칭이 절대적으로 정확한 것은 아닙니다. 사람들이 비슷한 용어를 사용하고 있더라도, 감정들에 대한 느낌은 각자가 다르기 때문입니다. 그렇지만 우주는 당신의 말에 반응하는 것이 아니라, 정확히 당신이 발산하는 진동에, 그리고 그 진동에 따른 당신의 감정에 반응합니다.

따라서 자신의 기분을 묘사하기 위한 정확한 단어를 찾아내는 일은 이 과정에서 필수적인 게 아닙니다. 하지만 그 감정을 느끼는 일은 중요합니다. 그리고 그 느낌을 개선하기 위한 방법을 찾아내는 일은 훨씬 더 중요합니다. 요컨대, 이 게임은 엄밀히 말해 '마음이 더 편안해지는 생각 발견하기'에 관한 것입니다.

감정 눈금은 다음과 같이 표시할 수 있습니다.

1단계 – 기쁨/앎/권능/자유/사랑/감사 ⸻⸻⸻ Powerful

2단계 – 열정

3단계 – 열의/열망/행복

4단계 – 긍정적 기대/신념

5단계 – 낙관

6단계 – 희망

7단계 − 만족

8단계 − 권태

9단계 − 비관

10단계 − 좌절/짜증/초조

11단계 − 압도감

12단계 − 실망

13단계 − 의심

14단계 − 걱정

15단계 − 비난

16단계 − 낙담

17단계 − 화

18단계 − 복수심

19단계 − 증오/격노

20단계 − 질투

21단계 − 불안감/죄책감/무가치함

22단계 − 두려움/비탄/암울/절망/무력감 ──────── Powerless

이 강력한 과정을 실행하는 방법은 다음과 같습니다.

자신이 다소 강한 부정적인 감정을 느끼고 있다는 사실을 알아차렸을 때, 그것이 어떤 감정인지 확인하도록 하십시오. 자신이 느끼고 있는 감정을 정확히 알아낼 때까지, 현재 자신을 괴롭히는 것이 무엇인지에 대해 의식적으로 생각해보십시오.

감정 눈금의 양쪽 끝을 고려하면서 자신에게 이렇게 물어보십시오. "나는 힘이 있다는 느낌이 드는가, 아니면 힘이 없다는 느낌이 드는가?" 이 두 가지 감정 중 어느 쪽도 딱 들어맞지 않더라도, 자신의 감정상태가 어느 쪽에 가까운지는 알 수 있을 것입니다.

예를 들어, 자신에게 힘이 없다는 느낌인 '무력감(22단계)'에 더 가깝게 느껴진다면 범위를 좁혀서 다시 질문합니다. "이것은 '무력감' 또는 '좌절감(10단계)' 중 어느 쪽에 더 가깝게 느껴지는가?" 자신의 느낌이 아직도 무력감에 가까운 것 같으면 다시 범위를 더 좁힙니다. "이것은 '무력감' 또는 '걱정(14단계)' 중 어느 쪽에 더 가깝게 느껴지는가?" 이런 식으로 계속해가면(여기에 옳거나 그른 접근 방식이 있는 것은 아닙니다), 마침내 자신이 처한 상황에 대한 느낌을 정확하게 알 수 있습니다.

일단 감정 눈금에서 자신의 느낌이 위치한 자리를 찾았다면, 이제 해야 할 일은 현재 느끼고 있는 감정보다 약간이라도 더 마음이 편안해지는 생각을 찾아내는 일입니다. 소리를 내어 말로 하거나 또는 생각을 글로 써보면 자신이 어떤 감정을 느끼고 있는지를 가장 잘 알 수 있습니다. 약간이라도 마음이 더 편안해지는 감정을 이끌어내겠다는 의도로 진술을 할 때, 당신은 저항을 내려놓기 시작하고, 감정 눈금 상에서 훨씬 더 기분 좋은 감정으로 옮겨갈 수 있게 됩니다. 기억하십시오. 더 나아진 기분을 느낀다는 것은 저항을 놓아버렸다는 의미이고, 저항을 놓아버렸다는 것은 자신이 진정으로 원하는 것을 허용하는 상태에 있다는 것을 의미합니다.

자, 이제 감정 눈금을 이용하여 지금 자신이 있는 자리에서 시작합니다. 우선 자신이 현재 느끼고 있는 감정을 살펴보고, 조금이라도 저항이 작은 감정상태로 이끌어 줄 수 있는 몇 개의 진술문을 찾아봅니다.

예를 들어, 아버지의 죽음으로 인해 자신이 엄청난 저항과 고통 상태 속에 있다는 사실을 알아차린 어떤 여인이 있습니다. 당시 아버지의 병은 매우 심각한 상태였고 죽음도 예상하고 있었지만, 막상 아버지가 임종하자 그녀는 자신이 암울한 느낌 속에 빠져있는 것을 알아차렸습니다. 막을 수 없었던 아버지의 죽음에 초점을 맞추게 되자, 그녀는 '무력감'과 '비탄'에 잠기게 되었습니다.

아버지의 임종 전 며칠 동안 그녀는 아버지 곁을 거의 떠나지 않았습니다. 그런데 아버지와 함께 있지 않았던 그 짧은 시간 동안에 아버지는 의식불명 상태에 빠지셨고 끝내 깨어나지 못하셨습니다. 자신이 그곳에 없었기 때문에 아버지와 마지막 대화를 나누지 못했다는 사실을 생각하자, 엄청난 '죄책감'이 그녀를 엄습했습니다. 그러나 '죄책감'을 느낄 때 자신의 감정이 약간 나아졌다는 것을 의식적으로 알아차리지는 못했지만, 그것은 그녀에게 매우 중요한 진동적 변화였습니다.

그 후, 그녀는 아주 '화'가 나는 생각을 하게 되었습니다. 그녀는 아버지가 의식불명 상태에 빠지셨던 때에 그를 돌보던 간병인에게 초점을 맞추었습니다. 간병인이 아버지에게 다량의 약을 투여한 행위에 대해 '격노'를 느끼게 되었습니다.(그 간병인은 아버지가 고통스러워하지 않도록 그렇게 하였지만). 그리고 그 간병인이 아버지와의 마지막 대화를 빼앗았다고 '비난'하게 되었습니다.

그녀가 그 당시엔 미처 깨닫지 못했지만, 그런 '죄책감', '격노', '화' 그리고 '비난'의 느낌들은 '비탄'에 잠긴 저항적인 진동상태에 비해 명확히 더 개선된 느낌들이었습니다. 그녀는 '비난'을 통해 더 나은 기분을 느꼈습니다. 실제로 훨씬 나아진 기분을 느꼈던 거지요. 적어도 그녀는 숨을 쉴 수가 있게 되었고 또한 이제 잠을 잘 수도 있게 되었습니다.

물론, 당신이 스스로 의도적으로 더 나은 감정 상태에 도달할 수 있다면 그것은 언제나 좋은 일입니다. 하지만 이 경우처럼, 개선된 감정을 자연스럽게 또는 무의식적으로 발견했더라도, 각각의 개선된 감정은 이제 한층 더 개선된 다른 감정에 연결될 수 있습니다.

당신이 질식할 것 같은 '무력감'과 '비탄'의 감정으로부터 '분노'와 '비난'이 주는 마음이 좀 더 편안해지는 느낌을 찾아내게 되면, 당신은 진동적 감정 눈금에서 한층 더 빨리 위쪽으로 옮겨갈 수 있습니다. 그래서 22단계인 '비탄'으로부터 21단계인 '죄책감'으로, 18단계 '복수심'으로, 17단계인 '화'로, 15단계인 '비난'으로, 그렇게 한 단계씩 진동 수준을 옮겨가는 데 하루나 이틀이 걸리더라도, 당신은 어느 누구도 알아차리지 못할 만큼 아주 짧은 시간에 자신의 근원에 그리고 권능의 느낌에 연결될 수 있습니다.

여기에 그 여인이 자신의 기분을 나아지게 하기 위해 의식적으로 할 수 있었던 진술의 예가 있습니다.

- 아빠를 돕기 위해 생각해낼 수 있었던 모든 것을 했지만, 충분치 않았어. (비탄)
- 아빠가 너무 그리워. 아빠가 떠나신 것을 견딜 수가 없어. (비탄)
- 엄마를 어떻게 위로해드려야 하지? (절망)
- 매일 아침 일어났을 때 맨 먼저 생각나는 것은 아빠가 떠나셨다는 사실이야. (비탄)

- 나는 집에 샤워를 하러 가지 말았어야 해. (죄책감)
- 나는 거기 있었어야만 해, 그랬다면 아빠에게 작별인사를 할 수 있었을 거야. (죄책감)
- 아빠의 임종이 얼마나 임박했는지 알았어야 해. (죄책감)

- 나는 거기 밤낮을 가리지 않고 늘 있었어. 그런데도 작별인사를 못하다니. (격노)
- 아빠와 함께 있었던 그 간병인은 무슨 일이 일어날지 아주 잘 알고 있었어. (격노)

- 만일 그녀가 내 입장이고, 내가 그녀의 아버지를 의식불명이 되게 만들었다면 그녀는 과연 어떻게 느꼈을까? (복수심)
- 그녀는 죽는 사람을 많이 봐왔잖아. 그렇다면 그녀는 아빠의 죽

음이 임박했다는 것을 나에게 경고해줬어야만 해. (분노)

- 그녀는 이미 알고 있었을 거야. 그렇지만 내가 거기 있기를 원치 않았던 거야. (분노)

- 그녀는 단지 자신이 좀 더 편해지기 위해 아빠에게 필요 이상의 약을 투여했던 거야. (비난)

- 내가 아빠에게 작별인사를 할 수 있었다면 좋았을 텐데. (실망)

- 해야 할 일들이 많은데, 정말 아무 것도 하고 싶지가 않아. (압도감)
- 나는 내 삶의 너무 많은 것들을 게을리 해왔어. 그것들을 다시 정리하고 체계적으로 만들어야 해. (압도감)

- 병원에서 일하는 사람들은 아프거나 죽어가는 사람의 가족들에 대해 너무 무심해. (좌절)

- 그들은 내 기분이 어떤지 보다는 그 산소 탱크를 가져오는 일에 대해 더 많이 신경을 써. (짜증)

- 직장에서의 일상적 업무로 되돌아가면 내 기분도 좋아질 거야. (긍정적 기대)
- 시간이 지나면 기분이 더 나아질 것임을 알아. (긍정적 기대)

- 내가 다시 예전의 기분으로 돌아갈 수 있을지는 모르겠지만, 어쨌든 시간이 지나면 기분이 더 나아진다는 걸 알지. (긍정적 기대)
- 여전히 할 일이 많고, 내가 하고 싶은 일도 아주 많아. (긍정적 기대)
- 미소 지으며 그런 일을 하게 된다는 게 정말 기대가 돼. 웃으면서 진실로 그런 것들을 느껴볼 거야. (긍정적 기대)

- 남편이 너무도 고마워. 그는 여러모로 많은 도움을 주었어. (감사)
- 아빠와 엄마를 돌보신 모든 분들에게 감사해. (감사)
- 언니들에게도 감사해. 우리 모두는 부모님을 사랑하고 또 서로를 사랑하고 있어. (감사)(사랑)
- 아무리 생각해도, 우리는 잘 살아왔고, 지금도 잘 살고 있어. (감사)(사랑)
- 죽음은 삶의 일부분일 뿐이야. (앎)
- 우리는 영원한 존재들이기에 실제로 '죽음' 같은 것은 없어. (앎)
- 아빠는 떠나지 않으셨어. 죽음 같은 것은 없기 때문이지. (앎)
- 아빠는 슬픔이 존재하지 않는 곳에 계시지. (앎)
- 그곳은 진실로 경이로운 장소야. (기쁨)
- 아빠가 진정한 기쁨과 앎의 장소에 계신 것을 알게 돼서 너무나 기뻐. (기쁨)
- 나는 이 영광스러운 지구에서의 체험을 찬미해. (기쁨)
- 이 모든 일들이 어떻게 된 것인지를 알게 돼서 기뻐. (기쁨)
- 이런 훌륭한 분이 나의 아빠였다는 사실이 너무 기뻐. (기쁨)

- 모든 것이 잘 되어 왔어. (기쁨)
- 이 모든 게 좋은 거야. (기쁨)

기억하십시오. 당신은 현재 자신의 진동으로부터 멀리 떨어진 감정에 연결될 수 없습니다. 비록 당신이 온 종일 현재 자신의 감정 속에서 지냈다 할지라도, 다음 날에는 단지 약간이라도 더 나은 감정설정지점을 만들려고 노력하십시오.

만약 현재 느끼고 있는 부정적인 감정이 강하지 않다면, 당신은 감정눈금 상에서 빠르게 위쪽으로 옮겨갈 것입니다. 그리고 당신이 느끼고 있는 부정적인 감정이 단지 최근에 시작된 것이라면, 당신은 감정 눈금 상에서 빠르게 위쪽으로 옮겨갈 것입니다. 하지만 당신이 아주 심각한 일을 체험하고 있거나 또는 여러 해 동안 체험하고 있는 어떤 감정이 있을 수 있습니다. 만약 그렇다면 매일 당신이 감정 눈금 상에서 바로 윗 단계의 감정을 의도적으로 선택하는 연습을 해갈 경우, 제일 윗 단계의 감정(감사, 사랑, 기쁨, 권능)으로 옮겨가는데 22일이 걸릴 것이라고 생각할 수도 있습니다. 하지만 여러 해 동안 비탄, 불안감 또는 무력감의 상태에 빠져있는 사람들과 비교했을 때, 무력감(22단계)에서 권능(1단계)으로 옮겨가는 데 걸리는 22일은 결코 긴 시간이 아닙니다.

이제 당신은 자신의 목표가 더 기분 좋은 감정에 도달하는 것이라는 사실을 알았습니다. 우리는 이 연습과정이 몇 년 동안 당신을 괴롭혀왔던 부정적인 감정으로부터 당신을 자유롭게 해줄 것이라고 기대합니다. 그리고 스스로 의식하지도 못한 채 축적해왔던 저항들을 부드럽게 그리고 점진적으로 놓아버릴 때, 당신은 더욱 개선된 체험들을 하기 시작할 것입니다… 문제가 있는 삶의 모든 영역에서.

마지막 한 가지

이 모든 것을 쉽고 편안하게 대하십시오. 사람들은 삶을 너무나도 심각하게 대하는 경향이 있습니다. 이제 당신도 아시다시피, 삶이란 본래 즐거운 것입니다.

당신이 자신의 삶을 창조하고 있는 모습을 보고 있노라면, 우리는 오로지 사랑만을 느낍니다. 당신의 모든 것에 감사를 느낍니다. 당신은 이 창조의 최선단이라는 놀라운 대조적 환경 속에서 매 순간 선택 중에 있는 창조자입니다. 새로운 결정들을 하면서 생명 에너지를 불러오는 최선단의 창조자입니다. 당신의 가치를 묘사할 적당한 말이 없을 정도이지요.

당신이 자신에게 감사를 느끼는 상태로 돌아오기를 우리는 진심으로 바랍니다. 당신이 자신의 삶에 대해서, 세상에 대해서, 그리고 무엇보다도 당신 자신에 대해서 사랑을 느끼게 되기를 바랍니다.

여기 당신을 위한 커다란 사랑이 있습니다.

그리고… 이제… 이 책을 마칩니다.

용어 정리

감정(Emotion) 주의를 기울이는 일을 통해 일으켜진 진동에 대한, 몸의 물리적이고 본능적인 반응.

감정 안내(Emotional Guidance) 어떤 대상에 주의를 기울일 때 느껴지는 감정을 통해서 그 순간 자신이 무엇을 끌어당기고 있는지를 알아차리기.

감정 설정지점(Emotional Set-Point) 가장 자주 연습한 감정.

근원(Source) · 근원 에너지(Source Energy) 존재하는 모든 것들이 흘러나오는 원천으로, 영원히 확장하고 있는 웰빙의 진동적 흐름.

끌어당김의 법칙(Law of Attraction) 이 세상과 우주, 그리고 존재하는 모든 것의 토대가 되는 법칙. 진동이 비슷한 것들은 서로 끌어당긴다는 것으로, 모든 창조적 체험에 작용하는 우주적 섭리.

내면존재(Inner Being) 자신이었던 모든 것과 현재 자신인 모든 것을 인식하고 있는 자신의 영원한 부분. 당신이 '허용'하기만 하면, 내면 존재의 그 모든 관점을 언제나 활용할 수 있게 된다.

명상(Meditation) 마음이 고요해진 상태, 다시 말해 자신의 근원과 진동적 조화를 방해하는 어떠한 저항의 생각도 하지 않는 상태.

바람(Wanting) 대조되는 체험 속에서 자연스럽게 탄생된 소망.

받아들임 상태(Receiving Mode) 저항이 없이 근원과 절대적인 조화를 이루고 있는 진동 상태.

본질(Essence) 어떤 사물이 갖고 있는 진동적 특성.

법칙들(Laws) 영구히 일관되게 작용하는 반응들.

비물질적 존재(Non-physical) 모든 물리적인 것과 비물리적인 것의 토대가 되는 영원한 의식. 근원(근원 에너지) 또는 신.

생각의 최선단(Leading Edge Of Thought) 새로운 생각을 찾아낼 의도 속에서 편안하게 숙고하고 있는 상태. 물리적 지구 환경은 삶의 대조적인 환경으로 인해 새로운 생각, 아이디어, 선호가 자연스럽게 태어나게 되므로, 새로운 생각이 태어나 물리적으로 구현되어지는 생각의 최선단이라 할 수 있다. 따라서 지구별을 소위 '생각으로 일궈 가는 창조의 최선단' 영역이라고도 말한다.

생명 에너지 또는 생명력(Life Force) 특정한 대상에 초점을 맞추고 있는 영원한 의식.

소망(Desire) 삶의 대조적 환경 속에서 따라오는 자연스러운 결과물.

안내 시스템(Guidance System) 자신의 근원과 진동적으로 정렬되어 있을 때 그리고 정렬되어 있지 않을 때 느끼게 되는 에너지적인 존재상태의 비교되는 느낌.

압도감(Overwhelment) 자신이 원하는 것에 대해 그리고 그것을 얻을 수 없는 자신의 무능력함에 대해, 동시적으로 초점을 맞추고 있는 상태.

연결(Connection) 자신의 근원과 진동적으로 일치된 상태.

우주(Universe) 얼마간의 양을 잴 수 있는 어떤 공간적 체험.

에너지(Energy)·에너지 흐름(Energy Stream) 존재하는 모든 것의 배후에 흐르고 있는 전기적 흐름.

의식(Consciousness) 알아차림이나 자각이 일어나는 것.

의식의 흐름(Stream of Consciousness) 모든 것들이 그것으로부터 흘러나오는, 영원히 확장중인 진동적 흐름.

의식적 창조(Deliberate Creation) 자신의 진동적 존재상태를, 그리고 근원과의 연결 상태를 의식적으로 알아차리는 가운데 의도하는 것에 주의를 집중시키기.

의식적인 창조의 법칙(Law of Deliberate Creation) 자신의 소망이 이미 이루어졌다는 느낌을 느껴보겠다는 의도를 가지고, 그런 느낌을 주는 생각에 의식적으로 주의를 집중하는 것.

웰빙(Well-Being) 기분 좋은 느낌의 우주적인 자연스런 상태.

웰빙의 흐름(Stream of Well-Being) 모든 것들이 그것으로부터 흘러나오는, 영원히 확장중인 진동적 흐름.

자아(Self) 알아차림의 어떤 지점. 그것으로부터 모든 인식이 흘러나오는 지점.

전체적인 당신(Total You) 육체 형태를 취한 속에서, 기분 좋은 상태에 있는 당신. 그래서 진정한 자신으로부터 분리를 가져오게 만드는 저항을 발산하지 않고 있는 당신.

존재(Being) 어떤 특정한 관점에 초점을 맞추고 있는 근원 에너지. 비물질적 존재는 비물질적인 관점으로부터 인식하고 있는 의식이고, 물질적 존재 또는 인간은 물질적 관점을 통해 인식하고 있는 비물질적인 에너지이다.

모든 것이 괜찮다 / 모든 일이 순조롭다(All Is Well) 존재하는 모든 것All-That-Is의 토대는 웰빙이다. 그 어떤 존재의 근원도 웰빙 아닌 것이 없다. 자신이 웰빙이 아닌 것을 체험하는 중이라고 생각한다면, 그것은 어떤 이유에서건 당신이 단지 자연스러운 웰빙 흐름으로부터 자신을 일시적으로 벗어나게 하는 관점을 선택하였기 때문이다.

존재하는 모든 것(All-That-Is) 모든 만물이 흘러나오는 근원, 그리고 그런 근원으로부터 흘러나오는 모든 것들.

진동(Vibration) 모든 것에 대한 모든 것의 조화롭거나 또는 조화롭지 않은 반응.

진동적 정렬 또는 일치(Vibrational Alignment) 관점의 조화.

진동적 조화(Harmony), 진동적 일치(Match) 관점의 조화.

진동 주파수(Vibrational Frequency) 진동의 어떤 상태.

진정한 당신(You) 당신의 광대한 비물질적인 관점 및 물질적인 관점을 통해서, 그리고 몸 안의 세포적 관점을 통해서 마저 모든 것을 인식하고 있는 영원한 의식An Eternal Consciousness.

집단 의식(Mass Consciousness) 인식하는 존재들로 구성된 거대한 결합 의식. 일반적으로 지구상 인류의 자각의식과 관련이 있다.

집합 의식(Collective Consciousness) 지금까지 존재했던 모든 생각들은 이 순간에도 여전히 존재하며, 인식하는 모든 존재들은 존재하는 모든 것과 인식의 대상이 되어 온 모든 것에 접속할 수 있다. 이런 생각의 총 합계는 집합 의식으로 존재한다.

창조 과정(Creative Process) 특정한 어떤 주제나 아이디어들을 향해 흐르고 있는, 존재하는 모든 것의 토대에 흐르는 전기적 흐름.

창조적 생명 에너지(Creative Life Force) 존재하는 모든 것의 토대에 흐르는 전기적 흐름.

창조 에너지(Creative Energy) 존재하는 모든 것의 토대에 흐르는 전기적 흐름.

창조자(Creator) 창조 에너지를 집중시키고 있는 존재.

허용의 기술(Art of Allowing) 자신의 주시 대상을 의도적으로 선택하는 연습, 또 그랬을 때 자신이 어떤 느낌을 갖게 되는지 예민하게 알아차리는 연습. 기분 좋은 생각들을 의식적으로 선택함으로써 웰빙의 근원에 진동적으로 일치를 이루게 된다.

허용하기(Allowing) 근원으로부터 흘러나오는 웰빙의 흐름과 진동적으로 정렬된 상태. 자연스러운 웰빙의 근원에 연결됨을 '허용하는' 진동을 가진 대상에 주의를 집중하고 있는 상태. '참는 것'Tolerating은 허용하기와 매우 다름. '참는 것'은, 자신이 원하지 않는 어떤 것을 보면서, 그런 관점에서 나온 진동적인 증거를 느끼면서도, 의도적으로 아무런 행동도 취하지 않는 것을 의미한다. 허용하기는 근원과 진동적 조화를 이루게 하는 대상에만 의도적으로 주의를 기울이는 일을 말한다. 당신이 허용 상태에 있을 때는 언제나 기분이 좋다.

| 역자 후기 |

진리는 스스로 밝히는 힘이 있어 굳이 광고를 할 필요가 없다고 합니다. 진리는 내면의 앎의 자리에서 직관으로 알아보게 되기 때문이라고 생각합니다.

저는 지난 십 수년 간 무역 회사를 경영해오는 가운데 명상 수련을 하고 영성에 관련된 책을 읽으면서 나름대로 삶의 목적을 찾아보고자 노력하고 있었습니다. 그러나 영적인 앎이 쌓여 갈수록, '영적인 진리가 우리의 삶을 개선시키는 데 도움이 되지 않는다면 그 무슨 의미가 있겠는가'라는 의문이 자라나기 시작하였습니다. 20여 년 전 부터 네덜란드에서 무역회사를 설립해 운영해 오면서 유럽 바이어들을 위해 동남아 국가에 의류 생산을 위한 출장을 하는 일이 잦았는데, 소위 선진국 및 후진국이라고 불리는 나라들의 국민들이 서로 다르게 살아가는 모습을 볼 때마다 그런 의문이 더욱 강해졌습니다.

그러던 어느 날 '아브라함'이라는 이름을 접하게 되었고 그들이 설명하는 삶의 목적과 현상에 대한 명쾌한 설명에 깊이 공감하게 되었습니다. 그래서 이 책의 영어 원서인 《Ask and it is given》을 구하여 읽고 그 놀라운 메시지에 감탄하여 수없이 반복해서 탐독하였습니다. 영성에 관련된 책을 수없이 읽어왔지만, 이 책처럼 단 한 구절, 단 한 문장도 마음에 걸리거나 부담이 되지 않는 책은 처음이었습니다. 또한 삶에서 바라는 것을 창조하기 위해 어떤 노력을 해야 하는지How to에 대한 구체적인 방법을 이렇게 명쾌하게 이야기해주는 책도 처음이었습니다.

'삶'이라고 하는 게임의 규칙을 명쾌하게 밝혀주고, 어떻게 소망이 탄생하고 어떻게 하면 그것을 이룰 수 있는지에 대해 친절하고 자상하면서도 쉽게 이야기해주는 아브라함의 메시지는, 어찌 보면 단순한 진리를 반복해서 이야기하고 있는 것 같지만 읽다보면 나선형 계단을 올라가듯 나를 더 높은 앎의 자리로 부드럽게 이끌어가는 것 같았습니다.

인류의 행복과 영적 성장을 돕고자 하는 그들의 사심 없는 메시지를 읽다가 깨달음의 기쁨과 영적 고양을 느끼고 저도 모르게 감사의 눈물을 흘린 적이 한두 번이 아니었습니다.

아브라함은 이 책에서, 우주에는 만물을 관장하는 가장 강력한 법칙인 '끌어당김의 법칙'이 존재한다고 이야기합니다. 쉽게 말해서 모든 비슷한 것은 서로 끌어당긴다는 것입니다. 따라서 사람들은 '끌어당김의 법칙'의 토대 아래, 생각의 힘을 가지고 자기 삶의 모든 것을 통제하면서 자신이 소망하는 모든 것을 창조할 수 있습니다. 생각은 강력한 창조의 도구이자 힘의 원천이므로, 자신의 생각을 소망하는 방향으로 이끌어가는 일이야말로 우리가 원하는 창조를 위해서 해야 할 모든 것이라고 말합니다. 또한 우리에게는 자신의 생각이 소망과 조화를 이루고 있는지 알려주는 감정이라는 안내시스템이 있다고 합니다. 우리가 소망을 성취하는 쪽으로 생각을 일으키고 있을 때는 좋은 기분을 느끼게 해서 그것을 고무시키며, 반대의 경우에는 기분 나쁜 느낌을 통해서 경고 신호를 보낸다고 합니다. 그렇기에 아브라함은 우리 삶에서 '기분 좋은 것보다 더 중요한 것은 없다'고 반복해서 가르칩니다. 따라서 이 책은 우리가 삶에서 어떻게 의도적으로 더 기분 좋은 생각을 일으킬 수 있는지 그 방법을 실용적이면서도 아주 쉬운 연습과정을 통해서 가르치는 책 이라고도 말할 수 있습니다.

모든 연습 과정에는 첫머리 부분에 연습방법이 설명되어 있고 뒷부분에는 그 장과 관련된 삶의 진리를 밝히는 보석과도 같은 메시지들이 나옵니다. 따라서 이 연습 과정들을 삶속에서 실제로 적용하지 않는 경우에도 읽을 때마다 큰 깨달음을 얻을 것입니다.

저는 이 책을 십 여 차례 반복해서 읽었고 몇 가지 과정들은 실행을 해오고 있습니다. 그 실행 과정에서 삶속에 정말 기적과 같은 일들이 일어났습니다. 제가 경험한 일에 대해서는 다른 지면을 통해 밝힐 기회가 있을 것으로 생각합니다.

이 책의 저자인 에스더 여사는 아브라함으로부터 생각의 덩어리 형태로 전해진 메시지를 영어로 풀어서 옮기는 놀라운 일을 하였습니다. 그래서 영어로 된 원문에는 통상 영어에 자주 사용되지 않는 표현이나 문장들이 자주 등장합니다. 그것을 우리말로 옮기는 과정에서 최대한 독자들이 읽기 쉬운 문장을 사용하고자 하였으나 부득

이한 경우가 아니면 원래의 메시지를 손상 시키지 않는데 주안점을 두었습니다.

이 책에는 진동이라는 단어가 자주 등장합니다. 이해가 잘 안 되는 독자는 생각-진동 또는 생각이라고 바꾸어 이해해도 될 듯합니다. 인류 개개인이 같은 목소리를 가진 사람이 한 명도 없듯 모든 개개인의 생각은 독특한 파장을 가지고 있어서 한 사람 한 사람의 생각 진동은 명료하게 구분된다고 합니다.

독자 여러분은 지금, 진정 자신의 삶을 바꿀 창조 도구를 손에 들고 계신 것입니다. 미국에서는 이미 오래 전부터 수많은 독자들이 이 책을 통해 놀라운 삶의 변화를 이루었다고 합니다. 열린 마음으로 이 책을 읽고 제시된 연습 과정들을 실행해 갈 때, 여러분 모두의 삶에도 기적과도 같은 놀라운 일들이 일어날 것이라고 믿어 의심치 않습니다.

그리고 그런 모습을 보며 인류의 영적 성장과 기쁨에 넘치는 삶의 체험만을 바라는 아브라함들이 뛸 듯이 기뻐하고 있는 모습이 눈에 선합니다. 그리고 저 또한 지난 몇 달간의 노력에 보람을 찾을 것 같다는 큰 기대감에 젖어 봅니다.

모쪼록 이 책을 접하시는 모든 분들이 소망하는 모든 것들을 이루시고 행복한 삶을 창조해 가시길 진심으로 기원합니다.

박 행 국

책을 읽고 감정연습을 함께 연습해주셨던 분들입니다.

기쁨이, 바르얀, 반짝반짝, 신요르, 줄리마인드, 프림로즈, 행복창조, Amy, Aqua, Clara, I am Love, 환희, 감사의 힘, 딸기라떼, S, 썬, 반짝반짝빛나는쭈, 문지아, 블링블링 감사, tkl, 가인, 현송, Gina, 리로즈, 깐델, 성공자, 기쁜, 축복 그리고 행운, 폭풍검객, Dreamer, 모든 자유메르시, Hera, 사랑둥이, 젬젬, 위대한아이, 올리브, 사브리나, 덕숙, 미몽, 올리브, 남블리믿어용, 럽로즈, 젠주, 꿈이루미, 샤넬NO5, 대공, 포미

하나하나 따라가다 보니 모든 감정은 제 결심에서부터 시작한다는 걸 알게 되었습니다. _덕숙

의식적으로 내가 기분 좋아질 생각을 많이 하게 되니 자그마한 일들부터 기분 좋게 풀리기 시작합니다. _딸기라떼

대학원 과제로 너무 바빠서 겨우 감정 연습을 이어 갔는데도 어느 순간 은은한 행복이 유지되면서 행복한 시간이 길어졌습니다. _현송

감사를 하면 할수록 부수적으로 얻어지는 기쁨들이 엄청나다는 걸 체험하면서 '미친 듯이 감사하기'는 제 일상이 되었습니다. _Fly

유쾌한 창조자

제리 힉스, 에스더 힉스 지음 | 조한근, 박행국 옮김 | 값 15,000원

아브라함-힉스의 20년 가르침을 집대성한 《Ask and It Is Given》의 PART I
2005년에 출간된 이 책은 잭 캔필드, 존 그레이, 루이스 헤이, 닐 도널드 월시 등 전 세계 저명한 저자들의 영감의 원천이 된 책으로, 이들이 앞다퉈 추천사를 쓸 정도로 자기계발서의 한 획을 그은 책이다.
우리가 자기 자신의 삶을 만들어가는 창조자라는 자각과 함께 타인과 자신을 있는 그대로 허용하면서 지금, 바로 이곳에서 행복을 누려갈 수 있는 '진정한 자기 자신'의 권능을 깨어나도록 격려한다. 또한 우리가 자신의 기분에 의식적인 주의를 기울이며 생각을 지휘할 때, 자신의 현실을 뜻대로 창조하는 의식적 창조자가 될 수 있다는 것을 설파한다.

LOA 시리즈 ①
유인력 끌어당김의 법칙

에스더힉스, 제리 힉스 지음 | 박행국 옮김 | 값 14,000원

"21세기 새로운 패러다임 '끌어당김의 법칙'의 원전!"
아브라함-힉스가 기획한 네 권의 '끌어당김의 법칙' 시리즈 중 첫 번째 책으로, 2006년 출간과 동시에 뉴욕타임즈 베스트셀러 목록에 올랐고 지금도 스테디셀러로 꾸준한 사랑을 받고 있다.
끌어당김의 법칙은 '유유상종, 뿌린 대로 거둔다, 당신이 믿는 대로 경험한다.' 등의 말로 역사상 위대한 교사들에 의해 넌지시 언급되어왔지만, 이 책에서처럼 실제적이면서도 명료한 설명을 통해 법칙이 작용하는 처음과 끝을 온전히 드러내 보인 적은 결코 없었다.

이 책은 당신의 세상과 당신의 삶을 변화시킬 강력한 힘을 가지고 있다. 당신이 《시크릿》을 좋아한다면, 《유인력 끌어당김의 법칙》을 사랑하게 될 것이다.
– 오프라 윈프리, '오프라 윈프리 쇼' 진행자

LOA 시리즈 ②
머니룰 – 돈과 끌어당김의 법칙

에스더 힉스, 제리 힉스 지음 | 박행국 옮김 | 값 14,800원

아마존, 뉴욕타임즈 동시 베스트셀러 1위!
삶을 새로운 방식으로 바라볼 것을 제안하며 소망을 실현하는 큰 그림과 실제적인 세부사항들을 알려준다. 특히, 사람들의 가장 큰 고민거리인 돈과 건강문제를 끌어당김의 법칙을 이용하여 어떻게 해결해 나갈 수 있는지 명쾌하게 보여주고 있다.

이 책을 통해 저는 자유, 성장 그리고 기쁨에 집중하게 되었습니다. 그리고 책을 읽은 지 불과 3일 만에 풍요로운 재정적 결과들을 보았습니다. 최고로 추천합니다.
– Sandu Crivineanu (아마존 독자서평)

볼텍스 – 관계와 끌어당김의 법칙
에스더 힉스, 제리 힉스 지음 | 유영일 옮김 | 값 14,000원

《화성에서 온 남자 금성에서 온 여자》의 저자, 존 그레이가 극찬한 바로 그 책!
"관계가 풀리면 인생이 풀린다"
내면과의 관계 회복을 의미하는 '볼텍스'에 연결될 때 연인, 가족, 직장 등 관계에 대한 고민이 행복으로 물들기 시작한다. 특히나 대중의식을 만들어 온 일련의 잘못된 전제들(22가지)과 그에 기반한 신념들을 알아차리고 넘어설 때, 지금까지 가지고 있던 관계에서의 문제들은 행복한 변화를 위한 촉매가 될 것이다.

아내와 나는 몇 년에 걸쳐서 심오하면서도 지극히 실제적인 아브라함의 메시지를 즐겨왔습니다. 당신도 이 책을 통해서 많은 도움을 얻을 것이란 점을 의심하지 않습니다. 나의 모든 친구들에게 이 책을 추천하고 싶네요.
– 존 그레이, 《화성에서 온 남자 금성에서 온 여자》의 저자, 심리학 박사

우주조각가 – 당신의 꿈을 조각하라
틸 스캇 지음 | 최지원 옮김 | 값 14,000원

인디고 차일드인 저자는 이 책을 통해 삶의 진정한 목적이 기쁨이라는 것과 기쁨을 찾아가는 방법에 대해서 명쾌하게 설명하고 있다. 진정한 자신의 참모습과 우주의 본질을 이해하여 자신의 창조력으로 전환시킬 수 있는 실제적인 정보와 방법을 이야기한다.

일렉트릭 리빙 – 끌어당김의 법칙 뒤에 숨겨진 과학
콜리 크러처 지음 | 최지원 옮김 | 값 12,500원

전기공학자인 저자는 현실에서 '의식이 창조한다'는 것을 과학적이고 논리적으로 입증한다. 이 책을 통해 시크릿으로 알려진 끌어당김의 법칙과 우주 법칙들에 대해 더 이상 무조건적인 믿음이 아닌 양자물리학적 관점에서 명확히 이해하고 부와 성공을 기대하게 될 것이다.

왜 일렉트릭 리빙(Electric Living)인가?
전기는 이제껏 늘 우리 곁에 있었지만, 우리가 전기의 법칙을 이해하고 이용하기 전까지는 전기의 혜택을 누릴 수 없었다. 마찬가지로 끌어당김의 법칙도 항상 작용하고 있지만, 우리가 그것을 진정으로 이해할 때만이 그 혜택을 누릴 수 있다. 이런 점에서 끌어당김의 법칙을 활용하는 삶을 전기를 이용하는 삶에 비유하여 '일렉트릭 리빙' 이라고 표현했다.

옴니 자기사랑으로 가는 길
존 페인 지음 | 최지원 옮김 | 값 18,500원

자기사랑은 풍요, 건강, 관계의 막힌 에너지를 흐르게 한다.
이 책에 대한 독서 체험은 누군가에겐 도전일 것이고, 누군가에겐 위로와 기쁨일 것이며, 또 누군가에겐 사랑의 공명 그 자체일 것이다. 분명한 것은 많은 사람들에게 이 책이 그 동안 지녀왔던 믿음과 가치관을 재정립하고 자신의 본성인 사랑과 풍요, 평화와 창조에 새롭게 정렬되는 기회가 될 것이다.

삶에 지쳐서 내가 왜 이곳에 있는가, 여기서 무엇을 하고 있는가에 대한 의문을 품었을 때 옴니를 읽으며 그 해답을 찾고 삶의 열정을 되찾게 되었습니다.
– 네티즌 서평 중에서

옮긴이 | 박행국
한국외국어대학교 독일어과 졸업. (주)선경(현 SK네트웍스)에서 15년간 재직. 퇴사 후 네덜란드 암스테르담에서 무역회사를 설립해 운영하고 있다. 삶의 목적을 찾는 영성에 깊은 관심을 가지고 오랜 세월 명상 수련 및 자기계발 분야를 탐구해왔으며, 정신적 풍요와 물질적 풍요가 조화를 이루는 삶을 추구하며 영성 관련 번역작업을 하고 있다. 역서로는 《유쾌한 창조자》, 《행복창조의 비밀》, 《머니룰》, 《유인력 끌어당김의 법칙》이 있다.

옮긴이 | 조한근
전남대 공대 졸업. 존재의 궁극적 자유를 찾아 오랜 시간 진리 탐구를 해왔다. 현재는 근원의 진리에 기반한 절대적 행복과 현실 창조의 원리를 사람들과 나누고자 한다. 《유쾌한 창조자》를 번역하고, 《행복창조의 비밀》, 《머니룰》, 《유인력 끌어당김의 법칙》, 《우주조각가》를 감수하였다.

감정 연습

초판 1쇄 발행 | 2015년 1월 8일
초판 4쇄 발행 | 2024년 12월 6일

지은이 | 제리 & 에스더 힉스
옮긴이 | 박행국, 조한근
편 집 | 정효주
디자인 | 모아김성엽

펴낸이 | 조연정
펴낸곳 | 나비랑북스
출판등록 | 2007년 11월 23일 제2010-000070호
등록번호 | 제 2012-000087호
주 소 | 경기도 성남시 분당구 서현동 297번지 효자촌현대상가 106
전 화 | 031)708-4864 팩스 | 031)781-7117

이메일 nabirangbook@naver.com 네이버 카페 http://cafe.naver.com/nabirangbooks
블로그 http://blog.naver.com/nabirangbook
트위터 http://twitter.com/nabirangbooks

ISBN 979-11-85566-00-9 (03320)

이 도서의 국립중앙도서관 출판사도서목록(CIP)은 서지정보유통지원시스템 홈페이지(http://seoji.nl.go.kr)와 국가자료공동목록시스템(http://www.nl.go.kr/kolisnet)에서 이용하실 수 있습니다.(CIP제어번호: CIP2014033352)